労働の福祉力

働きがいのある連帯社会の形成

仁科伸子

|編著|

松本勝明／西﨑 緑／廣田裕之
金吾燮／牧里毎治／熊田博喜

明石書店

労働の福祉力 —— 働きがいのある連帯社会の形成

目次

はじめに

仁科伸子

2015年9月の国連サミットで採択された持続可能な開発目標（SDGs）は、誰一人取り残さない持続可能で多様性と包摂性のある社会の実現を目指しており、これには労働のあり方も含まれている。

福祉国家の変化とともにワークフェアやアクティベーションと呼ばれる福祉労働政策が出現し、新たな社会福祉のあり方として、世界を席巻している。

1996年、クリントン政権は「福祉から就労へ」の社会福祉改革を行い、これに着目した。埋橋は世界的な社会福祉の動向に関して、ワークフェアと呼ばれる労働インセンティブを高める施策を公的扶助にビルトインする動きがみられると指摘した［埋橋 2003］。このような政策動向の中で、労働統合型や労働形成型、サービス提供型といわれるようなサービスがサードセクターによって展開されるようになってきた［埋橋 2007］。近年では、貧困政策や障害者政策において、施策の中に労働を組み込むことが半ば当たり前のようになっている。

社会福祉への就労訓練や教育の統合は、埋橋が2003年に指摘したように、貧困や失業に対して給付を行うだけではなく、対象者を労働可能化（エネイブル）するという方向性が明確に見えるようになってきた。このことは、社会福祉においてどのような意味があり、果たして貧困からの脱出や、貧困の削減のために役立っているのだろうか。また、就労支援の担い手として台頭してきているNPOなどのサードセクターは、どのような考えで事業を行い、社会福祉の発達にどのような影響を与えているのかを分析することの必要性が生じている。

新川は、福祉国家を労働のあり方によって分類する。アメリカのような自由主義的体制については、「福祉ではなく労働」（Work, Not Welfare）を原則とする体制であり、そこでは公的福祉は労働市場における福祉実現に失敗した場合に提供される残余的範疇であるという。フランス、ドイツに代表される保守主義福祉国家においては、労働市場における位置に応じた職域社会保険制度が中心であり、「労働を通じての福祉」（Welfare through Work）が原則となる。スウェーデンのような社会民主主義福祉国家では、市民に平均的生活水準を保障する普遍主義原則が導入され、一見福祉と労働が分離しているが、実は積極的労働市場政策により、余剰労働力の再訓練、再配置が行われていることから、「福祉と労働」（Welfare and Work）をともに提供するシステムであると述べている［新川 2014］。

社会保障や社会福祉政策は、資本主義経済の発展の中で、その不具合や弊害を補完する形で発達してきた。本書は、21世紀以降日本でも顕著に変化している労働と福祉の関係性について、歴史的、法制度的、実践的側面から考察し、現状と今後の動向についてクリティカルな視点をも含めて社会福祉学の観点から捉え、日本の社会福祉の方向性について理解と議論を深めようと試みるものである。

第1章は、福祉と労働の歴史的な関係性を救貧から福祉国家への移行、そして新自由主義による変革の流れに沿って分析し、検証することを試みている。産業革命期の救貧法においては、「働けるものは、救済の対象ではない」とする考え方が主流であり、基本的に困窮者は家族が救済し、どうしても不可能な場合には、教区やコミュニティ、国が救済するという考え方が基本であった。そして欧米では、「労働可能な者は救済しない」という基本的な考え方に基づき、ワークハウスと呼ばれる、見せしめや、矯正教育、強制労働の機能を備えた機関があった。本章では働けるものは働くことを基本としたワークフェアの考え方は、実は歴史の中にすでに息づいていたことを再認識している。社会保障や社会福祉が、国家の責任となるのは、大恐慌などを経て、貧困が科学的に社会の問題であるという認識が成立したのちである。製造業中心の資本主義の発展が、福祉国家の成立を促し、社会福祉法制が充実していくが、1970年代以降、オイルショックなどの経済危機により、福祉国家は財政的な限界に直面し、福祉政策が見直された。新自由主義政策が始まると、小さな政府主義と市場の活用が、福祉政策にも採用され、就労を重視した「ワークフェア」や社会的企業が、福祉と労働を結節する役割として発展していった。

第2章では、グローバリゼーションと高齢化により、ヨーロッパ社会でも外国人労働者や移民が増加したことと、社会的包摂とは何かについて検討している。移民の受け入れは、アメリカでもヨーロッパ諸国においてもコンフリクトを生じている。社会的包摂は、ヨーロッパで生まれた社会政策的概念であり、移民文化を受け入れるという意味もあるが、労働を通じて社会システムの中に移民を包摂していくことが本質であるという議論を展開している。

第3章は、ドイツの社会保障における外国人の位置づけについて取り上げている。日本と同様に社会保険を中心とする社会保障を有するドイツは、長年にわたりさまざまな国から幅広い外国人を受け入れており、外国人の社会保障に関して生じる問題やその対応策について、政策的・学術的な議論が豊富に蓄積されている。そこで、この章では、外国人の社会保障に関する基本的考え方やドイツ社会保障における外国人の位置づけについて検討し、それをもとに、外国人労働者が増加している日本での制度の見直しについて考察している。

第4章は、移民や外国人労働者に対する市民権について、歴史的、国際的な視点から分析している。この章全体のテーマとして、移民労働者の受け入れと市民権の関係がグローバル化した社会において重要であることが考察されている。この章では、次の4つの重要なポイントが指摘されている。

市民権の概念は古代ギリシア・ローマに遡り、参政権や法的権利が一定の集団に与えられた。近代では、フランス革命を経て、国民と市民が同義に扱われるようになった。20世紀後半からのグローバル化により、移民や外国人労働者の増加が各国に影響を与え、これまでの市民権の概念が再検討されるようになった。EUの統合によるEU市民権は、国境を越えた移動や労働の自由を保障し、国籍を持たない移民への市民権も含めた新たな枠組みを形成した。移民や外国人労働者を受け入れることは、労働力の確保や社会保障制度の維持に貢献する一方で、文化的な摩擦や社会統合の課題も生じる。特に、日本のように少子高齢化が進む国では、外国人労働者の役割が今後さらに重要視される可能性がある。アメリカ、カナダ、EU の各国は、移民政策において異なるアプローチを取っている。アメリカやカナダでは、移民や外国人労働者に市民権を与える政策を進めており、特に高度な技能を持つ労働者が優遇されている。日本もこのような国際的な動向に倣い、移民労働者の受け入れ制度を整備しているが、外国人労働者の権利保障の面ではまだ課題が残っている。

第5章では、福祉にかかわる労働の支援や、協同組合などの法人格を通じて社会的な目的を追求する法制度の必要性と、その国際的な展開を詳しく分析している。多様な人々を包摂するのに適した法人格として、社会的企業、社会的協同組合、労働統合社会的企業（WISE)、労働者協同組合などが紹介されている。これらの法人格は、利益の最大化ではなく、社会的目標達成を優先する点が特徴的である。また、本章では、ドイツやスペイン、韓国など、社会的企業に関する法制度が整備された国々の例を取り上げ、各国で異なる社会的企業の定義や支援制度について比較検討した。協同組合や社会的経済（社会的連帯経済）は、単なる営利追求ではなく、社会的な目的を掲げる経済活動の一環として発展してきたが、これにより、社会的弱者への支援や地域社会への貢献を目指している点も指摘されている。

本格的に進む高齢社会や人口減少による労働者不足によって、産業社会のパラダイム転換が進むと、外国人労働者やバックグラウンドの異なる人々が統合されるシステムや、労働のあり方の変化に対応するしくみが必要となる。その一つの鍵が、協同による労働である。

第6章は、福祉において労働がどのような意味を持っているかを示す7つの事例を提示している。まず、事例Ⅰ「移民労働者を包摂する社会的連帯経済――スペインの事例より」、事例Ⅱ「難民のドイツ労働市場への統合」、事例Ⅲ「ローガンスクエアにおけるペアレント・メンター事業――参加、エンパワメント、社会的包摂」では、外国人労働者や難民、移民の社会的包摂についての事例を取り上げている。重要な点は、尊厳ある労働によって、労働者がエンパワメントされるという指摘である。事例Ⅳは、働く喜びがエンパワメントにつながったことを示す事例となっている。事例Ⅴは韓国の労働形成型就労の例を紹介している。事例Ⅵは、生活協同組合による働く場の創造について、事例Ⅶは、労働によって自ら求めるサービスを創り出した事例を取り上げている。事例Ⅷは、利益の追求を第一義的な目的とせず、社会的課題の解決を目的として起業されたソーシャル・ビジネスの一例を紹介している。飲食業を通じて、日本に暮らす外国人女性たちが社会参加できるよう支援し、その過程でスタッフや顧客の共感と協力を得て事業が展開されていく様子がつづられている。

終章では、労働には、移民、難民、外国人労働者や障害者など、社会から排除されがちな人々を社会システムの中に包摂する力、尊厳ある労働によってエンパワメントする力があること、そして自ら働く場や求めるサービスを創り出せることや、社会問題を解決する機能があることを指摘し、当事者主権や新自由主義をルーツとして、多様に立ち上がってきている点を確認した。

本書は、社会福祉学の研究を通して福祉と労働の関係性とその意味を、法律の専門家、社会的連帯経済の推進者とともに問うたものである。福祉と労働の研究をまとめるにあたって、ディーセント・ワーク、生活賃金闘争や就労支援政策の効果に関する統計学的な研究は今後の課題となっている。このため、まだ議論として荒削りの部分もあるが、過去20数年間、日本で起こっていることをさらに深く考え、さらには、ディーセント・ワークや新たな働き方の普及にわずかでも貢献できることを願っている。

［参考文献］

新川敏光（2014）『福祉国家変革の理路 ── 労働・福祉・自由』ミネルヴァ書房

埋橋孝文（2003）「公的扶助制度をめぐる国際的動向と政策的含意」埋橋孝文編著『比較のなかの福祉国家』ミネルヴァ書房、pp. 297-340.

埋橋孝文（2007）『ワークフェア ── 排除から包摂へ？』（シリーズ・新しい社会政策の課題と挑戦第2巻）法律文化社

第1章
歴史的に見た貧困救済と労働の関係性

仁科伸子

1　労働可能な者を救済しない救貧の歴史

イギリス救貧法（Old Poor Law）から新救貧法（New Poor Law）における労働と労働者

労働と救済の関係が最初に法律に現れたのは、イギリスの救貧法である。1495年救貧法では、主人を持たない者や働いていない者は、すべて怠惰な者として処罰することが定められており、この処罰は、年月が過ぎるごとに過酷になっていった［乳原 2002］。1567年ロンドンに作られたブライドウェル矯正院は、当時「怠惰」とみなされた失業者、浮浪者、売春婦や不貞を働く者など不品行者を裁き、強制労働や処罰を与えて矯正する役割を担った［乳原 2002］。この時代には、仕事をしないこと、定住しないこと、あるいは、物乞いをすることは、悪とみなされていたのである。この考え方は、この先長い間イギリスの救貧思想の中に根付いたままとなる。

1597年救貧法（C3 An Act for the Relief of the Poor）、1601年救貧法（C2 An Act for the Relief of the Poor）の基本的な考え方は、高齢者、病人などの労働不能なものは教区（Parish）の責任において救済し、労働可能な成人や児童は、就労又は見習いとして働くべきとしていた［伊部 1978］。当時は、教区を一つの単位としてみなし、教区で徴収した税を財源として救貧を行った。児童も働くことが当然とみなされていたため、産業革命期には、炭鉱などにおいて、大人が入れない坑道に入って採掘をさせられるなど過酷な児童労働が横行した［清山 1962］。

1601年救貧法では、法による救済対象を3つに分類し、働くことが可能な者、働くことができない者、扶養するものがいない児童とした。17世紀には、産業革命が進んだことや、宗教革命の影響で、貧民をより積極的に活用し、利益を得ようとする新たな貧民観が現れる［乳原 2002］。そこで、働くことが可能な貧民を勤勉な労働者にするためのワークハウスが設置されたのである。教区ごとの救貧税を原資として、就労可能者には、ワークハウスでの就労を義務づけ、働くことができない者に対しては救貧院に居住させて給付を行い、扶養するものがいない児童は、ワークハウスで就労訓練や教育を受けさせた。この基本的な精神は、労働能力がある者はできるだけ働かせること、親族がある者は、親族が扶養義務を負うということであり、これに基づき、労働能力がある貧困者には、給付を行わず、ワークハウスで就労する際に、その待遇が、一般就労している者を上回らないという劣等処遇原則が定められていた。ワークハウスでの就労は厳しく、このために救貧を抑制する効果が認められていた［乳原 2013］。ワークハウスは、20世紀まで生き残っており、チャーリー・チャップリンが少年時代の一時期ワークハウスに居住していたことはよく知られている。イギリスの17世紀頃の親族扶養義務と救貧の考え方は、鰥寡孤独を対象として救済していた律令制による救済［乳原 2002］思想と共通する。当時、救貧は、教区の義務とされ、流浪する貧困者に対して、出身地の教区による救貧を課し、その給付などを受ける者の自由な移動を禁じていた。したがって税を払う側は、税の軽減を求めて、貧困な者やその子どもたちをワークハウスで働かせることによって、収入を得ることも考えるようになった。

1722年には、ワークハウス法（The Poor Relief Act）が成立した。貧民救済の運営は、教区を行政の基本単位とし、各地の治安判事（Justice of the Peace）により任命された貧民監督官（overseer）が、教区民に救貧税（pool rate）を徴収して運営にあたった。1723年には、ワークハウステスト（Workhouse Test Act）、ナチブル法（Knatchbull's Act）によって、救済を求めるものは、名前や出身、救済を求める理由などを登録し（ワークハウステスト）、ワークハウスに収容されることを前提として救済を行ったため、救済を求める人々は減り、他方、救済を受けていない貧民がワークハウスの外に溢れることになった［乳原 2013］。

当時の有力な哲学者ベンサムは、1796年に『貧困者の管理』を著し、多くの投資家の投資によってチャリティ協会を設立しワークハウスを民営化すること、全国に250棟建設すること、2000人を超える収容者全員を一ヵ所から監視できるパノプティコン・システムやスパルタ方式の食事、教育などを提案していた［Higginbotham 2014］。ベンサムの救貧に対する思想は、のちに、救貧法を改正する際に大きく影響したとみられる。

ワークハウスは、請負人により経営され、残忍な処遇や、搾取により、恐怖与えていた［樫原 1973］。ワークハウスは、救貧法のコストの軽減すなわち救済を抑制するためのものになっていった。

18世紀には、産業革命が進展したことにより、都市部における労働者が増加し、救貧を必要とする貧困層もさらに増大し、1601年救貧法によるワークハウスでの対応が難しくなった［川北 1986］。当時は、イギリスにおける産業の発展が目まぐるしく、羊毛製のストッキング、編み帽子、手袋、ボタン、バックルといった服飾品、石鹼、ナイフ、パイプ、フライパン、ポット、銅器、陶器、ガラス、紙といった日常生活品などが工業製品として作られるようになったことで、多くの労働者が雇用されるようになった［川北 1986］。農業においても、変革が起こった。イギリスにおける伝統的な農業は開放耕地制（Open Field）によるものであり、農民は村落の共同耕地の中に形式的に短冊状の農地を保有していたが、耕作は共同で行われ収穫後には各自の保有する土地とは無関係に羊や牛の放牧が行われ、秋播きの小麦、春播きの大麦及び休閑の三圃制輪作が行われていた［道重 2008］。当時、毛織物工業の原料である羊毛を供給するための放牧地の拡大と農業技術の革新[1]によって、囲い込み（エンクロージャー）が進み、地主が、農業経営を行う資本家に土地を貸与し、資本家が農業労働者を雇用するという資本主義的農業経営が一般化した［道重 2008; 川北 1986］。農業が自給的な生産から、資本主義的生産に転換したことで、農業労働者が生まれた。自作農から、労働者になった者や、工場労働者の急増により、ワークハウスだけでは、労働可能な貧困者を抱えきれなくなり、食べていけるだけの最低賃金を保障する1795年スピーナムランド制が敷かれた。スピーナムランド制は、家族の最低必要生活費をパン代から算出し、世帯収入がそれに満たない場合に、その差額を支給するものであった。しかし、この制度を都合よく利用した雇用主は、法で定められた最低賃金を下回る低賃金によって労働者を雇用し、この結果、最低賃金を国が保障するという仕組みができ上がってしまった。スピーナムランド制は、納税者の大不評を買い、これがマルサス、アダム・スミスなどの理論を論拠とした救貧法批判につながっていった。他方、この制度は産業革命における大量の労働者を確保することにつながった。

マルサスは、人口の等比数列的増加が、食料の等差数列的生産増加能力を上回るとする人口論を提唱し、救貧法は、その現象を助長し貧困を深刻化するとして、同法に反対していた［Malthus 1798］。その一方で、貧民の状況から見て、救貧法を廃止することは難しいとする意見もあった。下院議員サミュエル・ウィットブレッド[2]（Samuel Whitbread, 1764-1815）は、演説[3]を行って、救貧法に対する改正案を述べた［柳田 & 田中 2015］。ウィットブレッドは、貧民が自分の金銭を貯蓄できる場所がないために浪費し、疾病などの際に貯えがなく不慮の事故や病気の際に教区による救済を頼るしかない実情を憂え、すぐに救貧法を廃止することは、貧民の状況を悪化させると主張し、人格の向上を目的とした教育制度、貯蓄、賞罰制度などの創設を提唱し、貧民の自立心や節約心を刺激することや、教区の扶助なく多子を養育する家族への報償、居住環境の改善などに言及していた［柳田&田中 2015］。ウィットブレッドが貧民の生活の向上を指向していたが、支配階級は、貧困や窮状は、彼らの人格や教育の欠如によるものと理解しており、1601年救貧法改正の主な目的は救済抑制が中心となった。

1833年になるとようやく9歳以下の児童の労働の禁止や、9～18歳の労働時間を制限し、工場に監督者を置くことなど、労働者の保護を目的とした工場法が制定される。

1820年代以降、各地で相次いだ農業労働者による反乱を背景に、1832年に救貧法調査委員会が設置された。委員会の構成メンバーとしてシーニア（Nassau William Senior 1790-1864）やチャドウィック（Edwin Chadwick, 1800-1890）らが中心となって救貧法調査を行い報告書をまとめたとされている

［柳田＆田中 2015］。1834年に提出された報告書をもとに、新救貧法は成立することになる［柳田ら 2019; 大沢 1986］。新救貧法の成立には、マルサスによる人口論の主張が深くかかわっており、救済をできるだけ減らす方向にかじ取りがされた。また、功利主義を唱えたベンサムやウェブ夫妻らの救貧の考えを取り入れて、1834年に成立した新救貧法は、子どもを含めて、すべての働ける者が労働に従事することを大原則とし、それまでは基礎自治体である教区が救貧の責任を有していたが、中央政府がこれに代わり中央集権化が進んだ。また、新救貧法では、救済のレベルについて、働いている者の生活水準を超えないとする劣等処遇原則が強化された[4]。また、救済の場所は、ワークハウスや救貧院などの院内での救済を原則とした［柳田 2019］。

19世紀後半になると、科学的な社会調査が行われるようになり、貧困が社会問題として捉えられるようになる。1886年、チャールズ・ブースによるロンドンの貧困調査が実施された。これは、初めて行われた大規模な科学的な貧困調査であり、ロンドンに暮らす400万世帯の住民の30％が貧困線以下の生活をしていることを明らかにした。この調査は、個人の問題と考えられていた貧困が非人格的な社会的原因によって生じることを示し、社会問題に対する新たな態度を生んだ。T.H. マーシャルはこのことを「貧困の発見」と称しその歴史的な意義を評価している［Marshall 1967］。ブース調査は、その科学性によって、これまでの救貧観を覆し、社会の問題としての貧困をあらわにしたことに意義がある。ブースの調査には、ビクトリア・ポッターも参加しており、ポッターは後にウェブの妻となったが、後の夫妻の活動は、ブース調査に影響を受けていたと考えられる。そして、貧困は、経済的な現象であり、これに対応するのは政策であるという考えが浸透し、「救貧法的貧困観」から「福祉国家的貧困観」へと転換していく契機となった。

アメリカの救貧について

アメリカ合衆国の救貧法から福祉国家の成立までの歴史については、一番ヶ瀬が『アメリカ社会福祉発達史』としてまとめている。それによると、アメリカの救貧制度は、その処遇や理念、救貧抑制が重要な目的となっていたことを含め、宗主国の一つであったイギリスの影響を強く受けている。16～17世紀のアメリカでは、ニューイングランドのピューリタン思想を基底とした勤労、節約が基本精神とされ、家族は助け合って勤勉に働いた。人々は、封建的なヨーロッパと違って、勤勉に働けば、富を築くチャンスを得る機会に恵まれていると信じ、救貧は最小限にとどめられた［一番ヶ瀬 1963］。

南部の大領地制の元では、アフリカから奴隷として連れてこられた人々や、白人の年季奉公人が過酷な肉体労働に従事し、資本主義的農業が展開されていた。イギリスからあっせんされてやってきた年季奉公労働者は、本国でもすでに救貧の状態にある失業者、財産のない若い独身者などで、年季は4～5年で、年季明けに一定の報酬を得る契約であったが、食事や住む場所が与えられた以外、給与がなかった［キャンベル・M 1974］。その頃、南部ではすでに階層分化が進み、年季が明けたのちに自営農となることは困難であったため、浮浪化することが多くバージニア州では、こうした契約切れの年季奉公者や脱走した者の困窮化などが著しく、1646年に救貧法が制定された［一番ヶ瀬 1963］。

ニューヨーク市では、オランダの統治下で、1661年に「怠惰な者や浮浪者を懲戒し、真の貧困者により良い援助と救助を付与する」救貧規定が導入されたが、他州から流入した貧困者は排除する内容であり、ニューイングランドもその救貧規定の影響を多分に受けていた［一番ヶ瀬 1963］。アメリカにおける救貧は最低限であり、被救貧者の名簿の公開や、体にPの烙印をおし、選挙権や公民権停止が行われるなど、懲罰的なものであった［Friedlander 1980］。

1821年にマサチューセッツ州議会の諮問によって出された調査書クインシーレポートには、居宅救護費が不経済であり、能力によって仕事を与えることができるワークハウスに収容することが効率的であることや、ファーミングアウト（農場で働かせること）にメリットが大きいことなどが報告され、アメリカの救貧政策に影響を与えた［J. Quincy 1821］。同じころ、ニューヨーク州でも救貧に関するレポートが出され、1824年には、ニューヨーク郡救貧院法が成立した。アメリカの救貧政策の基本理念はイギリスと同様であったが、勤勉さや努力、質素などを尊ぶピューリタン精神や開拓者のフロンティア精神の影響を受け、イギリスよりもさらに救貧を否定する傾向がみられた。アメリカにおける福祉国家的貧困観の登場は、1929年の世界大恐慌の後になる。

日本の恤救規則、救貧法時代における労働者と救済観

1868年、明治維新を迎えると明治政府は、富国強兵と殖産興業を掲げて官営企業を立ち上げ生糸産業と鉄鋼産業に力を入れることになった。

イギリスで17世紀に成立した救貧法が近代国家的な救貧制度であったのに対して、明治政府が最初に導入した救貧政策はきわめて封建主義的な性格のものだった。当時国民の大多数は農民層であったが、急激な近代化によって都市への流動化が生じていた。明治維新によって仕事を失った士族は、新しい就業への失敗によって困窮化し、最初の経済不況により、職人層も低賃金のため没落した。産業と身分制の転換に乗り切れなかった国民が流民として大都市に移住し、江戸時代から形成されていた細民街に暮らすようになり、都市スラムが形成されて行った［吉田 1984］。

1874年、恤救（じゅっきゅう）規則が太政官通達162号によって交付された。この制度は、「人民相互ノ情誼」を前提としていたが、この意味するところは、共同体での相互扶助であり、封建時代の救済の基本的性格を色濃く残していた。国家による救済法ではなく、共同体による情誼（まごころ）に依存し、助け合うことを定めたのである。また、この規則に示された対象としての「無告の窮民」とは、「独身老幼廃疾疾病等にて何等の業もなす能わず事実赤貧にしてかつて他に保育する者もこれ無く全く無告[5]の窮民」に限った。「何等の業もなす能わず」は、働くことができないことを意味している。恤救規則は、共同体での助け合いに依拠する封建的性格の強い制度でありながら、施行には強い中央集権制を執り、些末なことまで内務省に報告させた［吉田 1984］。当時の救済の限度額は、極貧で稼働能力を持たない独身の廃疾者に一年間で一石八斗と定められていたが［吉田 1984］、これは、1日に米4.9合程度と計算できる。吉田は、恤救規則は、718年の戸令の復活であると評価している［吉田 2004］。律令制において運用されていた対象者の考え方として、鰥寡孤独が挙げられるが、鰥は老いて妻がいない者、寡は老いて夫がいない者、孤は父親がいない子ども、

独は老いて子どもがいないものを指している。これは、近隣や、家族が困窮者の面倒を見ることを前提とし、独身で頼れる家族がいない困窮者に限って、最終手段として公的に救済することを示しており、律令時代の救貧制度から続く「家」を基盤とする扶養の絶対性は明治政府になっても根強く残った。

明治初期の官主導による急速な近代産業化と社会システムの転換によって、農民の都市への移動が始まったことで、封建的な社会システムに基づいて築き上げられた「家」の崩壊や地縁組織の崩壊が起こり、家族の援助を得られないものが増えていくことは必然であった。

1890年代になると、日清戦争後の負担や、経済の発展によって、資本主義的な社会問題が発生する。1897年には、賃上げ闘争のストライキが起こった。ジャーナリスト横山源之助は、貧困層に関して各地で調査を行い、明治維新から30年後の1899年『日本之下層社会』を著した。この著書の中には、日本の近代化の中で、農村社会から都市に出ていった人々や、身分制度の崩壊により拠りどころがなくなった士族やその子弟などが労働者となり、日雇人足、人力車夫、くず拾い、芸人、職人とその親方、織物工場の工女、マッチ工場の職工、生糸業の工女、紡績工場の女工、鉄工所の工員などとして都市に定着していく様子が描かれている［横山 2000］。農村部では、土地を所有しない小作人が、江戸時代よりもさらに高い小作料に加え、肥料などの物価の高騰によって暮らしが成り立たず困窮する様子も描かれている［横山 2000］。この時期になると、資本主義の発展により、さまざまな産業が展開されていき、都市底辺労働者や新しい貧困層が生まれてくる。しかし、貧困が社会システムから生じているという概念はまだなかった。

1908年には、地方局長通牒で「済貧恤救ハ隣保相互の情誼ニ依リ互ニ協救セシメ国費救助ノ濫給矯正の件」が発せられた。この年、受給者数は、1万3090人に上っていたが、この通達を受けて、4500人の受給が打ち切られ、翌年には、受給者数は、3753人に激減した［吉田 2004］。

1910年頃には、大正デモクラシーによって日本に民主主義の発芽が始まったが、社会的な不平等や貧困が蔓延し、幸徳秋水らによる大逆事件が起こるなど民衆の不満が鬱積していった。

1914年の第一次世界大戦の勃発により日本の景気は向上したが、物価が急騰したことによって、さらに生活難が著しくなり、民衆の蜂起がみられるようになった［小川 2007］。1918年には、米の価格がさらに高騰したことで、富山県魚津町の漁民の主婦たちの集合を発端として、北九州の炭鉱労働者をも巻き込み全国的に暴動が始まり、70万人を超えるともいわれる民衆が参加する暴動に発展した［井上 1959］。米騒動は、為政者にとっては脅威の対象となった。明治政府による殖産興業によって始まった産業革命からわずか50年の間に、労働者の困窮や貧困が進み、反体制的なエネルギーは膨満していったが、救貧法の成立までにはまだ時間を要した。

米騒動後に、大阪府では、小河滋次郎の提案により方面委員制度を導入した。米騒動への対応策としてコメの廉売が行われた際に、「真に救済の必要のないはずのもの」が救済を濫用し、本来救済の必要な者が救済されなかったとして、小学校区を一区域として、方面委員を委託し救貧行政の適正化を図ったとされているが、反体制的な活動の抑制や発見ための治安維持的な側面をも両有していた［小川 2007］。方面委員は、調査の結果をカルテに詳細に記入し、第二種に属するものとして、貧しくても働いて自力で生活できることが可能な世帯や人物だけでなく、素行のよくない無頼漢、無職業者、不良少年、免囚を第二種貧困階層として、生活状況の調査を実施した［小河博士遺文刊行会編 1942］。このカード方式については、日本の救貧行政の中で初めて世帯を一つの単位とする考え方が公的に取り入れられたとされる［宇野 1982］。

このころには、労働者を社会事業の対象とする考えが国家の為政者の中に生まれた。それは、労働、工場法、社会保険、恤救規則などの社会事業を専門的に取り扱う社会局が設置されたことからも窺える［小川 2007］。1911年に労働保護法としての工場法が制定され、1916年に施行された。工場法は、最低入職年齢を12歳としたうえ、15歳未満の者および「女子」について、最長労働時間を12時間とし、深夜業（午後10時から午前4時）を禁止し（例外と長期の適用猶予あり）、休憩の基準（6時間を超えるときは30分、10時間を超えるときは1時間）および休日の基準（毎月2回以上）を定め、一定の危険有害業務への就業を制限し、③工場における職工の安全衛生のための行政官庁の臨検・命令権と、④職工の業務上の傷病・死亡についての事業主の定額の扶助責任を定め、第二次世界大戦前における重要な労働者保護立法となった。

1920年頃には、戦後好景気の反動によって経済状態は一層悪化し、失業者が増加し、国民は著しく困窮するようになった。それと同時に、労働争議などが多発するなど社会的な運動が高揚したが、こうした労働運動には弾圧が加えられるようになった。

国民の平均寿命は、江戸時代中・後期が30歳代にとどまっていたと推測されるのに対し、1921～1925年の全国の平均寿命は42.06歳、1926～1930年で44.82歳、1935～1936年で46.92歳と着実に伸びていたが、その一方で死亡率は依然として高かった［縄田 2006］。その理由は、結核の流行や1918～1920年にかけてのスペイン風邪の流行等、都市化・工業化・国際化に伴う新たな疾病が生じたためと考えられる［縄田 2006］。結核は、貧困と関係が深い疾病であることが知られているとおり、当時の過酷な労働と貧困が、紡績工場などでの結核の蔓延を招いていた。貧しい農家の娘が働きに出されたが、過酷な労働のせいで結核にかかって家に帰ってきてそのまま死を待つばかりという『あゝ、野麦峠』のような悲惨な例が多くみられたのである。

このような社会状況を背景として、1929年、ついに、「家族が第一義的な救済を行う」「隣保相互の情誼」「濫救による惰民養成の害を防ぐ」という基本姿勢を保持しつつ、「公的扶助義務」を提唱した救護法が成立した。法の対象者は、①六十五歳以上ノ老衰者、②十三歳以下ノ幼者、③妊産婦、④不具癈疾、疾病、傷痍其ノ他精神又ハ身体ノ障碍ニ依リ労務ヲ行フニ故障アル者とした。労働能力のある者を救貧から除外した点は、1834年イギリス救貧法と同様であり、この点は、恤救規則と変わらない。救護の種類は、生活扶助、医療、助産、生業扶助種で、恤救規則の米の支給は廃止された。昭和恐慌で人々が不況に喘ぐ中、特に農村では、凶作による食料不足、失業と貧困が常態化し、農村の死亡率は高く、医療の欠如により結核やトラホームなどが流行した。このような社会情勢の元、1931年満州事変が起こり、軍部の勢力が増加していく中で、1938年には、厚生省が発足し、社会事業法（1938年）、商店法（1938年）、国民健康保険法（1938年）などの社会政策法制が成立した。

この時期には、戦争の拡大に対応して傷兵保護・軍事援護の拡充法なども制定された。

まとめ

労働と福祉の関係性を歴史的な観点から位置づけておく意味で、イギリス、アメリカ、日本における資本主義による生産システムの成立から成熟に向かう過程において出現した貧困に対する救済とその背景にある基本的な考え方について整理した。ここで明らかにしたかったのは、働く能力のある貧困者に対しては救済を行わないという基本原則と労働者の訓練及び教育の場と、また、後には懲罰的な見せしめの場となっていったワークハウスの役割である。ワークハウスは、イギリスの植民地であったアメリカにも取り入れられ、イギリスと同様の意味をもつ矯正の場として、あるいは救済抑制装置として機能していた。

日本においても、労働者は、産業の発展のために不可欠かつ、重要な存在であったにもかかわらず、救済が必要な困窮者と労働者を明確に区別し、働けるものは救済の必要がないという考え方は、恤救規則から一貫していた。社会事業期に入って救貧に対する国家責任が明示された点は、慈善事業からの脱出であったといえる。救護法の評価については、1982年に宇野が綿密に評価を検討しているためここでの議論は省略する。救貧法成立当時、日本でもすでにイギリスやドイツの救貧法制が議論されており、マルサスの人口論、ヨーロッパやアメリカの制度についていて知られていたにもかかわらず［小川 2007］、1929年に日本で成立した救護法には、強制労働を伴うワークハウスは導入されなかった。一方、イギリスなどのヨーロッパ諸国とアメリカ合衆国では、救貧政策の展開上、働ける人を救済しないことと、救済に就労を組み込むことが盛り込まれた。

日本での救貧の基本方針としてまず家族の庇護を前提とし、次に近隣の助け合いによる救済を求める原則が、恤救規則にも救貧法にも表れていた。殖産興業によって急速に産業資本主義が進み、貧困が社会的なものとなっても、古来の鰥寡孤独のみを救済するという考えと地域コミュニティに責任を負わせる慣習は、拭い去られなかったのである。

イギリスでは、20世紀初頭になると、チャールズ・ブースやウェブ夫妻らによる社会調査が行われるようになり、その科学的な調査によって、貧困を個人的な性質による問題とするのではない「福祉国家的貧困観」が生まれてくる。そして、これが福祉国家的制度の構築につながっていった。

2　福祉国家体制の成立と転換

福祉国家の成立

救貧的な労働者観や政策は、19世紀後半から20世紀におけるさらなる資本主義の発展とそれに伴って起こる大恐慌によって、個人の努力や家族、近隣、慈善活動の力ではどうしようもない大量の貧困が発生したことによって、変化する。福祉国家の成立期には、より大規模に効率的に生産を行うために、健康で、勤勉な労働力が大量に必要とされた。そして、大恐慌などによる大量の失業や貧困を社会問題と捉え、社会保障や社会福祉を提供することが国家の役割と考えられるようになった。

福祉国家は、製造業を中心とした資本主義体制の中で労働者保護のために成立し発展した。初期には、税収により国家が社会保障や福祉サービスを提供する仕組みが構築された。そしてそれぞれの国の伝統や思想、経済や家族のあり方によって多様化していった。福祉は、労働者が定年を迎えたときや疾病、失業の際の給付や保険、国によっては、無料の医療を提供し事故に備えるシステムとなった。社会福祉は、労働者が安心して働き、生活するためのシステムとしてはたらきはじめた。不況の際の失業者には失業手当が給付されるようになった。

デビッド・ガーランドは、「福祉国家は近代的統治の根本的な一面とみなされるべきものである。形態の面で違いはあるにせよ、福祉国家は先進社会に例外なく存在するものであり、資本主義経済を社会的にも経済的にも持続可能なものにするうえで、なくてはならない手段として稼働している。福祉国家が資本主義下の民主主義における常態であること、民主主義を機能させるためには福祉国家が必要であること——社会科学者の間では、これらは実証的に裏付けられた定説である」としている［Garland 2016］。

本章では、国による特徴、政策的、財政的な強弱や差異はあるものの、ガーランドの提示や、経済学者の岡田徹太郎、財政学者林健久らの説に基づき、レーガノミクスや、サッチャリズムのように一見福祉国家に対抗するとみられるような政策ですらも福祉国家的財政枠組みの上に成り立っているという考え方に則って、福祉国家についての議論を展開する［林健久 2002; 岡田徹太郎 2004］。

急速な資本主義の発展に伴い、1880年のビスマルク政権における社会保険の成立から、20世紀半ばまでの間に、多くの先進国において労災保険、老齢年金、疾病保険、失業保険、家族手当などが成立していった。製造業を中心とした工業国としての発展は、健康な労働者の大量確保なしには成立しないと考えると、福祉国家の成立は当然のことであると捉えられる。

福祉国家成立の初動は、よく知られているように1883年にドイツのビスマルク首相（1815～1898）が疾病保険法を制定したことである。その前年、1832年にハムバッハにおいて、南ドイツにおける民主的運動が盛り上がり、2万人に及ぶ人々が集結するなど、労働運動が高揚してきた。工業化に伴って都市部に増大する労働者階級からの政治的圧力を軽減し、また暴動などを防ぐことを意図して社会保険制度が整備された。次いで、1884年には、同じくドイツにおいて労働災害保険が導入される。これらの保険制度は、産業革命に起因する新たなリスクなどをカバーし社会不安を軽減する効果があった。ビスマルクが始めた保険システムは、労働者が労働市場に参加し、保険料を拠出し共同して事故に備えることで成立しており、社会福祉の一つの重要なモデルとなった。オーストリア、デンマークなどヨーロッパの国々で社会保険や社会保障に関する法制が次々と整備されるようになり、一つの福祉国家のスタイルを構築した。

1929年にアメリカに端を発した世界大恐慌は、世界の国々に波及し、未曾有の失業とそれによる貧困をもたらした。個人や家族の努力によっても、当時アメリカの都市部で活動していた、AICP、カトリック系慈善団体、COS、ユダヤ人社会事業協会などの活動によっても、大量の失業者と貧困の救済には追い付かなかった。ドイツではファシズムが進行し、日本では、軍国主義が台頭する中、アメリカでは、国民の福祉に対する政府の責任を提唱し、ニューディール政策を約束したルーズベルト大統領が当選した。失業対策と公的な支援機関の設置などを掲げたニューディール政策が進む中、1935年には世界最初の社会保障法がアメリカに誕生する。アメリカ社会保障法は、①老齢および遺族年金、失業保険などの社会保険制度、②老齢扶助、要保護児童扶助、盲人扶助などの公的扶助への補助、③母子保健施設、身体障害児施設、児童福祉施設、公衆衛生事業、職業訓練など社会福祉施設や社会事業への補助を3つの柱としていた。中でも重要視されていたのは、失業対策であった。また、社会保障法の成立とともに、ソーシャルワークや支援の専門機関が設置された。さらに、コミュニティ・オーガニゼーションの定義や方法論に関する統一した見解が出され、より一層、その重要性が強調された［Harper 1959］。ルーズベルト大統領は不況や失業、生活困窮に対して、積極的な措置を講じて、アメリカ経済と人々の生活の回復を図った。

福祉国家の成立に最も寄与した経済理論はケインズ経済学である。ジョン・メイナード・ケインズ（1883～1946年）は、有効需要の政策的なコントロールによって、完全雇用を達成し、豊かさの中の貧困というパラドックスを克服することを目的とするケインズ経済政策を提唱した。ケインズは、恐慌に対しては、政府による社会資本投資を行うことで経済に刺激を与え雇用や需要を創り出すという論理で、不況のときこそ積極的に公共事業投資を行うことを唱道した。これを受けた、アメリカのニューディール政策は、公共投資を行って恐慌による失業者を吸収しようとした。ケインズ理論に基づく政策は、イギリス、アメリカ、日本など多くの国における福祉国家建立の基礎理論となった。

1942年、イギリスでは、ウィリアム・ベヴァリッジ（1879~1963）が、ベヴァリッジ報告（Social Insurance and Allied Services）を発表し、怠惰、無知、疾病、不潔、欠乏を五大悪であると指摘した。ベヴァリッジは、イーストロンドンのセツルメントであるトインビーホールで働いた経験から、社会的不平等を是正する必要があると考えていた。そして、そのためには慈善事業だけでは不十分であり、政府による政策が唯一不平等を是正すると考えていた。ベヴァリッジによる報告が労働党アトリー政権の政策に影響を与え、NHSをはじめとする社会福祉制度が成立し、「ゆりかごから墓場まで」といわれる福祉国家体制が成立することになった。福祉国家の成立には、ベヴァリッジ報告と同時にケインズの経済理論が重要な役割を果たしたことは周知である。

第6章において事例を紹介するスペインおよび韓国の状況について特記しておく。スペインでは、フランコ政権による独裁体制が1974年まで続き、カトリック教会による社会事業が発達した。韓国では、1980年代まで軍事政権が続き、福祉国家の成立が遅れたと言われている［金 2022］。

日本において人権としての社会保障制度が整備されるのは、第二次世界大戦後、平和主義、主権在民、基本的人権を原則とする日本国憲法制定以降となるが、資本主義経済の復興に伴う福祉国家の成立は、高度経済成長期であると言われている。日本の高度経済成長期には、産業が農業から製造業へと転換し、労働人口が農村から都市に移動する。これによって、都市部では、大量の労働者を受け入れるための住宅が必要となり、大規模住宅団地開発、千里、泉北、多摩などの大規模ニュータウン開発が行われ、大量の労働人口を都市に受け入れると同時に、太平洋ベルト地域の道路、橋梁、鉄道などが整備されて、建設労働者の需要も著しく高まった。建設労働者の高い需要は、低学歴や非熟練のブルーカーラー男性労働者を吸収し、1990年代頃まで、完全雇用に近い低失業率の状態を牽引し続けたのである。

工業社会の形成は、大工場などに労働力を集積させるようになり、労働組合などが組織化され、やがてそれらが政治的な力を持つようにもなった。1970年頃には、健康保険法、年金法、生活保護法、児童福祉法、3障害に対する福祉法、老人福祉法なども成立し、老人医療の無料化を達成して、日本はケインズ経済学的福祉国家の頂点を迎える。この時期の日本では、一億総中流と言われる経済的に均一な状態が成立していた。経済学的にも効率性は高く、所得分配の平等性も高い水準を達成していたと評価されている［橘木 2015］。

産業転換により地方都市や農村から単身で都市に出てきた男女が結婚し、都市の労働者となって、家族を形成する核家族世帯が主流となり、男性単独労働世帯が日本の家族の典型的な家族形態となっていく。核家族が日本社会の中で平均化し、マジョリティ化する中で、社会保障や社会福祉に対するニーズも均一的になっていった。このような核家族、勤労世帯に合わせて年金制度、医療制度、失業手当などが設計されていった。

20世紀半ば頃から、ヨーロッパでは障害を持つ人の社会的統合が一般化していった。1950年代デンマークではノーマライゼーション、すなわち障害者が地域で普通に暮らしていくことを指向する考えが浸透し、イタリアではバザーリア法の成立によって、精神病院の長期入院をやめ、地域に居住することや、社会的協同組合B型における障害者の雇用が始まった。高度経済成長期の日本にあっては、1960年の「自立と完全雇用の達成」を目標とする経済計画や、障害者の雇用を促進する国際的な流れを受け、「身体障害者雇用促進法」が制定された。これが現在の「障害者雇用促進法」の前身となった。さらに、横浜市で起こった母親による障害児の殺害事件を契機として、障害者の生きる権利や自立を主張する当事者運動などが起こった。

日本社会にヨーロッパ社会のようなノーマライゼーションが浸透するのは、1981年の国際障害者年を経て、2000年以降に脱施設化や地域への包摂的政策が始まるまで待たなければならなかった。

経済成長の陰で、若者たちを送り出した農村や漁村地域では、過疎化（人口減少）が起こり、のちに、急速な高齢化が生じることになる。また、建設労働者が日々の仕事に就くために集積した大阪のあいりん地区や東京の山谷地区などでは、ドヤ街と呼ばれる低廉な宿泊施設街が形成され、雨が続けば、宿泊費も底をつくような不安定就労者層が集積することになった。また、生産性を重視した産業の発達が、大気汚染や騒音、水質汚濁などを引き起こし、水俣病事件に代表されるような重大な爪痕を残しながら、経済成長は、所得の再分配による国民の権利としての社会福祉の発達を促していった。

北欧諸国、特にスウェーデンでは、1970年代には女性を含めた積極的労働市場政策、社会福祉サービスの拡張、ジェンダー平等化によって、平等と生産主義的社会政策の両方を実現し、この時代は福祉国家のゴールデン・エイジと称されている［Espin-Andersen 1996］。

福祉国家の転換と労働

福祉国家の発展に暗雲を投げかけたのは1973年の第一次オイルショックとこれに続く1978年の第二次オイルショックであった。オイルショックによる不況は、日本だけでなく、世界の経済に打撃を与えた。さらに追い打ちをかけたのは、ブレトン・ウッズ体制の崩壊であり、これによってインフレが進むことになった［Garland 2016］。二度のオイルショックを経て、経済は高度成長から低成長へと変化し、社会福祉は財政負担とみなされ、福祉国家の限界が認識されるようになった。

1980年代から90年代にかけての不況の中、ケインズ主義による公共事業投資は徐々にカンフル剤的な効果を発揮しなくなってくる。イギリスではサッチャリズムにより、アメリカではレーガノミクスによる規制緩和、国家財政の削減、プライバタイゼーションによる小さな国家を政策理念とする新自由主義が台頭した。この改革は、急速に他の先進国へ波及し、各国の福祉国家財政の在り方の見直しと、特に社会政策の市場主義的再編が行われていった。所得支援は、権利や受給権ではなく、積極的な求職活動や、職業訓練、資格や免許を取得していることを条件として支給されるようになった［Garland 2016］。そして、1990年代から2000年代初頭にかけては、アメリカやイギリスなど主にアングロサクソン国で始まった新自由主義に基づく改革が、社会保障や社会福祉においても実施されることになる。この中で、労働と福祉の関係は、大きく転換していくことになる。

オイルショックを機に、日本では、北欧のような高福祉高負担の福祉国家を目指すのではなく日本型福祉社会を目指すという方向性が明確化されるようになった。そして1980年代には、財政削減へと方針を転換していく[6]。さらに、社会福祉政策の主体の地方への権限委譲や、肥大化した行財政の見直しを基調とした改革を実施していくことになった。1990年に社会福祉八法改正として、措置事務の市町村への委譲、在宅福祉サービスの法定化などが行われた[7]。

1990年代の日本経済は、バブル経済崩壊後の打撃から立ち直ることができず、企業はあらゆる面での効率化を余儀なくされた。特に製造業は、コスト削減のため製造部門の海外移転を行うなど、グローバリゼーションが進んだ。また、製造業からサービス業への産業構造の転換と、新自由主義政策の導入による行財政削減の強化によって、公共事業によって補っていた非熟練労働者の仕事の確保が困難になっていくのであった。景気の悪化と相まって、失業率は上昇し、派遣就労などの有期雇用の増加によって、不安定就労層が生まれた。

宮本らは、エスピン－アンデルセンによる『転換期の福祉国家』の日本語訳書において補論を加えて、イヴェルセンとレンを引用しつつ、ポスト工業化社会では、サービス産業の拡大と製造業の縮小によって、生産性の向上が困難となり、政府は、財政抑制、所得格差の平等、雇用促進という3つの政策目標のうち、最大で二つしか実現することができないトリレンマに陥ったと言及している［宮本他 2003］。

このような社会経済状況のもとで、日本では政策的な視点が高齢社会対応に注がれるようになる。ベビーブーマー層の高齢化を目前にして、社会福祉基礎構造改革が行われ、市場の活用や、措置から契約へと移行するなど、社会保障や社会福祉は大きな転換期を迎える。さらには、本書で主題としている福祉と労働の関係性がクローズアップされるようになった。

新自由主義政策下における福祉と就労の関係性

新自由主義政策下におけると福祉と労働の関係性を特徴づけるのは、アメリカのクリントン政権下で行われた「福祉から就労へ」（Welfare-to-work）と呼ばれる改革であろう。1996年の福祉改革では、一人の受給者が現金給付を受給できる期間が一生で60ヵ月に制限され、2年以内に職業訓練や教育を受けることが義務づけられた。アメリカでの福祉において、長年問題視されていたのは、若年妊娠と出産によるシングルマザーの生活扶助である「要扶養児童家庭扶助」（Aid to Families with Dependent Children 以下 AFDC）受給が長期間にわたることであった。法施行当時のアメリカでは、好景気に見舞われていたこともあり、この改革によって、生活扶助受給者は減少した［埋橋2003］。また、地域で活動する非営利組織などに就労支援事業を行うための助成金が配分された。これを機会に、アメリカで福祉サービスを担う主体となっている非営利活動法人や教会などの宗教法人を母体とした民間組織は、助成財団、市、州などからの助成金を活用して、就労支援や教育などを行うようになった。

イギリスでは、サッチャー政権下（1949〜90年）のみならず、ブレア政権下（1997〜2007年）においても、社会的排除に対抗するため、ワークフェア政策が展開され、教育を受けておらず仕事にも従事していない非熟練失業者に対する教育訓練と低所得就労者層（Working Poor）へのタックスクレジット政策が重視されて展開されていった。カナダ、オーストラリアといったアングロサクソン系の国々でも同様の政策が展開されていった。

イギリスにおいて、非熟練労働者や失業者への教育訓練などが展開できた背景として、社会福祉サービスの民営化が1970年代からの福祉多元化の流れの中に位置づけられ多様に発展していたことを見逃すことはできない。イギリスのボランティアセクターは、中世からの教会を中心とした慈善事業や博愛事業などの流れを汲みつつ、層の厚い展開を見せている。世界的に活躍するセーブ・ザ・チルドレン、ホームレス支援のシェルターといった大きな組織から、チャリティ団体やコミュニティを基盤とした組織に加えて、サッチャー政権下では、民営化された公的部門の職員が公職を離れてサードセクターを形成するなど実践的な部門としても成熟していた。サッチャー政権下での公的事業のサードセクター委託は、サードセクター自体の活動、選択、思想の自由などの観点から問題視された［宮城2000］。メイジャー政権下（1990〜97年）で提出されたディーキン委員会報告書「ボランタリーセクターの将来（the Future of the Voluntary Sector）」と労働党の政策文書「共に築く未来（Building the Future Together）」を基礎として、ブレア政権下のニューレイバー政策では、コンパクトが締結され、公的セクターとボランタリーセクターとが新たな関係性を構築しつつ、新自由主義政策下における就労支援の役割を担うことになった[8]。

イギリスでは、景気の後退とともに失業率の上昇が問題視されていたが、その失業者の中心は若者だった。イギリスで展開されてきた就労政策は、仕事に就いていない人が仕事に就けるよう資格の取得や教育訓練を給付の条件とするもの、すでに仕事に就いているが貧困な勤労者（ワーキング・プア）に対して、マイナス税制（結果的に給付）を適用する、最低賃金制度を設けるなどによって可処分所得を上昇するといったものであった。これについては、アメリカでもほぼ同様の政策が実施されている。

ブレア政権下でも引き続き、福祉活動などに従事してきた組織団体を社会的企業（Social Enterprise）として育て、地域再生や就労支援に活用し、それは政権交代後も継続した。2011年時点の調査では、社会的企業の活動目的で最も多いものは、特定のコミュニティの改善、就労開発、脆弱な人々の支援、健康・ウェルビーイングの改善、教育や開発であり、この財源は、一般市場からの売り上げを主な財源としているものは66%、公的セクターを主要財源としているものは18%、民間企業からの売り上げを主な財源とするものは13%であり、公的セクターとなんらかの取引を行っている社会的企業は半数に上った［SocialEnterpriseUK 2011］。

イギリス政府は、「雇用」と「訓練教育」という政策目標達成のため、財源を供給して社会的企業の育成に力を入れた。イギリス的な特徴は、多くの社会的企業の活動内容が、コミュニティ再生と、雇用対策や教育、訓練と結びついていた点である。これらの社会的企業がもともとコミュニティ再生活動を行っていたということである。メイジャー政権下では、活発にコミュニティ再生が実施されていたため、既存の組織が、雇用にかかわる事業も実施するようになったと考えられる。ブレア政権では、コミュニティの状態を数値化したうえで、最も荒廃したエリア（the most deprived area）を割り出し、重点的にコミュニティ対策を講じた。このようなエリアでは、貧困や失業率が高く、物的な地域再生と同時に、就労対策が求められていた。行政による直接支援が多くの場合縦割りであるのに対して、民間セクターの場合、必要に応じて多様に展開し、発展していくことが特徴でもあるため、社会的企業に期待された。

イギリスのニューレイバーによるワークフェア政策については、若年層の就労と貧困からの脱出について一定の成果を上げたとする評価と、景気の上昇による雇用情勢の変化に過ぎないとする両面の評価がある。仁平は、この政策が社会保障そのものを変質化し、教育化していると指摘する［仁平 2015］。福祉から就労への過程、人的資源開発を志向する政策が展開されることで、教育や訓練が重要視されることになった。仁平は、ワークフェアは社会的排除を改善するベクトルと悪化させるベクトルを孕んでおり、人的資本への投資による社会的包摂は、一定の成果を上げたが、第三の道のワークフェアが社会構造の転換によってではなく、個人を矯正することよって社会的排除に対応するよう仕向ける統治性を持っており、むしろ社会権保障を先行させるべきだという指摘をしている［仁平 2015］。この福祉の教育化においては、社会的企業などサードセクターが積極的に活用されるようになった。

日本において、ブレア政権が推進したような積極的就労支援政策が進むのは、社会福祉基礎構造改革以降である。もともと生活保護制度の中にも就労は組み込まれていたが、市場で仕事を得ることができない場合の残余主義的なものであった[9]。1990年代半ばには格差が拡大し、不安定就労層のホームレス問題が顕著化した。日本の経済の特徴であった終身雇用制や、一億総中流と言われた平等性は維持できなくなり、不況にあえぐ企業のコスト削減の中で、派遣労働者が増加し、2008年のリーマンショック後の不況では、派遣切りによって（失業給付などの社会保障の対象にならないために）ホームレスとなった人々が増加し社会問題化した。これに対して、失業給付受給期間経過者や受給無資格者等失業手当を受給できない人への対策として2009年4月に「緊急人材育成・就職支援基金」（一般会計、訓練・生活支援給付）が創設された［菅沼ほか 2017］。これを恒久化した制度が求職者支援制度である。求職者支援制度とは、雇用保険を受給できない求職者が、月額10万円の生活支援の給付金を受給しながら無料の職業訓練を受講し、再就職や転職を目指す制度である。雇用保険の適用がなかった者、加入期間が足りず雇用保険の給付を受けられなかった者、雇用保険の受給が終了した者、自営廃業者等雇用保険を受給できない求職者に対し、無料の職業訓練を実施し、本人収入、世帯収入および資産要件等一定の支給要件を満たす場合は給付金を支給するとともに、ハローワークが就職を支援する制度である[10]。この制度では、イギリスやアメリカで現れたような社会的企業などのサードセクターの活躍は未だ目立っていない。また、この制度には、資産制限などの要件があり、家族と同居している場合には、世帯収入30万円以下であることを条件とし、同居している場合には本人への現金給付は行わないなど、家族の支援を基盤としていることは、日本的な特徴であると言える[11]。就労訓練や教育を福祉に組み込んでいく傾向は、イギリスやアメリカと同様であり、福祉の教育化が進んでいるという特徴をよく表していると同時に、公的扶助の前段でそれを食い止める抑制政策としての役割もある。

次いで、2013年12月、生活保護に至る前の段階の自立支援策の強化を目的とする「生活困窮者自立支援法」が成立し、2015年4月から施行され、全国の福祉事務所設置自治体が主体となり、自立相談支援事業、住居確保給付金の支給、就労準備支援事業、一時生活支援事業、家計相談支援事業、学習支援事業等が実施されている。日本において、生活困窮者就労支援事業などの就労支援の担い手となったのは、社会福祉協議会、社会福祉法人、NPO、生活協同組合などであった。近年制度化された労働者協同組合は、雇用されない働き方を実現できる法人形態として期待されている。

日本における障害者就労支援の展開

2000年以降、日本における就労支援において、大きな進展があったのは障害者就労分野であろう。障害者の就労支援は、貧困支援とは別の文脈で進んできた。第二次世界大戦後、新憲法のもとで、負傷した帰還兵の保護のための身体障害者福祉法、次いで精神薄弱者福祉法、精神障害者福祉法が制定され、障害別の施策が展開されていた。これに基づき、就労の場として作業所などが運営されてきたが、それらは居場所としての意味合いが強かった。1980年代から、学校卒業後の居場所として、親の会などがパン工房などを立ち上げる動きや、本格的なレストラン、農場を設立して、障害者が収入を得るために働く場を作る動きが現れていた[12]。

「社会福祉基礎構造改革[13]」においては個人の尊厳の保持を基本とした福祉サービスの提供が基本理念として掲げられ、これに基づき措置制度から脱却し利用契約制度が模索された。

障害者基本法に基づき、10ヵ年の「障害者基本計画」(2002年) が策定され、障害者自立支援法の必要性が掲げられた。国際的な動向として、「障害者の権利に関する条約」(2006年12月) が国際連合総会において採択され日本政府は2007年にこの条約に署名した[14]。

「障害者基本計画」では、施設で一生を過ごすのではなく、地域の中で普通に暮らせるノーマライゼーションの思想に基づき、グループホームなどの法的整備がなされた。同時に、就労については、障害者が意欲と能力に応じて働けるという観点に立って、授産施設等の福祉施設の体系を1) 一般就労に向けた支援を行う類型、2) 就労が困難な者が日中活動を行う類型、3) 企業での雇用が困難な者が一定の支援のもとで就労する類型の3類型に見直した[守泉理恵 2017][15]。障害者就労支援事業は、瞬く間に全国に広がり、社会福祉協議会や社会福祉法人、特定非営利活動法人を中心に、農業、食品、リサイクル、サービス製造といった多様な分野において事業が展開されている。

就労支援事業は、1) 民間事業所に雇用されることが可能と見込まれる者に対する就労移行支援事業、2) 民間事業所に雇用されることが困難であり雇用契約に基づく就労が可能なものに対する支援を行う就労継続支援A型事業、3) 民間事業所に雇用されることが困難であり、雇用契約に基づく就労が困難である者に対して、就労機会の提供などを行う就労継続支援B型事業、4) 就労移行支援、就労継続支援、生活介護、自立訓練を経て、民間事業所に就職した者のサポートを行う就労定着支援事業の4種類があるが、就労系サービスから一般就労への移行数は年々増加し、「障害者の就労支援について」(厚生労働省) によると2003年には1288人であったのが、2019年には2万人を超えた。また、2017年には、民間企業における障害者の法定雇用率 (2.0%) を超えた。同資料によれば、2021年時点における障害者総数は965万人、そのうち18〜64歳の在宅者は337万人、同年の就労支援事業利用者は37.5万人であり、在宅者の約10%に当たる。それぞれの事業における事業主体の種別では、就労移行支援では、2014年には半数が社会福祉法人であったが、2019年には民間企業が4割弱を占めるまでに伸長した。就労継続支援B型では、当初から営利主体が44.7%を占めていたが、2019年には57.3%となった。就労継続支援B型では、社会福祉法人が約50%から40%に減少したが、次いで多いのは、NPO法人、そして、営利法人となっている[16]。

障害者就労支援事業では、もともと障害者事業を実施していた社会福祉法人が参入したが、現在では様々な形態の法人が事業を担うようになっており、多様化が進んでいる。就労継続支援A型では、雇用契約を締結して最低賃金を保障することになっているが、B型ではその規定はない。大阪府の例では、2022年の就労継続支援B型事業所の平均工賃額は1万3681円、就労継続支援A型事業所（雇用型）の平均工賃額は8万5064円となっており、時間給の実績では、就労継続支援B型事業所の平均工賃額222円、就労継続支援A型事業所（雇用型）の平均工賃額1043円となっている[17]。この制度は、工賃の高さによって、報酬を段階的に変える仕組みを導入しており、事業所が事業の効率化や、障害者の訓練に力を入れることになっている。障害者就労事業のうち就労定着支援事業以外は、いずれも働くことができるようになるための知識および能力の向上、訓練といった労働可能性の向上を目的としている。

障害者福祉の進展には、障害者が地域の中で普通に暮らしていくことを求めたバンク・ミケルセンによるノーマライゼーションの思想の伝播、イタリアのバザーリア法の施行による精神病院の解放、当事者運動としての障害者生活自立運動や親の会の運動、アメリカにおけるADA法成立に向けた障害者運動などにみられる当事者主権運動の流れがある。2001年にWHO総会において採択された国際生活機能分類（International Classification of Functioning, Disability and Health; ICF）では、健康状態、心身機能・身体構造、活動、参加、背景因子（環境因子と個人因子）の双方向の関係概念として整理され、障害を克服して仕事に従事するのではなく、環境の改善によって障害があっても働ける条件を整備することが重視される。

障害者就労支援事業は、多様な事業展開が可能であるため、さまざまなユニークな事例がみられる。社会福祉法人が、障害者就労支援事業によって、耕作放棄地を再生して農業を行っている例や、特産品を開発した例などが次々と生まれている。この担い手として、社会福祉法人、NPO法人、民間営利企業、生活協同組合などが全国的に成長してきているが、障害者が就労によって獲得できる生活や権利を求める当事者運動の発展のもとに成長してきたことが重要である。

この事業では営利、非営利の事業主体が混合して市場を形成している。そして、生産性や事業目的の達成が国からの支援額に直結する事業の仕組みは、利用者を選別するクリームスキミングが生じやすい状態を形成している。

日本では、2013年に、すべての国民が、障害の有無によって分け隔てられることなく、相互に人格と個性を尊重し合いながら共生する社会の実現に向け、障害を理由とする差別の解消を推進することを目的として、障害者差別解消法が制定された。この法律では、職場における障害者に対する合理的配慮を義務化している。

雇用を創出するサードセクター

福祉国家の成立期は、平等な社会を形成し、平等であるゆえに、再分配への合意形成も容易であった。1970年代以降、オイルショックを契機に、各国は福祉縮小の方向に舵を切る。アメリカで導入された「福祉から就労へ」の社会福祉改革は、世界に広がっていった。この動向が、就労支援型サードセクターの発達を著しく促した。サードセクターによる雇用の創出は、新自由主義の下で一層活発化し、社会的包摂の役割や権利の実現も担うようになった。

アルコックは、福祉提供や社会政策におけるサードセクターの役割を幅広く研究しているが、特に、政府や民間セクターが雇用ニーズに応えられない状況下での雇用創出の役割に言及している［Alcock 2010］。アンハイエルもまた、非営利セクターの経済効果、特にこれらの組織がどのように雇用に貢献しているかについて着目し、とりわけコミュニティ・サービス、ヘルスケア、教育、ソーシャル・ケアなどにおいて、サードセクターが雇用機会を提供していることを指摘している［Anheier 2005］。サラモンとソコロスキーは、非営利セクターとその経済効果に関する研究を行い、サードセクター組織が世界的にどのように雇用創出に貢献しているかに焦点を当てている。その研究は先進国と発展途上国の両方における雇用創出におけるサードセクターの役割を浮き彫りにし、サードセクターは、しばしば民間や公的セクターが十分なサービスを提供していない地域において、雇用機会を創出していることを明らかにしている［Salamon & Sokolowski 2004］。

こうしたサードセクター研究や運動は、21世紀初頭において、社会福祉にかかわる者に希望を与え、日本においても多くの優れた実践が生まれた。リーチらは、仕事の質とソーシャル・インクルージョンの研究を行って、失業状態から質の低い仕事に就くと、質の高い仕事に就いた人に比べ、うつ病の増加など、精神的な健康状態が悪化する可能性があることを明らかにした。仕事の質は健康と幸福を向上させるためにきわめて重要であり、質の低い仕事は精神的・身体的健康への影響という点では失業と同じくらい有害である可能性がある。それゆえに、リーチは、長期的な健康利益と社会的包摂を促進するために、雇用を増やすだけでなく、仕事の質を向上させることに焦点を当てた政策を求めている［Leach et al. 2010］。

社会福祉法人であっても安定した健全な経営を行うことは必要であるが、効率性や生産性を重視することにより、利用者（労働者）の労働環境の阻害など、新しい課題も生じる懸念がある。このことは福祉に就労が組み込まれ、市場競争に参入した結果生じた新しいリスクである。

［註］

1　この時期に導入された穀草式農法と呼ばれる新しい耕作方法は、一時的に農地を牧草地にする。ことで土地の肥沃度を改善することができた。開放農地を数年間にわたって草地にする農法は、耕作地の個別利用を拡大し、分散した自己保有地の交換統合によってまとまった農場へと進化していった［常行 1990］。

2　イングランド東部のベッドフォード州カーディントン生まれ。父親は、醸造業の奉公人からイギリスをオーナーとしてビール会社を設立して成功を収め、息子サミュエルは、イートンカレッジ、オックスフォードで教育を受け父子ともに政治家としても活躍した。

3　1807年2月19日木曜日、下院で報告した救貧法に関する演説の要旨、附録（Substance of a Speech on the poor laws delivered in the House of Commons, on Thursday, February 19, 1807, with an appendix. pp.107.）

4　野田によると、劣等処遇は原語では、Less eligibilityである。野田は、この言葉は、ウェブ夫妻による定義であり、ベンサムが提唱していた労働者への処遇とは必ずしも一致しないという見解を示している［野田博也 2008］。

5　身寄りがないという意味。

6　1981年、「肥大化」した行財政の見直しと「増税なき財政再建」のための方策を検討するため、臨時行政調査会が設置された。臨調は、1983年、高率補助金の総合的見直しを求める旨の最終答申を行った。これを受けて、1985年度には暫定的に社会福祉施設の措置費の国庫負担割合を8割から7割に削減する措置がとられた。

7　厚生省（当時）は、福祉関係三審議会合同企画分科会を設置し、社会福祉全般の中長期的視点に立った見直しを始め、市町村の役割重視、在宅福祉の充実、民間福祉サービスの育成等について意見が出された。

8　コンパクトは、1）ボランタリーセクターが民主的な市民社会において非常に重要な役割を果たすものであり、独立的なセクターであり、政府とボランタリーセクターは相互に補完しあう役割にあり、共通の目標のもとにパートナーシップを組むことによって、政策や公共サービスの充実が可能になるとしている。2）政府の役割を明示し、ボランタリーセクターの進展のために社会基盤整備を実施することであるとしている。3）ボランタリーセクター側の責任として、資金提供者及び、社会や利用者に対して、透明性の高い運営をしなければならないことが示されている。

9　生活保護の対象者の場合、労働市場において就労することが難しい人を対象として、授産施設などで行われてきた。授産施設は、「身体上若しくは精神上の理由又は世帯の事情により就業能力の限られている要保護者に対して、就労又は技能の修得のために必要な機会及び便宜を与えて、その自立を助長することを目的とする施設とする」と規定されている（法第38条第5項）。

10　厚生労働省HPより https://www.mhlw.go.jp/stf/seisakunitsuite/bunya/koyou_roudou/koyou/kyushokusha_shien/index.html（2024年7月1日閲覧）

11　給付要件は、次のとおりである。

・本人収入が月8万円以下
・世帯全体の収入が月30万円以下
・世帯全体の金融資産が300万円以下
・現在住んでいるところ以外に土地・建物を所有していない
・訓練実施日すべてに出席する
(やむを得ない理由により欠席し、証明できる場合［育児・介護を行う者や求職者支援訓練の基礎コースを受講する者については証明ができない場合を含める］であっても、8割以上出席する。)
・世帯の中で同時にこの給付金を受給して訓練を受けている者がいない
・過去3年以内に、偽りその他不正の行為により、特定の給付金の支給を受けていない
・過去6年以内に、職業訓練受講給付金の支給を受けていない

12　おかし屋パレット（東京都） https://www.npo-palette.or.jp/work（2024年8月1日閲覧）
白鳩会（鹿児島県）https://shirahatokai.jp/about/history.html（2024年8月1日閲覧）などでは、当時障害者主体の働く場が限定されていることや、収入の安定などを確保するため、法整備よりかなり早い時期から、障害者主体の就労を目指して事業に取り組んでいた。法以前に本格的に障害者就労に取り組んでいた先進的な事業は全国に散見される。

13 2000年5月「社会福祉の増進のための社会福祉事業法等の一部を改正する等の法律（基礎構造改革法)」が成立した。

14 日本政府による条約批准は、2014年1月。

15 厚生労働省HPより。
https://www.mhlw.go.jp/houdou/2004/07/h0709-3a.html（2024年7月1日閲覧）

16 厚生労働省「障害者の就労支援について」 https://www.mhlw.go.jp/content/12601000/000797543.pdf

17 大阪府障害者就労継続支援事業の令和4年度工賃の実績https://www.pref.osaka.lg.jp/o090060/keikakusuishin/jyusan/kouchinjisseki.html

［参考文献］

エスピン－アンデルセン、G（2000)『ポスト工業経済の社会的基礎 ―― 市場・福祉国家・家族の政治経済学』渡辺雅男・渡辺景子訳、桜井書店

安保則夫（2005)「貧困の発見」『イギリス労働者の貧困と救済 ―― 救貧法と工場法』明石書店、pp. 303-346.

伊部英男（1978)「1834年救貧法報告」『季刊 社会保障研究』13(3), pp. 12-29.

井上清・渡部徹（1959)『米騒動の研究　第1巻』有斐閣

一番ヶ瀬康子（1963)『アメリカ社会福祉発達史』光生館

稲葉奈々子・樋口直人（2010)『日系人労働者は非正規就労からいかにして脱出できるのか ―― その条件と帰結に関する研究』財団法人全国勤労者福祉・共済振興協会

乳原孝（2002)『「怠惰」に対する闘い ―― イギリス近世の貧民・矯正院、雇用』嵯峨野書院

乳原孝（2013)「18～19世紀におけるロンドン貧民とワークハウスセント・アンドルー・アンダーシャフト教区の場合」『京都学園大学経営学部論集』21(2), pp. 1-30.

岩田正美（2008)『社会的排除 ―― 参加の欠如・不確かな帰属』有斐閣

宇野正道（1982)「戦前日本における公的救済立法 ――「救護法」成立過程の再検討『季刊 社会保障研究』18(2), pp. 172-183.

大沢真理（1986)『イギリス社会政策史 ―― 救貧法と福祉国家 』東京大学出版会

大島隆（2019)『芝園団地に住んでいます ―― 住民の半分が外国人になったとき何が起こるか』明石書店

小河博士遺文刊行会編（1942)『小河滋次郎著作選集 中巻』日本評論社

小川政亮著作集編集委員会（2007)『小川政亮著作集2　社会保障の史的展開』大月書店

岡田徹太郎（2004)「アメリカ型福祉国家とコミュニティ ―― 住宅政策にみる市場と社会の論理」『季刊 経済理論』41(2), p.38-50.

外務省（2022)「技能実習制度に対する国際的な指摘について」『技能実習制度及び特定技能制度の在り方に関する有識者会議』外務省、pp. 4-5.

樫原郎（1973)『イギリス社会保障の史的研究Ⅰ』法律文化社

川北稔（1993)『洒落者たちのイギリス史 ―― 騎士の国から紳士の国へ』平凡社

金成垣（2022)『韓国福祉国家の挑戦』明石書店

キャンベル・M、今関恒夫訳（1974)「初期アメリカ人の社会的出自」『同志社アメリカ研究』pp. 20-

41.
厚生労働省（2000）「「社会的な援護を要する人々に対する社会福祉のあり方に関する検討会」報告書」社会的援護を要する人々に対する社会福祉のあり方に関する検討会
出入国在留管理庁（2021）「令和2年現在における在留外国人数」出入国在留管理庁
菅沼隆、金子能宏（2017）「雇用保険・雇用対策」『日本社会保障資料V（2001～2016）』国立社会保障・人口問題研究所、pp.83-88.
清山卓郎（1962）「イギリス労働運動における産業革命（その2）」『經濟學研究』28(1), pp. 65-102.
橘木俊詔（2015）『日本人と経済 —— 労働・生活の視点から』東洋経済新報社
埋橋孝文（2003）「公的扶助制度をめぐる国際的動向と政策的含意 —— 二つの要語の狭間にあって」埋橋孝文編著『比較のなかの福祉国家』ミネルヴァ書房、pp. 297-340.
駐日EC委員会代表部広報部（2006）「EUの移民政策」*Europe Autumn*, pp. 2-5.
常行敏夫（1990）『市民革命前夜のイギリス社会ピューリタニズムの社会経済史』岩波書店
永野仁美（2015）「社会保障法判例外国人への生活保護法の適用又は準用を否定した事例（生活保護開始決定義務付け等請求事件）」『季刊 社会保障研究』50(4).
中村健吾（2002）「EUにおける「社会的排除」への取り組み」『海外社会保障研究』pp. 56-66.
縄田康光（2006）「歴史的に見た日本の人口と家族」『立法と調査』pp. 90-101.
仁平典宏（2015）「〈教育〉化する社会保障と社会的排除」『教育社会研究 第96集』pp. 175-196.
野田博也（2008）「「劣等処遇」再考」『社会福祉学』49(2), pp. 17-29/
林健久（2002）『財政学講義 第3版』、東京大学出版会
広井良典（2006）「持続可能な福祉社会 ——「もう一つの日本」の構想」筑摩書房
道重一郎（2008）「現代イギリス農業の形成と展開 —— イギリス農業の復活の軌跡とその課題」『共済総合研究』53, pp. 66-79.
宮治美江子（2010）「マグリブからフランスへのディアスポラアルジェリア移民の事例から」駒井洋・宮治美江子編『中東・北アフリカのディアスポラ』明石書店、pp. 148-175.
宮城孝（2000）『イギリスの社会福祉とボランタリーセクター —— 福祉多元化における位置と役割』中央法規出版
宮本太郎、イト・ペング、埋橋孝文（2003）「日本型福祉国家の位置と動態」G. エスピン－アンデルセン編『転換期の福祉国家 —— グローバル経済下の適応戦略』早稲田大学出版部、pp. 295-336.
守泉理恵（2017）「障害者福祉」国立社会保障・人口問題研究所『日本社会保障資料V（2001～2016）』国立社会保障・人口問題研究所、pp.142-151.
柳田芳伸・田中育久男（2015）「ウィットブレッドの救貧法に関する演説」『長崎県立大学経済学部論集』49(3), pp. 49-136.
柳田芳伸・田中育久男（2019）「英米における救貧法の略史」『長崎県立大学論集（経営学部・地域創造学部）』52(3-4), pp. 65-86.
横山源之助（2000）『横山源之助全集 別巻1 日本之下層社会』社会思想
吉田久一（1984）『新・日本社会事業の歴史』勁草書房
吉田久一（2004）『新・日本社会事業の歴史』勁草書房

AlcockPete (2010) *A Strategic Unity: Defining the third Sector in the UK*. The Policy Press, pp.

5-24.

Anderson I (2000) Housing and social exclusion: the changing debate. *Social Exclusion and Housing Housing Policy and Practice Series*. London: Chartered Institute of Housing, pp. 6-21.

Anheier K. H (2005) *Nonprofit Organizations: Theory, Management, Policy*. London: Routledge.

Bergman, J (1995) Sosial Exclusion in Europe:Policy Context and Analytical Framework. In G. Room, *In Beyond the Threshold: The Measurement and Analyysis of Social Exclusion*. Bristol: The Policy Press.

Bhalla A. S.& LapeyreFrederic (2004) *Poverty and Exclusion in A Globale World*, 2nd edition. New York: Palgrave Macmillan.〔＝福原宏幸・中村健吾訳『グローバル化と社会的排除 ―― 貧困問題への新しいアプローチ』昭和堂、2005年〕

Byrne David (1999) *Social Exclusion*. Bristol: Open University Press.

Espin-Andersen Gosta (1996) *Welfare State in Transition: National Adaptation in Global Economies*, 1st Edition. London: Sage Publication.〔＝G. エスピン－アンデルセン編、埋橋孝文監訳（2003）『転換期の福祉国家 ―― グローバル経済化の適応戦略』早稲田大学出版部〕

EU, C.O. (2010) Proposal for a COUNCIL RECOMMENDATION of 27, 4, 2010 on board guidlines for the economic policies of the Member States and of the Union: Part I of the Europe 2020 Integrated Guideline, SEC. Brussels: Council of the EU.

Europian Commission (2024) Statistics on Migration to Europe: Strategy and Policy, https://commission.europa.eu/strategy-and-policy/priorities-2019-2024/promoting-our-european-way-life/statistics-migration-europe_en#european-statistics-on-migration-and-asylum.

Friedlander W. A. (1980) *Introduction to Social Welfare*. Victoria. CA: Pearson Collage Div.

Garland David (2016) *The Welfare State*. Oxford: Oxford University Press.〔＝デイビッド・ガーランド『福祉国家 ―― 救貧法時代からポスト工業社会へ』小田透訳、白水社、2021年〕

Harper A. Dunham, E., (1959) *Community Organization in Action Basic Literature and Critical Comment*. New York City: Association Press.

Higginbotham Peter (2014) *The Workhouse Encyclopedia*. Gloucestershire: History Press.

Leach. al.et (2010) *The Limitations of Employment as a Tool for Social Inclusion*. BMC Public Health, p. 1-13.

Malthus T. R. (1798) *An Essay on the Principle of Population: Or, a View of its Past and Present Effects on Human Happiness: With an Inquiry Into our Prospects Respecting the Future Removal or Mitigation of the Evils Which it Occasions*. London: John. Murray, Albemarle Street.〔＝マルサス（2011）『人口論』斎藤悦則訳、光文社〕

Marshall T.H. (1967) *Social Policy in the Twentieth Century*. London: Hatchinson.

McCulloch A. (2004) *Localism and its neoliberal application: A case study of West. Gate New Deal for Communities in Newcastle upon Tyne, UK*. Capital and Class, p. 133.

OECD (2023) *International Migration Outlook 2023*. OECD.

Percy-Smith (ed.) (2000) *Policy Responses to Social Exclusion*. Buckingham: Open University Press .

Quincy, J. (1821) *Report of Commonwealth of Massachusetts by Quincy*. Boston: Quincy.

Salamon M., & Sokolowski, S. W. L. (2004) *Global Civil Society: Dimensions of the Nonprofit Sector*, Volume 2. Kumarian Press.

Social Exclusion Unit (2004) *Breaking the Cycle*. London: Social Exclusion Unit.

Social Enterprise UK (2011) *Fight Back Britain*. London: The pictures in this report are of Social.

Taylor/Marilyn (2011) *Public Policy in the Community*, Red Globe Press, 2nd.〔=『コミュニティをエンパワメントするには何が必要か』牧里毎治・金川幸司監訳、ミネルヴァ書房、2017年〕

Todd, Emmanuel (1994), *Le Destin des immigrés. Assimilation et ségrégation dans les démocraties occidentales*, Les Edition du Seuil.〔=エマニュエル・トッド（1999）『移民の運命――同化か隔離か』石崎晴己・東松秀雄訳、藤原書店〕

Townsent P, (1979) *Poverty in the United Kingdom*. Handsomeworth: Penguin.

Unit Social Exclusion (1998) *Rough sleeping*. London: The Statiopnery Office.

Wacquant L. D, (1999) *Urban Marginality in the Coming Millennium*. Urban Studies, pp. 1639-1647.

WilsonW. J, (1987) *The Truly Disadvantaged: The Inner City, the Underclass and Public Policy*. Chicago: University of Chicago Press.

第2章
グローバリゼーションによる社会問題の多様化

仁科伸子

1　グローバリゼーションとは何か

グローバリゼーションとは、一般的に捉えれば、経済・社会・政治・文化のあらゆる活動が国境を越えて拡がり、一国・一地域の事象が他国にも互いに影響し合う関係が、飛躍的に高まってきている現象と説明できる［河村 2014］。スティグリッツは、グローバル化の定義は幅広く、発想や知識の国際的な流出入も、文化の共有も、世界的な市民社会も、地球規模の環境運動も、すべてグローバル化に含まれるが、狭義のグローバル化とは、経済面において、商品、サービス、資本、労働のフローが増加することにより、世界各国の経済がさらに緊密化することである。グローバリゼーションそのものには、罪がなく、グローバル化を導入したからといって、必ず環境が悪化するわけでも、必ず不平等が広がるわけでも、必ず一般市民の福祉を犠牲に企業の利益が図られるわけでもない。そのような弊害が顕著化しているのは、グローバル化の進め方に問題があるという考えを示している［Stiglitz 2006］。

資源の供給や、労働力を外国に求めるようになったところから、すでに経済システムはグローバルであったと言えるが、とりわけ90年代に現れたグローバリゼーションのダイナミズムをもたらしてきた震源は、1970年代を境にアメリカの持続的成長システムが限界に達し、それに対応した企業、金融と、政府機能の転換であったと河村は指摘している［河村 2014］。1980年代にレーガノミクスやサッチャリズムとしてスタートした民営化、規制緩和、財政支出の削減を政策の基本方針とする新自由主義は世界に広がり、その結果としてグローバリズムを進め、社会における経済階層間や南北間の格差が拡大した。外資企業の進出国においては就労機会が拡大される代わりに、外資による支配が進み、工場が閉鎖された国では、失業や貧困が蔓延し、地域の人々の生活に深刻な影響を与えていると上条は指摘している［上条 2006］。

先進国では、工場の海外転出によって、国内産業は製造業からサービス業へと産業転換していったが、このことは、国内労働者と仕事のミスマッチを生んだ。製造業中心の福祉国家の黄金期には、ブルーカラー層は家族を養い、満足な家庭を築くだけの収入を得ていたが、転換期以降は、低賃金であるうえ、もっと厳しい条件の下で、体を痛めつけながら仕事をすることになってしまった［Case& Deaton 2020］。労働者は、働く誇りを失い、しばしば絶望感を味わっているにもかかわらず、福祉国家は縮小し、『絶望死のアメリカ』（ケース＆ディートン）に描き出されているような状況が生じている。ケースとディートンは、絶望死自体はアメリカに特有の状況として描き出しているが、労働力のミスマッチ、労働力の国際移動、工場の国外移転は、多くの先進国で同じようにおこり、福祉国家のあり方に大きな影響を与えている。日本では、高齢化や人口減少と産業転換が混合した結果、外国人労働者が増加し、社会保障や社会福祉制度の再構築が求められている。

2　移民や外国人労働者の統合

OECD及びEUにおける移民の状況

もともと、アメリカ合衆国のように、移民の受け入れによって成立してきた国家もあるが、ヨーロッパや日本は、かつてはアメリカ大陸への移民送り出し国であった。ここでは、各国の外国人労働者の実態を見てみよう。

移民の数は増加しつづけており、労働移民はこの大きな要因であるが、このほかにヨーロッパでは、ウクライナ難民の受け入れが影響している［OECD 2023］。

国別に移民数の状況を見ると、米国への移民が最も多いが、ヨーロッパではドイツへの移民が多い（図1）。移民の雇用率は、各国の経済状況に影響されるが、アイスランドが最も高く、次いでニュージーランド、チェコ、ハンガリーが80％を超えており、日本は第7番目である（図2）。

移民の就労率は上昇しており、移民の流入によって受入国における労働力

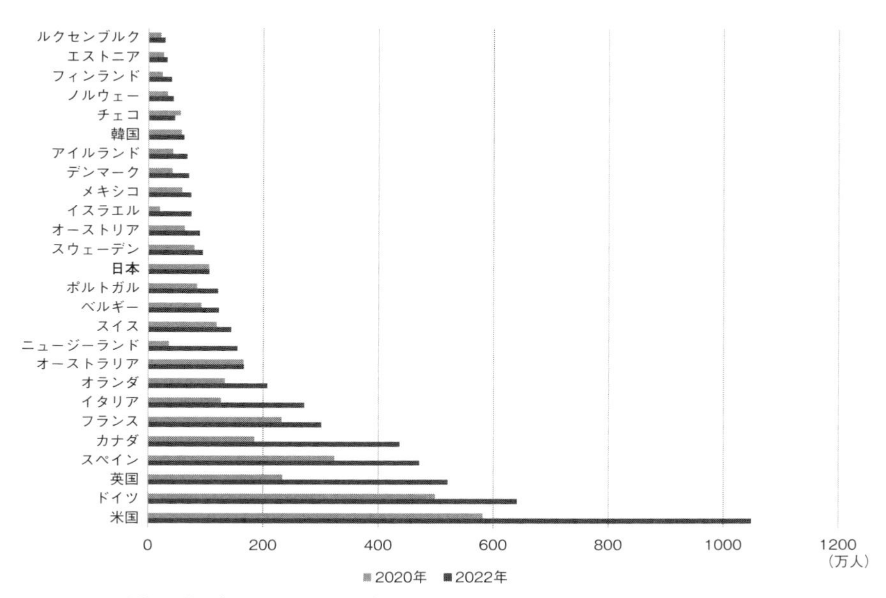

図１　国別移民数（2020 & 2022）

データ出典：OECD をもとに筆者作成

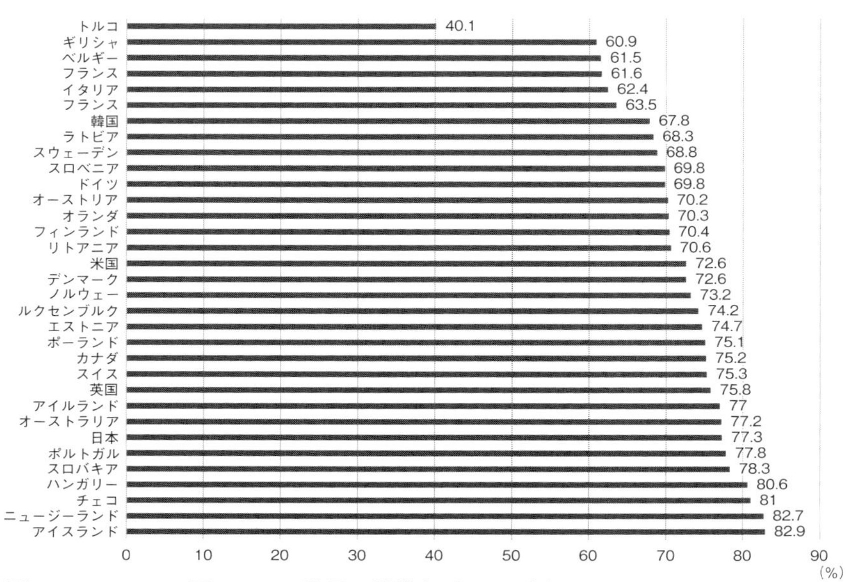

図２　OECD33 ヵ国における移民の就業率（2023 年）

データ出典：International Migration Outlook 2023 をもとに筆者作成

＊日本のデータは 2020 年のものである。

不足を補完していると考えられる。欧州委員会によると、EU加盟国に暮らす4億4880万人のうち6％に当たる2730万人はEU市民ではない［Europian Commission 2024］。2022年時点で、1億9350万人の20歳から64歳のEU労働者のうち、993万人の非EU市民がEUの労働市場において雇用されている［Europian Commission 2024］。

EU諸国において移民が雇用されている職種について考察すると清掃や補助的業務に従事する者、パーソナルサービス、ケアワーカー、建設、鉱山、製造業、交通、農業、林業、漁業などの職業では、移民労働者の割合が、EU市民の割合と比較して大きく上回っている（表1）。他方、教育、ビジネスなど専門的領域では移民の活躍は、EU市民に比して低位にとどまっている。日本における介護労働者不足が、外国人労働者によって補完されているように、EUにおいても、肉体的重労働や介護労働などが、移民労働者によって肩代わりされていることがわかる。農業、林業、漁業においても、非EU市民雇用者は、EU市民を上回っている。

こうした労働者の中には、労働移民だけでなく、難民や亡命申請者も少なくない。近年、ウクライナ戦争はその大きな要因の一つとなっており、亡命申請国では、シリア、アフガニスタン、トルコ、ベネズエラ、コロンビア、バングラデシュ、パキスタン、モロッコといった国が名を連ねて、各国の戦争、内紛や迫害に関連して増減する傾向にある。2003年のEUによる発表では、

表1　非EU市民が主流となっている職種

職種	非EU市民（%）	EU市民（%）
掃除人、補助的労働者	11.4	2.9
個人的なサービス労働者	7.3	4.1
個人的なケアワーカー	5.5	3.0
建設（電気工事技師を除く）	6.1	3.7
鉱山、製造、輸送業者	6.0	2.5
食品分野のアシスタント	2.6	0.6
農業、林業、漁業者	2.4	0.7

データ出典：EUをもとに筆者作成

国別に見て外国人労働者の占める割合が1%を超えていたのは、アイルランド（個人公共サービス番号による）とオーストリア（労働許可による）のみであった。このことを考えると、過去20年ほどの間に欧州における外国人労働者の数が増加したことは、明らかである［OECD 2023］。

欧州共同体が設立されてから、人の自由な移動は、ローマ条約の重要な柱となってきた。EUは単一市場の理念に基づき、労働力を含む人の移動の自由化を進めてきている。1993年マーストリヒト条約によって創設されたヨーロッパ連合では、一国での合法的な移民の受け入れは、欧州全体に影響を与える問題となる。このような移民の増加を受けて、各国では、移民に対する社会保障や社会福祉の支給に関する国民の合意形成を図る必要性が高まった。

EUにおける合法的な外国人労働者の権利に関しては、次のように定められている。1999年に、フィンランドのタンペレで開かれた欧州理事会では、EU市民が自由かつ安全にしかも合法的に移動できる領域（自由、安全、司法の領域）の実現に向けたプログラムが採択された。また、2003年にはEUで働く外国人労働者に対して、家族の再統合を認める条件および当該家族の権利を定めている［駐日EC委員会代表部広報部 2006］。

また、「EU加盟国に長期間居住する第三国国民の滞在資格に関する理事会指令」（2003/109/EC）が採択された。この指令はEU加盟国に5年以上継続して合法的に滞在する第三国国民は、最低限の資産を保有し、公共の秩序に脅威を与えない場合は、永続的な資格（自動更新可能な10年間の滞在許可）を得ることができると規定する。長期滞在者は、雇用の確保と自営活動の実施、教育と職業訓練、社会的な保護と支援、財貨やサービスなどへのアクセスなどの分野で、滞在する加盟国国民と同じ取り扱いを受ける。

このようにEU加盟国では、合法的な労働者に対しては自国民と同等の権利や自由を認めようとする傾向にあり、社会保障や社会福祉サービス、教育、チャイルドケア、医療などの面において、家族を含めた対応をどのように考えるかが問われる。

3　日本における外国人労働者の増加

1990年以降の日本の定住外国人数は、過去30年間で3倍に伸び、2021年時点で、288万人になっている。この年はパンデミックの影響を受けて落ち込んでいる年であるため、現在はさらに増加していると考えられる。このように、日本は世界で屈指の外国人労働者の受入国となっている（図3）。

戦後、1990年の入国管理法改正によって日系人に限って受け入れが始まった。主にブラジルから製造業などに従事する人が「デカセギ」として来日するようになった。日系ブラジル人は、神奈川県、愛知県などにおいて自動車産業などに従事した［稲葉・樋口 2010］。

外国人労働者が日本にやってくるもう一つの流れは、1960年代に国際協力として行われてきた研修制度を原型として制度化され、日本国内での研修制度として実施されている。技能、技術、または、教育によって開発途上国の発展に資することを目的として実施されてきた。この流れを汲む制度は、技能実習生制度と呼ばれている。

この技能実習生制度は、2018年に出入国管理及び難民認定法（以下「入管法」）の改正が行われ、2019年4月1日に施行された。この改正により、新たな在留資格として「特定技能1号」と「特定技能2号」が創設された。

「特定技能1号」は、特定産業分野に属する相当程度の知識、または経験を必要とする技能を要する業務に従事する外国人向けで、在留期間は通算で上限5年となっている。「特定技能2号」は、特定産業分野に属する熟練した技能を要する業務に従事する外国人向けで、在留期間に上限がない。

出入国在留管理庁によると、「中小・小規模事業者をはじめとした人手不足は深刻化しており，我が国の経済・社会基盤の持続可能性を阻害する可能性が出てきているため，生産性向上や国内人材確保のための取り組みを行ってもなお人材を確保することが困難な状況にある産業上の分野において，一定の専門性・技能を有し即戦力となる外国人を受け入れていく仕組みを構築することが求められているものです。」と明記されており、目的は、国内労働力の人手不足を補うものであることが明らかである。

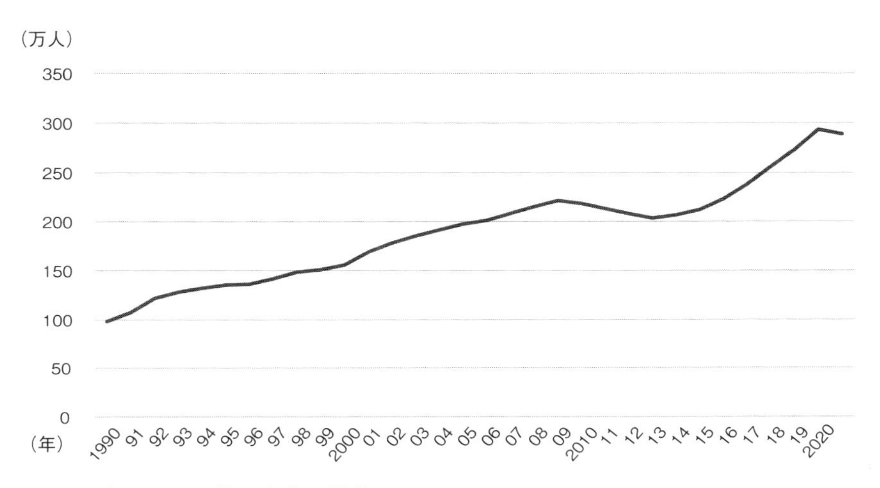

図３　日本における外国人数の推移
データ出典：OECD をもとに筆者作成

特定産業分野とは、介護、ビルクリーニング、素形材産業、産業機械製造、電気・電子情報関連産業分野、建設、造船・船用工業、自動車整備、航空、宿泊、農業、漁業、外食産業などの14分野となっている（ただし、特定技能２号は、建設と造船・船用工業の２分野のみ受け入れ可）。

2021年、7167 人の技能実習生が職場から失踪した。技能実習生制度下で、強制労働が存続Nしていることやパスポートの預かり、人身取引、妊娠による解雇などによる人権蹂躙問題が国際的に指摘されてきた。2022年、日本は、米国務省から技能実習生制度に関する以下の指摘・勧告を受けた。報告書は、技能実習制度で強制労働の報告が目立つにもかかわらず、実習生を搾取した者の訴追や処罰の発表がない点を批判し、また強制労働や児童の性的搾取を捜査・訴追する意識が引き続き欠如していると指摘した［外務省 2022］。

これらの指摘を受けて、2023年11月30日、有識者会議が開催され、この問題について「技能実習制度」を新しく「育成就労制度」にするための最終報告書がまとめられた。報告書は、制度見直しの方針として①外国人の人権が保護され、労働者としての権利性を高めること、②外国人がキャリアアップしつつ活躍できるわかりやすい仕組みを作ること、③すべての人が安全安心に暮らすことができる外国人との共生社会の実現に資するものとするという三点を掲げている［外務省 2022］。EU での労働移民の受け入れが、家族の帯同や結合、社会的権利について合意されているのに対し、日本における外国人労働者の受け入れは、短期的労働力としての意味合いが強く、社会権の考慮にまで至っていないのが現状である。

4　外国人労働者と社会的包摂

外国人雇用政策における日本の特性

社会的包摂は、人口の国際的な移動が活発化し、失業や格差が広がる中で、主にヨーロッパで生成されてきた社会政策概念である。戦後の経済成長における人手不足、ヨーロッパ連合の成立やグローバリゼーションの影響によって、人の移動が活発化し、移民は、働く場や生活の場を求めて経済的に優位な国に流入し、社会経済的な変化をもたらしている。それによって、人々が暮らす近隣地域やコミュニティに多様な影響を及ぼしている。

90年代初頭の労働者不足を補う目的で、日系人とその配偶者には長期滞在ビザが与えられるようになった。こうして来日した主にはブラジルなどの南米からきた日系人は、自動車産業における工場労働者などとして働いているため、工場がある愛知県豊田市など一部の地域に集中して暮らしている。たとえば、豊田市の保見団地にはデカセギブームに乗ってやってきた日系ブラジル人やペルー人が多く暮らしている。しかし、こうした期間工は、雇用調整の対象にもなりやすい上、けがや病気で働くことができなくなる者も出てきたため、外国人に対する社会保障をどうするかという問題が生じてきた。2008年のリーマンショックでのリストラ以降、日系人労働者の中には、より安定した介護職へと転職したものもいる。

埼玉県には、住民の半分を中国にルーツを持つ住人が占めているUR賃貸住宅芝薗団地がある［大島隆 2019］。また、広島市の市営基町高層アパートは、旧満州からの帰国者やその家族、そして二世たちが暮らしている。また、新宿区新大久保のように歓楽街に隣接する多国籍の町もある。さらには、林業、農業に従事する技能実習生たちが日本の農村社会に暮らしている。このような地域は、日本の各地に見られるようになってきている。人口減少と高齢化が著しく進む中で、グローバリゼーションが同時に進行し、外国人労働者の数は長期的にはさらに増加していくと考えられる。

OECDのデータにより、日本の貧困率をみると、18～65歳の貧困率は、15.7%となっており、先進諸国の中では米国、韓国に次いで高い割合となっている。ドイツは移民の増加が著しいにもかかわらず貧困率は10.4%と日本と比較して低い（図4）。OECDの統計によると日本の貧困率は上昇傾向にある（OECDデータによると、日本の貧困率は2005年には11.9%であった）。日本での公的社会支出の規模は、OECDの平均を若干下回る程度である（表2)。図5は、国ごとの失業率を示したものであるが、灰色は国全体、黒は若年層の失業率を示している。いずれの国でも若年層の失業率が全体より高いという特徴がある。これらの国の中では特に南欧における失業率が高く、ヨーロッパ連合における経済の優等生と言われるドイツ、オランダより日本のほうが失業率は低い。イギリスやデンマークなどでは、若者の10人に1人は失業しており、スペインやイタリアでは、3人に1人が失業者である。そして若年失業者の多い地域では、犯罪率が上昇するなど失業は治安にも影響する[Wilson 1987]。同じ国や地域の中に食べることもままならないような貧困層が存在する一方で、巨万の富を享受する者が存在する場合には、貧者の焦

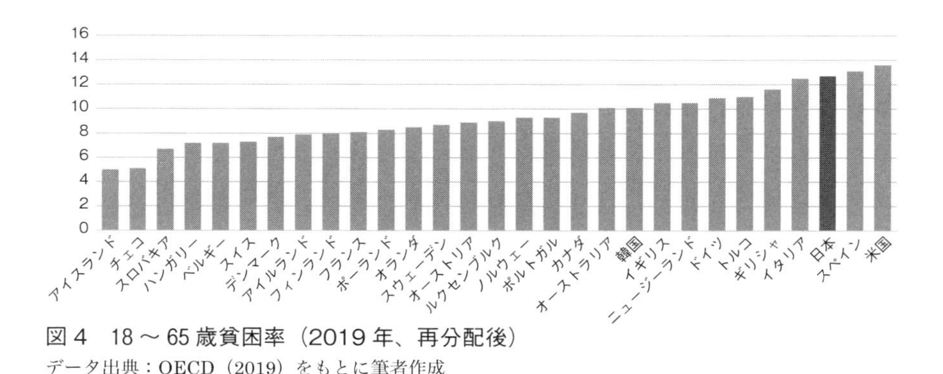

図4　18～65歳貧困率（2019年、再分配後）

データ出典：OECD（2019）をもとに筆者作成

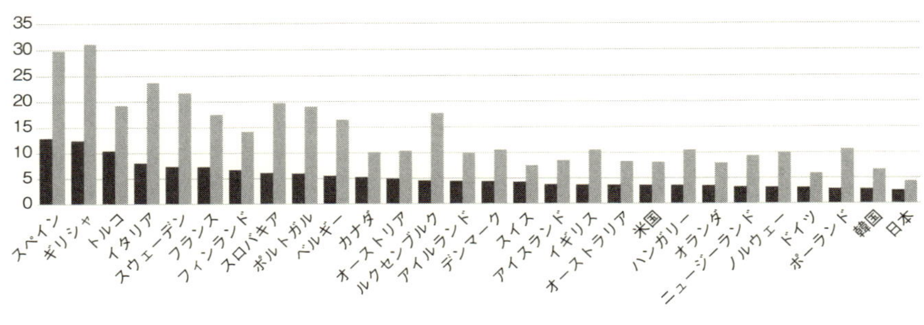

図５　失業率　全体および若年層

＊ OECD 諸国からバルト三国、ラトビア、イスラエル、メキシコと南米諸国を除いた
＊上記各国を入れた場合も日本の失業率が再開であることは変わらない
＊若年失業率とは、15 ～ 25 歳の若者の失業率
データ出典：OECD（2019）をもとに筆者作成

燥感や怒り、そして絶望は一層増強される。労働市場から溢れ、貧困に苦しむ人々の就労の場を形成するため、韓国、スペインやイタリアでは、協同組合や社会的企業といわれる、社会問題の解決や社会貢献を第一義的な目的とする企業が活躍している。

失業率が高い国では、社会保障費の中でも雇用促進や失業対策にかかる費用が大きくなる傾向があるが、中でも失業対策費と雇用対策費のかけ方で、その国の政策方針が見えてくる。表２は、社会保障費とその内訳としての雇用促進分野や失業分野の支出の GDP 比を示したものであるが、日本は、世界的な比較の中で見ると社会保障費の割合が低く、雇用促進、失業対策費ともに低位にとどまっている。経年変化でみても、日本の雇用促進費の対 GDP 費は低い（図6）。

日本は高度成長期以来、ケインズ経済学に基づいた伝統的な雇用対策として、公共事業によって、道路、橋梁、ダム、鉄道を建設することによって、非熟練労働者層の雇用を確保し、失業率を低く抑えてきた［広井 1999］。2000 年以降新自由主義の本格的な導入によって、公共事業は減少しているが、失業、雇用促進に関連する社会保障費比率の低さにもかかわらず失業率が低いこと

表２　社会保障の GDP 比

国 名	社会保障費	雇用促進分野	失業分野
フランス	30.7	0.72	1.49
フィンランド	29.4	0.92	1.51
デンマーク	28.4	1.88	0.00
ベルギー	28.2	0.92	1.46
イタリア	27.7	0.27	0.91
オーストリア	27.7	0.70	1.03
ドイツ	25.6	0.59	0.79
ノルウェー	25.3	0.40	0.27
ギリシャ	25.1	0.36	0.57
スウェーデン	25.1	1.02	0.33
スペイン	24.6	0.69	1.53
ニュージーランド	23.6	3.98	0.44
日本	**22.6**	**0.15**	**0.16**
ポルトガル	22.3	0.39	0.55
ルクセンブルク	21.6	0.76	1.17
スロベニア	21.5	0.20	0.42
ポーランド	21.2	0.32	0.14
オーストラリア	20.5	1.86	1.03
チェコ	19.5	0.28	0.38
イギリス	19.3	0.15	0.08
アイスランド	18.7	0.06	0.77
カナダ	18.6	0.41	0.50
米国	18.5	0.10	0.15

データ出典：OECD

から見ても広井が言う公共事業型社会保障は継続されていると考えられる。

イギリスをはじめとするヨーロッパ社会においては、70年代頃から社会保障費の増大が危惧されるようになり、新自由主義的な経済思想を取り入れて社会保障費を抑えることと同時に、先に述べたような移民の増加と経済格差に対処するためのキーコンセプトとしてソーシャル・インクルージョンが登場した。このような雇用政策の特性は、福祉国家のあり方やソーシャル・イ

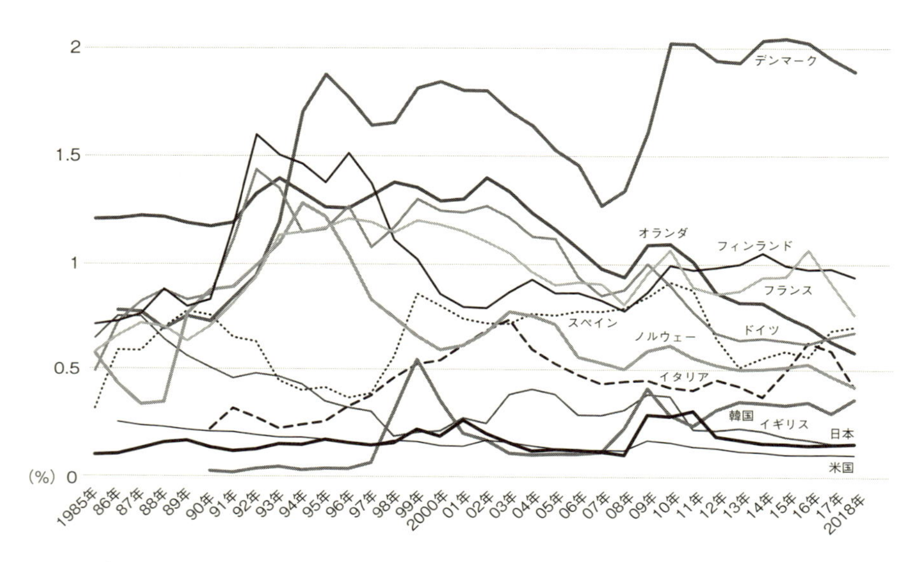

図６　各国の雇用促進費の対 GDP 費の推移

ンクルージョンの政策への導入の違いとして表れている。

5　社会的包摂の社会福祉学的理解

グローバリゼーションの進展にともない、社会的包摂という政策概念が生まれてきた。社会的包摂は、ソーシャル・インクルージョンを日本語訳したものである。これと対峙する概念であるソーシャル・エクスクルージョン（社会的排除）とともに、これらの本来の意味と背景について整理する。

ソーシャル・インクルージョン（社会的包摂）の成立

社会的包摂は、欧州における社会政策として移民や障害者の社会への統合を目指した政策的タームとして使われている。フランスでは、第一次世界大戦後の人手不足を補うために植民地であったアルジェリア、スペイン、ポルトガルからの移民を第二次世界大戦後からアフリカ諸国の独立戦争を経た1974年頃まで積極的に受け入れる政策をとってきた［宮治 2010］。フランスにおいて移民政策が取られたのは、第一次世界大戦後の人手不足や、第二次世界大戦後の高度経済成長期に、大量かつ安価な労働力を必要としてきたからである。パリの北東部には、低家賃の公共住宅が建設され、移民やその二世、三世が暮らしている。特にClichy-sous-Boisは、低家賃住宅（HLM）に、マグリブ（アラブ、北アフリカ）、サハラ以南のアフリカからの移民が集積しており、1970年代後半以降、経済的格差の広がりとともに警察やフランス市民との対立が深まって何度も暴動が起きている。

1990年代になるとイギリスにおいて、社会の構造的な問題によって労働市場から排除されている状態（ソーシャル・エクスクルージョン）の人々を社会システムの中に統合するソーシャル・インクルージョン（社会的包摂）がパラダイムとして掲げられるようになり、そして、EUにおける政策のキーコンセプトとして収斂されてきた。中村は、ソーシャル・インクルージョン（社会的包摂）の対象には、移民だけでなく労働市場から排除されている障害者をも含んでおり、ヨーロッパの障害者政策にも影響を与えていると述べている［中村 2002］。

社会的排除の定義

社会的排除の定義は一つに定まっていない。社会的排除は、概して所得が低い状態であり、貧困な状態であるといえるが、経済的な貧困のみではなくサービスや制度につながることができない社会的な不利益をも表していると考えられる。タウンゼントは、貧困を経済的及び社会的観点から定義し、相対的剥奪という考え方を用いて説明しているが［Townsent 1979］、バーグマンは、貧困という結果だけではなくその過程も含んだ概念として使われているのがソーシャル・エクスクルージョンであり、貧困に至るまでの構造、動的な状態を貧困化とするならば、ソーシャル・エクスクルージョンは剝奪の動的な過程であると規定している［Bergman 1995］。

最初にソーシャル・エクスクルージョンというタームを使ったのは、1974年フランスの閣僚ルネ・ルノワールによる『排除された人々はフランスの10人中に一人（Les Exclus）』だとされている［Bhalla A.S.& Lapeyre 2004］。しかし、ルノワールの著書によって、社会的排除が定義されフランスの社会政策において社会的排除の概念が導入されたわけではない（中村 2006）。

1980年代、新自由主義による民営化、市場中心主義、小さな国家への転換が世界の先進国の基調路線となり、同時に労働市場では規制緩和が行われた。グローバリゼーションによって、人件費の安い海外へと工場は移転し、そこで働いていた非熟練ブルーカラー層は、長期的な失業と生活の不安定に見舞われた。そして、成功者とそうでないものに二極化し、社会経済的格差となって現れるようになり、一旦社会の中のメインストリームから外れると這い上がることが難しい状態が常態化した。雇用は短期化し、不安定になった。また、社会の中に生じた格差によって、社会保障や再分配のあり方についての考えも二極化していった。

社会的排除と社会的包摂の政策概念は、フランスではなくむしろイギリスにおいて発達した。サッチャー政権以降深刻化してきたイギリス社会の貧困や不平等の現状にかかわる研究や政策提言の中で労働党系のシンクタンクにおいて多用されるようになり、ブレア政権の政策の一つの重要な柱となった［中村 2006］。ブレア首相のコミュニティ再生政策においては、社会的排除とは、所得が少ないことによる経済的貧困以上のものであり、失業，差別，乏しい技能，低所得，劣悪な住環境，犯罪，病気，家庭崩壊などの問題に人々や地域が直面したときに生じるとされ、これらの問題が人生に悪循環をつくり出すように関連し，相互に強化しあうものと定義されている［Social Exclusion Unit 2004］。ブレア首相の政策では、コミュニティ再生政策のターゲットとして、ソーシャル・エクスクルージョンに地理的な要素を加えた「最も荒廃した地域」（The most deprived area）が使用された。

こうして、イギリスでの政策立案によってソーシャル・エクスクルージョンはEUにおける主要な政策分野の一つとなり、欧州全体に波及した。

ヨーロッパにおける福祉レジームとソーシャル・インクルージョン

グローバル化が進展し、移民の流入や格差の拡大が進み、新たな福祉理念を必要とするようになってきた。前項で述べた社会的排除の持つ意味を踏まえて、ソーシャル・インクルージョンがEUにおける政策のキーコンセプトとなった理由を理解するためには、欧州における経済的背景とG.エスピン－アンデルセンが規定した福祉レジームについて振り返っておかねばならない。

アンデルセンは、ある国家における福祉のあり方を市場、家族、福祉の提供と再分配に着目し、三者の相互の関係性から3つに分類した。北欧に代表される社会民主主義レジーム、カナダ、アメリカに代表される自由主義レジーム、そして、ドイツやフランスに代表される保守主義レジームに分類されている［エスピン－アンデルセン 2000］。社会民主主義レジームの国々では、福祉の提供や構築における国家の役割が大きく、自由主義レジームでは、国家は最低限の関与にとどまり、市場中心主義の福祉サービス提供が行われていることが特徴である。また、保守主義レジームは、国家の役割は社会民主主義レジームほど大きくないが、福祉サービスや制度の構築が家族の支援を前提に作られているといった特徴がある［エスピン－アンデルセン 2000］。

1970年代以降、福祉国家は国家の経済的負担の増大と就労意欲の減退といった負の側面を指摘されるようになり、福祉国家再編が始まった。その中で導入されたのがアクティベーションと呼ばれる積極的に就労を取り入れる政策である。アクティベーションの中身は、広範であり、一つは、ワークフェアといわれる政策で「福祉から就労へ」に代表されるように公的扶助を受給するために、労働あるいはその訓練を前提とするというものである。狭義のアクティベーションは、就労することで社会的包摂されるとする労働統合型政策や、就労機会を高めるための訓練を含む政策である［中村健吾 2002］。ヨーロッパは社会民主主義や保守主義レジーム、アメリカでは新自由主義という福祉レジームにおける基本的な方向性の違いはあるが、社会福祉が再分配だけによらず労働を前提としたものに変化してきていることは共通している。アクティベーションの実施主体としては、非営利組織や社会的企業など、営利を第一義的な目的としない協同的精神に基づく企業体がイタリア、スペインを中心に活躍している。

ソーシャル・インクルージョン政策では、受動的な所得の再分配政策や社会保障のみではなく、人々の「雇用確保力」や「適応能力」を高める「能動的な福祉国家」として、労働市場における個々人の競争力を高めることを指向している［中村健吾 2002］。

2000年に欧州理事会は、貧困と社会的排除を除去するための共通目標として、就業への参加、並びに資源、財、サービスへの万人のアクセスの促進、排除のリスクの阻止、最も脆弱な人々への支援、すべての人々の参加を定めた。2020年統合指針では、「労働市場を拡大し、構造的な失業を減らす」「労働市場のニーズに対応するようなスキルを有する労働力を育て、仕事の質を高め、生涯学習を促進する」「すべての次元における教育、訓練の効率性を改善し、第三次教育への参加を拡大する」「社会的包摂を促進し、貧困と戦う」が定められている［EU 2010］。このように、ソーシャル・インクルージョンは、ヨーロッパにおける福祉国家の背骨となる概念となった。

イギリスのニュー・レイバーによるソーシャル・インクルージョン

イギリスでは、1980年代から1990年代の初頭にかけて、失業率が上昇し、若いホームレスやシングル・マザーなどが増加し、その要因としての貧困、非熟練、低所得、貧相な住宅、犯罪率が高い環境、不健康、家族の崩壊などが複合化して社会問題となっていた［Unit Social Exclusion 1998］。また、サッチャー政権による公営住宅の払い下げにおいて、払い下げされなかった不人気な公営住宅からは、中産階級が消え、失業者や低所得者、移民、シングル・マザーなどが残り、また新しく入居する住民も同様に困窮層を優先的に入居させていたため残余化していた［Anderson 2000］。地域が衰退して貧困や失業、犯罪などが目立つようになると、その地域の暴力や犯罪についてメディアが過剰な報道を始め、それによって、その地域はスティグマ化されて、そこに暮らす人々に不利益をもたらす［Taylor 2011］。

1997年、ブレア首相は、それまでの省庁の枠組みの外に、社会的排除対策室を設置し、ソーシャル・インクルージョンの概念をいち早く政策に取り入れた。この政策は、ニューディールと呼ばれ、その一つの特徴は、コミュニティを政策の中心に据えていた点である。ブレア首相のブレインとしてのギデンズが提唱する第三の道による政策の展開である。その内容は、就労支援、地域の活性化、若年層の未来の創造、サービスの利用促進、政策の効率的展開の5つであった［Percy-Smith ed. 2000］。

イギリスの就労政策は、アメリカでクリントン大統領によって導入された「福祉から就労へ」と類似している［Byrne 1999］。クリントン政権が導入したワークフェア政策では、戦後アメリカの貧困層の中で多くの割合を占めていた若年シングル・マザーの雇用を積極的に高める手法がとられた。イギリスでは、給付を受けるための就労は絶対条件ではなかったが、アメリカと同様にイギリスでも増加してきているシングル・マザーの雇用率を上げることが目標とされた［Byrne 1999］。若者の未来の創造で中心的に考えられたのは教育である。これは、アメリカのジョンソン政権で導入されたヘッドスタートとよく似ているが、ひとり親を就業させるための育児支援の意味合いもあったと考えられている［Byrne 1999］。

1997年ブレア政権によって「イギリスの結束――地域再生のための国家戦略（Bringing Britain Together: a national strategy for neighborhood renewal)」がコミュニティを対象として提案された。ここでは、パートナーシップと呼ばれる特徴的な手法がとりいれられた。それは、地域再生を実施するにあたって、その地域を代表する組織と行政がコンパクトを交わし、いわば対等な立場で協力し、地域再生に関する主導権を住民側に移譲しようとするものであった。コミュニティの代表者は、交渉の中心人物となったが、実際には、都市再生の基本的な方針については専門家に任せるしかなかった［McCulloch 2004］。

イギリスの政策は、ヨーロッパ大陸のそれよりも、地理的な意味でのコミュニティレベルにおける剝奪について対応しようとする姿勢が強く打ち出されている。このような排除された地域は近年、より顕著に二極化してきていると指摘されている［Byrne 1999］。その要因として挙げられているのは、グローバリゼーションやポスト工業化である［Wacquant 1999］。かつて、工業都市として繁栄したときには、工場の周辺にブルーカラー層の家族が暮らすコミュニティが広がっていったが、工場の移転などによって働く場が失われ、失業率と犯罪率が上がっていき、その地域に暮らしていることに誇りが持てない状況になっていく。そして、イメージダウンによって地価が安くなった地域にはさらに生活に困窮した人々が移動してくるような悪循環が起こり、結局そこに住んでいること自体によって社会的に排除されるような状況に陥ってしまう［Byrne 1999］。バーンが指摘している状況は、イギリスだけでなく、アメリカのラストベルトのかつての工業都市において、労働者階級の暮らす地域が荒廃しスティグマを与えられるメカニズムと類似しているし、日本における日雇い労働者の町がスティグマを付されることによって社会的に排除されていく状態とも重なる。こうして、コミュニティやそこに暮らす人に対するソーシャル・エクスクルージョンが生じてくるのである。バーンは、このようにしてイギリスで排除されているコミュニティの一つとして公営住宅地域を挙げている［Byrne 1999］。さらに、このような荒廃した地域の学校に通わせたくないと考える親は少なくない［Taylor 2011］。そのことが一層地域コミュニティのスティグマを強め、社会的排除につながっていく。このような排除された人々や地域を再統合していくことがソーシャル・インクルージョンである。

アメリカとの比較

1950～60年代、ホワイトフライトによって、アングロサクソン系のアメリカ人は、都市の中心部から郊外地域へと転出し、都市の中心部は荒廃していった。そこに人種問題と移民問題が絡まり、大都市中心部では、人口が減り、購買力の低下によりスーパーマーケットが撤退し、失業率が高く、若年シングル・マザーが多く暮らし、生活保護受給世帯が50％近くを占め、犯罪率が高いという状態がつくり出されている、いわゆるインナーシティ問題が存在する。

ラストベルトの都市の一つであるシカゴを例にとってみると、かつて鉄鋼と食肉産業によって移民や南部からの移住者が働いていた工場はなくなり、市の南部地域一帯は、投資が停滞し、犯罪率が高く荒廃した地域となっている。かつては、高層公営住宅地域も犯罪が多い地域としてスティグマがあったが、建て替えによって、分譲住宅が多く供給されて完全にそのカラーは塗り替えられた。建て替えによって、公営住宅を出ていかざるを得なかった人々は、犯罪が多くても、地価や家賃が安い地域に移転している。また、ラテンアメリカからの移民が多く暮らすエリアは主に西部地域に広がっている。このような地理的に塗り分けられたように貧困な人々や異なるエスニシティの集団が暮らしている場合、この現象を表現するには、セグリゲーション（差別的住み分け現象）が用いられ、ソーシャル・エクスクルージョンはあまり使用されていない。

アメリカ合衆国との比較からもソーシャル・エクスクルージョンという言葉がイギリスやEUで政策的目的のために用いられていることがわかる。バーンは、イギリスやほかのヨーロッパの国々において、政府がクリントンが行ったような福祉から就労へという新自由主義的な政策を展開するためのレトリックとしてソーシャル・エクスクルージョンとインクルージョンを使用していると主張している［Byrne 1999］。

イギリスをはじめ欧州では、この政策概念を用いて福祉と労働が政策的に統合されていった。

日本における社会的排除と社会的包摂

日本においては、2000年以降、社会福祉の理念として、それまでのノーマライゼーションの理念に加えて、ソーシャル・インクルージョンが社会福祉関係者の中で頻繁に使用され、議論に用いられるようになった。日本では、社会的排除、社会的包摂という日本語訳も使用されている。厚生労働省では、「社会的な援護を要する人々に対する社会福祉のあり方に関する検討会」が、「ソーシャル・インクルージョン」を取り上げた。この報告書では、社会経済環境の変化に伴って生じてきた、新たな形の不平等・格差の発生や、共に支え合う機能の脆弱化を指摘し、社会保障・社会福祉制度体系の拠って立つ基

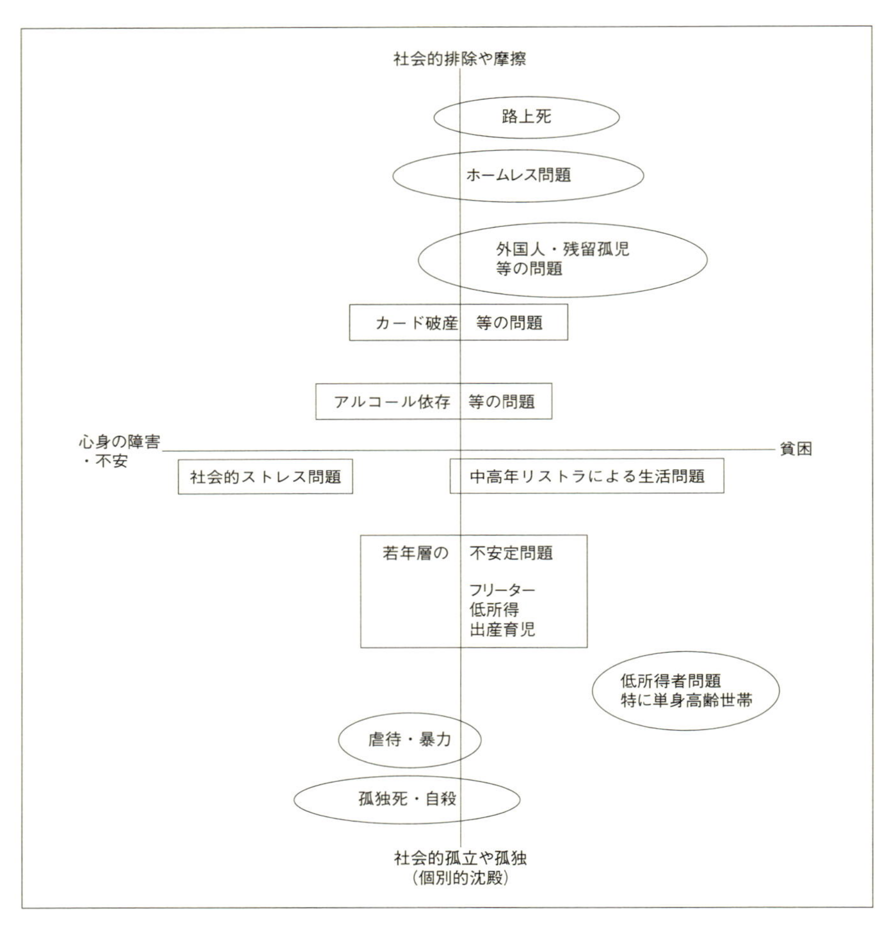

図７　現代社会の社会福祉の諸問題

※横軸は貧困と、心身の障害・不安に基づく問題を示すが、縦軸はこれを現代社会との関連で見た問題性を示したもの。

※各問題は、相互に関連しあっている。

※社会的排除や孤立の強いものほど制度からも漏れやすく、福祉的支援が緊急に必要。

出典：「社会的な援護を要する人々に対する社会福祉のあり方に関する検討会」報告書

盤自体の変化にも着目する必要があるとしている［厚生労働省 2000］。さらに報告書は、従来の社会福祉は主たる対象を「貧困」としてきたが、現代においては、

・「心身の障害・不安」（社会的ストレス問題、アルコール依存、等）
・「社会的排除や摩擦」（路上死、中国残留孤児、外国人の排除や摩擦、等）
・「社会的孤立や孤独」（孤独死、自殺、家庭内の虐待・暴力、等）

といった問題が重複・複合化しており、こうした新しい座標軸をあわせて検討する必要があると社会福祉の新しい対象について示しており（図7）、この中には、社会的排除や孤独が対象として挙げられている［厚生労働省 2000］。

そして、ソーシャル・インクルージョンの日本的解釈としては、これらは「つながり」の再構築に向けての歩みと理解することも可能であると定義している［厚生労働省 2000］。社会的包摂の実現のための方向性として、新たな「公」の創造が掲げられている［厚生労働省 2000］。そして、新たな「公」の役割として、今日的な「つながり」の再構築を図り、すべての人々を孤独や孤立、排除や摩擦から援護し、健康で文化的な生活の実現につなげるよう、社会の構成員として包み支え合うための社会福祉を模索する必要があるとしている［厚生労働省 2000］。具体的な対策としては、民生委員や社会福祉協議会、自治会、ＮＰＯ、生協・農協、ボランティア、各種民間団体など地域社会の人々が協力して、関係機関の連絡会を開催するなど情報交換の「場」を設け、「孤立した人々への見守り的な介入」を行うことが必要（空気は通すが水は通さない柔軟なネットワークの構築）と提言されている。具体的には、共通の課題を有する人々の定期交流のための場の提供や、受診をきっかけとした仲間づくりの支援、外国人に対するワンストップサービスのような総合サービス機能を設け、通訳ボランティアの協力を得ながら外国人に対する総合案内を進めることがあげられている［厚生労働省 2000］。

ヨーロッパにおけるソーシャル・インクルージョンが、新しい福祉国家の目玉として、人々の「雇用確保力」や「適応能力」を高める「能動的な福祉

国家」として、労働市場における個々人の競争力を高めることを明確に打ち出しているのに比して、日本の研究会報告書では、孤立や孤独をターゲットとして、新たな「公」による「つながり」の再構築を目的としており、この段階では欧州で用いられているという解釈との間に違いがある。2010年には鳩山内閣による「新しい公共」円卓会議が開催され、政府や市町村による直接的なサービスの提供に代わって、国民自身が「新しい公共」として、社会問題解決のために国民自身が主体的に参加することや、市場を通じた事業やイノベーションによって社会問題を解決することが提言された。2012年の政権交代によって、「新しい公共」という政策スローガン自体は使用されなくなったものの、市場を通じた社会問題解決の方針や福祉から就労といった新自由主義的な政策自体は、次期政権にも引き継がれた。こうして、クリントン政権から始まり、ブレア政権ではコミュニティをも巻き込んでいった新自由主義的社会政策は日本にも根を下ろしていった。2013年に成立した生活困窮者自立支援法は、就労を組み込んだ福祉政策となっている。

ソーシャル・インクルージョンは福祉国家のパラダイム転換の中で生まれてきた政策目的、あるいは理念であり、その意味は広範である。移民や外国人労働者のソーシャル・インクルージョンとは、地域社会やコミュニティの中における社会文化的な融合という意味も含まれるが、労働することによって、医療や教育制度といった社会システムへ統合され、社会保障制度の仕組みの中に組み込まれていくことを意味している。したがって、コミュニティレベルで解決できる問題ではない。移民受入国において、社会保障制度がどのように整備されているかは、法制度を形成する理念や、市民権の問題でもある。この章では、このような課題を提起するにとどめ、後に続く章においてさらに検討を加えることにする。

6　日本における外国人に対する所得再分配政策の現状と課題

外国人への生活保護の適用については、1954年に各都道府県知事あてに厚生省社会局長から出された通知（社発第382号）「生活に困窮する外国人に対する生活保護の措置について」が公式の文書として存在する。そこには、「第1条により、外国人は法の適用対象とならないのであるが、当分の間、生活に困窮する外国人に対しては一般国民に対する生活保護の決定実施の取扱に準じて保護を実施し、しかる後左の手続を行って差し支えないこと」とされ、外国人への法の準用が示されている。

2014年最高裁において、永住外国人の生活保護受給資格について争われたが、最高裁は、外国人も対象となるとした二審判決を破棄し原告側逆転敗訴の判決を言い渡した。一審判決は、外国人である原告に生活保護法の適用はなく、「生活に困窮する外国人に対する生活保護の措置について」(昭和29年5月8日社発382号)と題する厚生省社会局長通知に基づいて行われてきた任意の行政措置として行われてきたものであるとして、保護申請却下処分の取り消しを求め不適法却下された。

これに対し、二審判決は、当該外国人がした生活保護申請を行政庁が却下する行為は、行政事件訴訟法3条1項の「公権力の行使」に該当すると判断し、同申請を却下した処分を取り消した。これに対して、大分市が上告した。最高裁判所は、二審判決の大分市敗訴部分を破棄し原告の主張を退けた。

一審判決にみられるように、現在国民に準じて外国人に適用されている生活保護法は、行政措置として実施されているものであって、生活保護法による生存権保障は、厳密には外国人には適用されないという解釈がなされている[永野 2015]。永野が指摘しているようにこの裁判の一審判決において、生活保護法第一条の「国民」に永住外国人は含まないという判断がなされたことは、すなわち、外国人には生活保護受給権がないということであり、外国人に対する所得の再分配に対する国民の合意形成には、困難性が伺われる。今後外国人労働者を受け入れていく社会の中で、外国人が安心して働くためにはどのようなセーフティネットであれば導入可能なのかを検討していく必要がある。

日本をはじめとする先進国では、人口減少、高齢化による労働者の不足は、避けがたいものであり、各国は妥当な受け入れを模索している。外国人が安心して働くための社会保障は、21世紀の課題の一つである。

7　地理的に広がる格差

グローバリゼーションや、新自由主義政策が格差を生み出すことはすでによく知られている。規制緩和と小さな政府による経済発展を最優先した結果、社会経済的な格差が地域間の格差として表出し、地理的にも拡大していった。イギリスでは、ロンドンなどの大都市の一部に、労働市場から排除されやすい非熟練労働者や英語を母国語としない移民などが地理的な集積を見せている。

製造業の移転による産業の転換が、ブルーカラー層の多いコミュニティに与えた影響は大きかった。アメリカの大都市の一つであるシカゴでは、高い貧困率や失業率を示すコミュニティが、南部や西部地域に集中するようになり、1970年代以降特に顕著化した［仁科 2013］。サウスシカゴで起こったホワイトフライトと、その後の産業転換による人口減少は、デパートやレストラン、飲食店や仕立て屋といった商店が並ぶシカゴ第二のショッピング・ストリートが丸ごと消失するほど劇的なものであった［仁科 2018］。セグリゲーションが進み、それは社会経済的な階層をも地理的に特定した。この状況は、ウィルソンが『アメリカのアンダークラス』を著してから、基本的に現在も変わっていないが、ブロンズビル地域の公営住宅が一掃されるなど物的な再開発が進んだ地域では、ジェントリフィケーションが生じ、人口移動が起こり、市の西部地域には、新しく流入したラテン系移民が増加してきたという変化はあった。

日本では、工業化による都市への人口集中は、新自由主義経済政策導入以前から始まっていた。戦後、農業から工業への産業転換により、農村から都市への人口移動が生じた。移動人口は、ニュータウンなどの郊外開発住宅地の最大の需要者となって都市で勤労者生活を送るようになった。農村などの非都市地域では、1950年頃をピークに人口減少が始まり、日本全体の人口が増加しているときでさえ、すでに人口減少と過疎化が生じていた。日本で特に顕著なのは、高齢化率と人口密度の地域間格差である。そして、高齢人口が増加するにつれて、国民年金のみ受給する農業従事者と厚生年金を受給する元被雇用者との収入の格差が地理的分布を示す。

首都圏を除く都道府県内での人口状況は、押し並べて、類似した状況になっており、県内の大都市に人口は集中し、農村地域では、著しい高齢化と人口減少が進み、地域の行事や、社会経済的な活動を行うことが難しい状態に陥っている。第一次産業、ケアワークなどの人手不足により、外国人労働者が増加している。また、このような人口格差は、都市内の市街化の経緯などの条件によってコミュニティレベルでも生じており、コミュニティに独自の課題が内在化するという結果を招いている。

日本の高度経済成長期に農村から都市に出てきて結婚して形成された核家族世帯は減少し、単身世帯が最も一般的な世帯となってきた。このことは、家族での支えあいを前提として作り上げられてきた日本の社会福祉制度を機能不全にしつつある。地理的な格差の表出と人口減少、高齢化、世帯の縮小は、福祉的な課題を地域化している。地域間格差が拡大していることによって、一つの政策の効果が全体として共有できなくなり、福祉政策に対する合意形成が困難になることが容易に予想できる。福祉国家の成立前史において、大恐慌期の大量の失業者や貧困の発生に対して、セツルメントなどの地域コミュニティにおける民間活動は効力を発揮できなかったことは明白な事実であり、福祉国家による所得の再分配政策は、コミュニティを基盤とした活動によって代替できるものではない。それでも地域のニーズに対して、コミュニティレベルで解決を図れる組織や手法がより強く求められるようになっていくことは確実である。

8　移民流入による社会的排除やコンフリクトは避けられるのか

エマニュエル・トッドが書いた『移民の運命』によるとフランスは人種の違いなどには寛容さをもった「平等相続の国」であるはずだが、それでもコンフリクトは避けられていない。これについてトッドは、移民自身の社会への非適合に対してフランス人は、「権利があるのに行使しない」といった態度に不寛容なのだと説明している［Todd 1994］。人種や宗教による差別が法律で禁じられているフランスは、国籍法で血統主義とともに出生地主義も採用しており、フランス生まれであれば親が外国人でも成人になるとフランス国籍が与えられる。この意味では、法の下では、二世以降は同等の法的、市民的権利を有する。

フランスでは、パリ郊外の公共住宅に移民コミュニティが形成されており、文化的、宗教的な違いを持つニューカマーともともとの住民の間の溝がある。2011年には、顔を覆うブルカを禁止する法律が制定され、これに対する抗議行動などが生じた。

2023年には、フランスの警察官による少年射殺事件をきっかけに、同日夜、パリ郊外での抗議デモが暴徒化して始まった暴動は、北部のリールや南部のマルセイユ、リヨンといった主要都市へ瞬く間に拡大した。暴徒化した若者たちは、「ナエル（死亡した少年の名前）に正義を」などと叫びながら建物を破壊したり車に放火したりしたほか、警察官に物を投げつけるといった行為を繰り返した。逮捕者の大半は若者で未成年者も多く含まれる［読売新聞 2023］。

BBCによると、イギリスでも2024年7月30日に、イングランド北西部の町サウスポートにおいて、ダンス教室に通う3人の女の子が暴徒に刺されて亡くなった事件を発端に、インターネット上の誤った情報や極右勢力の反移民感情に煽られて、モスクへの襲撃や警察への襲撃、商店や車の打ちこわしが起こり、20を超える都市に広がっていった。その間、亡命希望者の宿泊施設への襲撃、公共施設への放火、商店の略奪などが起こった。これに対して、人種差別に反対する人々が亡命者の滞在する建物を襲撃する暴徒を阻止するために腕を組んで抗議活動を行った。暴動は、8月5日まで続き、鎮静化された。［BBC 2024］

深澤によれば、スペインでは、2000年以降ラテンアメリカからの移民が増加している。かつてスペイン人が移民として移住した国からの受け入れということで、文化や言語の親和性が高く、親族の再統合などもある。また、スペインはインフォーマル経済が発展しているため、入国すればすぐに仕事に就けること、建設や介護といった働き手が不足する分野での雇用が多いといった条件もある［深澤 2016］。このためか、現在のところ排斥運動やコンフリクトは目立っていない。

このように、移民受け入れに関するコンフリクトは、受入国の状況や歴史的文化的背景などによっても異なる。労働は移民の社会的統合には有効であるが、コンフリクトを生じない移民の受け入れは、どのようにあるべきだろう？

各国の外国人居住地域の形成を考察すると、工場や飲食店街などの働く場に通いやすい地域に集住し、コミュニティが形成されている。同じ言葉や文化を共有する者同士で助け合うためにも近隣に居を構えるようになり、エスニック・タウンや団地などができている。多くの場合、経済的に不利な人々は集住している。このような脆弱な状態の集団が自らの不利益のために立ち上がり、助け合い、社会経済的不利益から脱出することは、かなりの困難があることは容易に想像できる。失業や貧困の背景には、個人の努力のみでは解決できない社会的に不利な状況がある。

イギリスにおけるソーシャル・インクルージョン政策では、コミュニティを基盤とした政策に注力されたが、この政策は目的を達成できたのだろうか。

テイラーが言うように、コミュニティにおいて、地域の課題を解決するような事業を立ち上げるためには、基本的に資本が必要である。資本を持たない、あるいは、投入しない状態で、コミュニティによって貧困問題を解決することは不可能である。なぜなら、資本の決定的な欠如が貧困をもたらしているからだ［Taylor 2011］。したがって、コミュニティだけで、地域に蔓延する貧困を要因とする多様な問題を解決することは難しい。受入国には貧困な状態で移民しても働くことによって、自立や成功を可能にする社会経済的な条件が必要である。

［付記］

本章の一部には、仁科伸子（2021）「コミュニティはソーシャル・エクスクルージョンを解決できるのか」『コミュニティ政策』第19号に加筆した部分を含む。

［参考文献］

Anderson, I. (2000) Housing and social exclusion: the changing debate. In Anderson, I; Sim, D., *Social Exclusion and Housing* (Housing Policy and Practice Series). London: Chartered Institute of Housing, pp. 6-21.

BBC (2024) Why are there riots in the UK?, UK: BBC.

Bergman, J. (1995) Sosial Exclusion in Europe:Policy Context and Analytical Framework. In G. Room, *In Beyond the Threshold: The Measurement and Analyysis of Social Exclusion*. Bristol: The Policy Press, pp. 10-28.

Bhalla A. S.& LapeyreFrederic (2004) *Poverty and Exclusion in A Globale World*, 2nd edition. New York: Palgrave Macmillan.〔＝アジット・S・バラ／フレデリック・ラペール（2005）『グローバル化と社会的排除 ―― 貧困と社会問題への新しいアプローチ』福原宏幸、中村健吾訳、昭和堂〕

Byrne David (1999) *Social Exclusion*. Bristol: Open University Press.

Caseand A.; Deaton A. (2020). *Death of Despair and the Future of Capitalism*. Prinstone: Prinston University Press.〔＝アン・ケース＆アンガス・ディートン（2021）『絶望死のアメリカ ―― 資本主義がめざすべきもの』松本裕訳、みすず書房〕

EU, C.O. (2010) Proposal for a COUNCIL RECOMMENDATION of 27. 4. 2010 on board guidlines for the economic policies of the Member States and of the Union: Part I of the Europe 2020 Integrated Guideline, SEC . Brussels: Council of the EU.

Europian Commission (2024) Statistics on migration to Europe (Strategy and Policy). https://commission.europa.eu/strategy-and-policy/priorities-2019-2024/promoting-our-european-way-life/statistics-migration-europe_en#european-statistics-on-migration-and-asylum.

McCulloch A. (2004) *Localism and its Neo-liberal Applications*. Capital and Class, P.133.

OECD (2023) *International Migration Outlook 2023*. OECD.

Percy-Smith (ed.) (2000) *Policy Responses to Social Exclusion*. Buckingham: Open University Press.

Social Exclusion Unit (2004) *Breaking the Cycle*. London: Social Exclusion Unit.

Stiglitz, E. J. (2006) *Making Globalization Work*. New York: WW Norton & Co.〔＝J. E. スティグリッツ（2006）『世界に格差をバラ撒いたグローバリズムを正す』楡井浩一訳、徳間書店〕

Taylor, Marilyn (2011) *Public Policy in the Community*. London: Palgrave Macmillan.〔＝マリリン・テイラー（2017）『コミュニティをエンパワメントするには何が必要か―行政との権力、公共性の共有』牧里毎治、金川幸司監訳、ミネルヴァ書房〕

Todd, Emmanuel (1994) *Le Destin des immigrés. Assimilation et ségrégation dans les démocraties occidentales*. Paris: Les Edition du Seuil.〔＝エマニュエル・トッド（1999）『移民の運命 ―― 同化か隔離か』石崎晴己・東松秀雄訳、藤原書店〕

Townsent, P. (1979) *Poverty in the United Kingdom*. Handsomeworth: Penguin.

Unit Social Exclusion (1998) *Rough sleeping*. London: The Statiopnery Office.

Wacquant, L. D. (1999) *Urban Marginality in the Coming Millennium*. Urban Studies, pp. 1639-1647.

Wilson, W. J. (1987). *The Truly Disadvantaged: The Inner City, the Underclass and Public Policy.* Chicago: University of Chicago Press.
エスピン－アンデルセン、G（2000）『ポスト工業経済の社会的基礎 —— 市場・福祉国家・家族の政治経済学』渡辺雅男・渡辺景子訳、桜井書店
稲葉奈々子・樋口直人（2010）『日系人労働者は非正規就労からいかにして脱出できるのか —— その条件と帰結に関する研究』財団法人全国勤労者福祉・共済振興協会
岩田正美（2008）『社会的排除 —— 参加の欠如・不確かな帰属』有斐閣
大島隆（2019）『芝園団地に住んでいます —— 住民の半分が外国人になった時何が起こるか』明石書店
外務省（2022）「技能実習制度に対する国際的な指摘について」技能実習制度及び特定技能制度の在り方に関する有識者会議、外務省、pp. 4-5.
上条勇（2006）『グローバリズムの幻影―市場崇拝と格差社会の経済学批判』梓出出版
河村哲二（2014）「グローバリゼーション下の日本の「二重の危機」と再生への課題」河村哲二・陣内秀信・仁科伸子編著『持続可能な未来の探求：「3.11」を超えて —— グローバリゼーションによる社会経済システム・文化変容とシステム・サスティナビリティ』御茶の水書房、p. 31.
厚生労働省（2000）「「社会的な援護を要する人々に対する社会福祉のあり方に関する検討会」報告書」社会的援護を要する人々に対する社会福祉のあり方に関する検討会
出入国在留管理庁（2021）「令和2年現在における在留外国人数」出入国在留管理庁
駐日EC委員会代表部広報部（2006）「EUの移民政策」*Europe Autumn*, pp. 2-5.
永野仁美（2015）「社会保障法判例外国人への生活保護法の適用又は準用を否定した事例（生活保護開始決定義務付け等請求事件）」『季刊 社会保障研究』50(4).
中村健吾（2002）「EUにおける「社会的排除」への取り組み」『海外社会保障研究』pp. 56-66.
中村健吾（2006）「社会理論から見た「排除」—— フランスにおける議論を中心に」『CREI Discussion Papen Series, Discussion Paper No.2』大阪市立大学大学院経済学研究科
仁科伸子（2013）『包括的コミュニティ開発 —— 現代アメリカにおけるコミュニティ・アプローチ』御茶の水書房
仁科伸子（2018）「シカゴ市63通り周辺イングルウッド近隣地域におけるコミュニティ・イノベーションと開発の状況に関する研究」熊本学園大学付属海外事情研究所
広井良典（1999）『日本の社会保障』岩波新書
深澤晴菜（2016）「スペインの移民政策とラテンアメリカ出身移民」『社会科学』46(1), pp. 65-92.
宮治美江子（2010）「マグリブからフランスへのディアスポラ —— アルジェリア移民の事例から」駒井洋・宮治美江子編『中東・北アフリカのディアスポラ』明石書店、pp. 148-175.
読売新聞（2023年07月04日）「フランス暴動から1週間、社会の分断浮き彫り…若い移民系の不満噴出」読売新聞オンライン

第3章
移民労働者と社会保障

松本勝明

日本に在留する外国人の数は2023年末には約341万人となり、外国人労働者数も2023年10月には約205万人に達している[1]。外国人が日本で安心して生活できるようにするためには、その生活を支える社会保障の役割が重要となる。このため、国民を対象とする国内制度として構築され、発展を遂げてきた社会保障制度についても、多様な外国人が日本人と共に働き、生活する社会に適合させるための見直しが必要になると考えられる。

こうした課題への対応について検討するうえで、ドイツ社会保障における外国人の取扱いは重要な参考事例の一つになると考えられる。日本と同様に社会保険を中心とする社会保障を有するドイツには、長年にわたりさまざまな国から幅広い外国人が受け入れられており、外国人の社会保障に関して生じる問題やその対応策について、政策的・学術的な議論の豊富な蓄積がある。

そこで、この章では、外国人の社会保障に関する基本的考え方やドイツ社会保障における外国人の取扱いについて検討し、それをもとに日本での制度の見直しについて考察する。

1　社会保障にとっての国籍の意味

ドイツをはじめヨーロッパ諸国では、17〜18世紀における近代国家の形成以来、国民に対する社会的な保護を行うことが国家の責務とされてきた。たとえば、ドイツでは、啓蒙主義のもとで編纂された大法典であり、1794年に施行された「プロイセン一般ラント法（Allgemeines Landrecht für die Preußischen Staaten)」の中に、国民に対する一般的な生存保障を行う国家の責務が規定された[2]。

国家の責務とされたことにより、人々に社会権を認めることは国家にかかわる二つの要素と結びつくことになった［Becker 2017: 102］。その一つは人的な要素としての国籍であり、もう一つは領域的な要素としての領土である。このため、社会給付を行うことにより社会権を具体的に実現する社会保障に関して、外国人は二つの基本的な問題に直面する可能性がある。一つは、国籍が受給要件とされるために滞在国の給付を受給できないという問題である。もう一つは、外国に滞在していることなどにより、母国の給付が停止されるという問題である。

しかし、実際には社会給付と国籍及び領土との関係は単純なものでない。外国人にかかわる問題が発生するか、発生する場合にどの程度の問題になるかは、社会給付が社会保険により行われるのか、あるいは税を財源として行われるかによって異なっている。

社会保険の給付

社会給付を行う制度の中でも、社会保険においては、就労関係などに基づき強制的に加入させられた被保険者が保険料を拠出し、それをもとに一定のリスクが生じた場合には定められた給付が行われる。社会保険の給付は保険料納付に対する反対給付として行われるものであり、給付の受給はあらかじめ保険料を納付することを必要条件としており、また、納付した保険料の額が給付額に影響を及ぼしうる。たとえば、社会保険の一つであるドイツの年金保険による「通常の老齢年金（Regelaltersrente）」の場合には、5年間の保険料納付が受給要件の一つとされる（社会法典第6編第35条）。また、年金額は各被保険者が納付した保険料に応じたものとなっている（同編第64条及び第70条）。

このため、社会保険の給付を受ける権利は、被保険者の国籍ではなく、保険料納付、さらには、その前提としての就労関係に依存することになる。社会保険において国籍による区別をしないことは、経済的な観点からもプラスに評価される。社会保険が就労と結びついている限りにおいて、事業主にとって社会保険料負担は労働者を雇用することに伴う労働コストとなる。労働コストに関して同等の競争条件をつくり出すためには、社会保険への加入義務に関して外国人を自国民と平等に取り扱う必要がある。そうでなければ、外国人をより高い割合で雇用する事業主は、社会保険料負担を免れることにより労働コストを抑えることができ、他の事業主との競争において有利な立場に立つことが可能になってしまう。

税を財源とする社会給付

社会扶助や児童手当制度のように税を財源として社会給付を行う制度の場合は、社会保険の場合とは状況が異なっている。国内で税を支払っている外国人は、それによって税を財源とする社会給付の費用負担に貢献しているようにみえる。しかし、保険料を財源とする社会保険の給付の場合とは異なり、税を財源とする社会給付の受給は納税によるあらかじめの貢献を必要条件としているわけではなく、また、給付額は納税額とは無関係である。つまり、社会保険の給付とは異なり、税を財源とする社会給付は納税というあらかじめの貢献に対する反対給付という考え方に基づくものではない。

このため、税を財源とする社会給付の場合には、国籍が受給のための要件として重要となる。もちろん、このことはすべての外国人が税を財源とする社会給付を受給できないことを意味するものではない。税を財源とする社会給付の場合には、どのような外国人であれば、あらかじめの貢献を行ったかどうかにかかわりなく、生活困窮に陥った場合などに社会による援助を受ける資格があるほどに当該社会に帰属していると認められるかが問題となる［Kingreen 2010: 11］。この問題を考える際に重要な要素の一つとなるのは、その国での滞在期間である。外国人であっても滞在期間が長くなることにより滞在国との結びつきは強まり、滞在国の社会への統合の必要性は高まる。このため、滞在期間の経過とともに、外国人についてもその生活を保障するとともに社会参加を可能にする社会給付の対象とすることに納得が得られやすくなる。外国人の滞在する権利が滞在期間の経過とともに国籍に基づき滞在する権利に近づくほど、外国人が社会給付を受給する権利についてもその国の国民の権利に近づくものと考えられる。

2　外国人の平等取扱い

実際にドイツ国内法で定められている制度も、上記のような考え方を反映したものとなっており、特に税を財源とする社会給付の受給については、外国人とドイツ人の間で取扱いに差が設けられている。ドイツの国内法でこのような差を設けることについては、法的には、国際法、EU 法及びドイツの憲法である基本法（Grundgesetz）に抵触しないかが問題となる。

ドイツが批准した条約の中には、欧州社会・医療扶助協定（European Convention on Social and Medical Assistance）や「難民の地位に関する条約（Convention Relating to the Status of Refugees）」（難民条約）のように、社会保障の特定の分野や人を対象に外国人と自国民の平等取扱いを規定するものが存在する[3]。しかし、一般国際法からは、社会給付の受給に関する外国人と自国民との平等取扱いの原則を見出すことはできない［Heilbronner 2017: 294］。

一方、EU 法においては、EU 運営条約（Vertrag über die Arbeitsweise der Europäischen Union）第18条をはじめ、国籍に基づく差別を禁止する規定が設けられている。EU 加盟国国民（EU 市民）の EU 域内での自由移動について規定する「EU 市民とその家族の加盟国の領域内で自由に移動及び滞在する権利に関する指令（2004/38/EG）」[4]（以下「自由移動指令」という）においては、他の加盟国に滞在する EU 市民は、受入加盟国国民と同じ取扱いを受けることができるとされており（第24条第1項）、基本的には受入加盟国国民と同様に社会給付を受けることができる。しかしながら、労働者又は自営業者として稼得活動に従事しない EU 市民に関しては、各加盟国がその者の滞在期間などに応じて社会扶助などの受給を制限することを認める特別の規定が設けられている（同条第2項）。

ドイツの基本法からも、外国人をドイツ人と平等に取り扱わなければならない一般的な義務を導き出すことはできない。基本法第3条第3項は、何人も性別、家系、人種などの事由により不利又は有利に取り扱われてはならないと規定している。しかし、国籍は同項に規定される事由には含まれておらず、国籍によって差を設けることが一般的に禁止されているわけではない。

ただし、連邦憲法裁判所（Bundesverfassungsgericht）は、バイエルン州育児手当法[5]に関する判決（2012年）[6]において、差を設ける基準として国籍を引き合いに出すためには、基本法第3条第1項が規定する一般的な平等原則[7]に基づき、十分な根拠が必要との判断を示している[8]。この訴訟では、申請者がポーランド人であることを理由に同法に基づく育児手当の支給を拒否されたことの是非が争点となった。同判決によれば、財政的な利害だけでは外国人に異なる取扱いを行う根拠にはなりえず、それ以上の客観的な根拠がないのであれば、財政的な利害はすべての受給者にとっての支給額の削減や支給期間の短縮などにより考慮すべきとされた。つまり、ドイツに滞在する者の権利について国籍による差を設けるためには、基本法に照らして正当化できる根拠が必要とされた。

3　ドイツ社会保障における外国人の取扱い

ドイツの社会保障における外国人の具体的な取扱いは、給付の種類、滞在資格などに応じて次のようになっている。

適用の基本的考え方

ドイツの社会保険、社会扶助などについて定める社会法典[9]（Sozialgesetzbuch）の規定は、基本的にドイツに住所（Wohnsitz）又は通常の居所（gewöhnlicher Aufenthalt）」を有するすべての者に適用される（同法典第1編第30条第1項）。つまり、社会法典の適用に関しては、対象者の国籍ではなく、対象者の住所又は通常の居所がドイツにあるかどうかに依拠するいわゆる属地主義（Territorialitätsprinzip）の考え方が採用されている。この場合に、住所は「維持しかつ使用すると推測させる状況の下で住居を持っている場所」を、通常の居所は「一時的でなくとどまると認められる状況の下で滞在している場所」をさす（同条第3項）。

この属地主義という基本的考え方は、社会保障の個別の制度等について定める同法典第2編以下の規定により、具体化され又は修正が加えられている。

ただし、税を財源として社会給付を行う制度（求職者基礎保障、社会扶助など）の場合と保険料を財源とする社会保険の場合とでは、次のような違いが存在する。

税を財源とする社会給付に関する規定の適用は、社会法典第1編第30条第1項が定めるとおり、基本的に対象者の住所又は通常の居所を基準として行われる。これに対して、社会保険の適用は、対象者の就労又は自営業を行う場所を基準として行われる。すなわち、社会保険に加入する義務及び権利に関する規定は、住所または通常の居所がドイツ国内にあるかどうかとかかわりなく、ドイツにおいて就労又は自営業を行うすべての者に適用される（同法典第4編第3条第1号）。その理由は、社会保険に加入する義務及び権利が就労又は自営業に基づき生じることにある。社会保険に加入する義務及び権利が就労又は自営業に基づかずに生じる場合には[10]、社会保険に加入する義務及び権利に関する規定はドイツに住所又は通常の居所を有するすべての者に適用される（同条第2号）。

公的医療保険において、被保険者の配偶者、パートナー、子など（以下、「配偶者など」という）であって収入が一定額以下の者は、家族被保険者（日本の健康保険の被扶養者に相当）となる[11]。この場合にも、それらの者の住所又は通常の居所がドイツにあることが必要とされている（社会法典第5編第10条第1項第1文第1号）。

属地主義の修正 —— 税を財源とする社会給付の場合

前述の属地主義の考え方はなんらの制限なく適用されるわけではなく、属人主義（Personalitätsprinzip）の考え方によりさまざまに修正され又は排除されることがある。つまり、その人がどのような人であるかが給付受給に影響を及ぼすことがある。そのことは特に外国人の場合に当てはまる。

外国人がドイツに入国し、滞在するためには、滞在法[12]に基づき滞在許可（Aufenthaltserlaubnis）、定住許可（Niederlassungserlaubnis）などとして与えられる滞在資格（Aufenthaltstitel）を必要とする（同法第4条）。滞在許可は、教育、稼得活動などの特定の目的のために与えられる期限つきの滞在資格である（第7条)。これに対して、定住許可は、対象者が5年前から滞在許可を有しており、かつ、一定の条件を満たす場合に、期限のない滞在資格として与えられるものである（第9条)。

税を財源とする社会給付の受給と滞在資格は次のように相互に影響を及ぼす関係にある。

①社会給付の滞在資格への影響

外国人のドイツへの入国及び滞在について規定する滞在法は、外国人による社会給付の受給をコントロールする重要な機能も有している。すべての滞在資格の付与は生計の確保が前提条件とされている（第5条第1項第1号)。医療保険による十分な保障[13]を受けられることを含め、外国人が公的な資金[14]を受けることなしにその生計を維持することができる場合には、この条件を満たすものとされている（第2条第3項第1文)[15]。このような基本ルールが設けられている理由は、最低限度の生活を保障する社会扶助の給付などを行うことにより、公的財政が公的な資金により外国人の生計を維持しなければならなくなることを防ぐためである［Hailbronner 2016: 91］。

この基本ルールは、滞在資格によってはその適用が免除されている場合や、それとは逆に厳格化されている場合がある。国際法上の、人道上の又は政治的な理由から与えられる滞在資格の場合には、この生計の確保に関する条件の適用免除が可能とされ、あるいは義務づけられている（第5条第3項第1文及び第2文)。同様のことは家族に関する理由から、すなわち世帯を形成する又は維持するために与えられる滞在資格にも当てはまる。たとえば、ドイツ人の配偶者である外国人に対する滞在許可は、その者の生計が確保されていない場合でも与えられる（第28条第1項)。一方、定住許可の場合には、より厳格な条件が適用される。この場合には、生計が確保されていることに加え、公的年金保険に最低60月分の保険料を納付したことが条件とされる（第9条第2項第3号)。

②滞在資格の社会給付への影響

滞在資格は税を財源とする社会給付の受給に影響をもたらす場合がある。たとえば、求職者基礎保障（Grundsicherung für Arbeitsuchende）における外国人の取扱いは次のようになっている。2003年に制定された社会法典第2編により、就業可能な生活困窮者に対しては、求職者基礎保障の給付が行われることになった。求職者基礎保障の給付を受けることができるのは、ア）15歳以上で通常の年金支給開始年齢に未到達であり、イ）就業可能（erwerbsfähig）であり、ウ）要扶助（hilfebedürftig）であり、かつ、エ）ドイツ国内に通常の居所（gewöhnlicher Aufenthalt）を有する者である（同編第7条第1項第1文）[16]。この場合に、「要扶助」であるのは、自らの収入又は資産によっては生計を維持することができず、かつ、他から必要な援助が受けられない者である（同編第9条）。また、「就業可能」であるのは、一般的な労働市場における通常の条件で1日当たり最低3時間就業することが、疾病又は障害のために近い将来にできなくならない者である（同編第8条第1項）[17]。

このように、求職者基礎保障の給付の受給は、基本的にドイツ国内に通常の居所を有することと結びつけられている。しかしながら、ドイツ国内に通常の居所を有する場合であっても、外国人を求職者基礎保障の給付の対象から除外する次のような特別の規定が設けられている。

外国人は、ドイツでの滞在の最初の3ヵ月間においては給付を受けることができない（同編第7条第1項第2文第1号）。したがって、外国人は、基本的に、この期限が経過して初めて給付を受けることができる。このような取扱いが設けられている理由は、求職者基礎保障の給付を受給するという経済的な理由からドイツに移住しようとするインセンティブを外国人に対して与えないようにするためである［Janda 2012: 240］。

ただし、労働者又は自営業者としてドイツに滞在する外国人については、この取扱いの例外が設けられている。すなわち、労働者又は自営業者としてドイツに滞在する外国人[18]は、滞在の最初の3ヵ月間においても求職者基礎保障の給付を受けることができる（同文同1号）。

なお、外国人であって、滞在資格のない者、最初から求職の目的だけのために滞在している者などは、求職者基礎保障の給付を受けることができない（同文同２号）。

外国人による児童手当の受給に関しても、滞在資格による差が設けられている。児童手当はドイツ国内に「住所」又は「通常の居所」を有する者に支給される。ただし、手当の支給対象者が外国人である場合には、その者が定住許可を有すること又は稼得活動を行うことができる滞在許可などを有することが支給要件とされている（連邦児童手当法[19]第１条第３項）。なお、手当の支給にあたって、ドイツ国内に「住所」又は「通常の居所」を有しない子は考慮されない（同法第２条第５項）。

属地主義の修正 —— 社会保険の場合

前述のとおり、社会保険に加入する義務及び権利に関する規定は、対象者の就労又は自営業を行う場所を基準として適用される。ただし、当該就労又は自営業が一時的な場合には、その場所は決定的な意味を持たないことから、この基本的考え方に部分的な修正が行われている。すなわち、ドイツ国内で成立した雇用関係の枠内で国外に一時的に派遣される者に対しては、ドイツの社会保険に加入する義務及び権利に関する規定が適用される（社会法典第４編第４条）。一方、外国で成立した雇用関係の枠内でドイツに一時的に派遣される者に対しては、ドイツの社会保険に加入する義務及び権利に関する規定は適用されない（同編第５条）。

社会保険の給付

ドイツの社会保険から給付を受給する権利は、被保険者の多くが就労関係に基づき社会保険に強制加入させられ、保険料を支払うことにより生じるものである。このため、社会保険の給付を受給する権利に関しては、ドイツ人と外国人との間に差は設けられていない。

ただし、ドイツ人か外国人かにかかわらず、社会保険の被保険者が外国で給付を受給することについては、特別の規定が設けられている。たとえば、公的医療保険について規定する社会法典第５編は、被保険者が外国に滞在する間は給付受給権が停止すると定めている（第16条第1項第1号）。その理由は、外国にはドイツの公的医療保険による診療を担当する医療機関（保険医、認可病院等）が存在せず、被保険者は公的医療保険による現物給付を国内でしか受けられないからである［Kingreen 2018: 167］。このため、被保険者は、外国に滞在する場合（一時的な滞在の場合を含む）には、病気になっても公的医療保険の給付としての医療を受けることができない。ただし、後述するEUの「社会保障制度の調整に関する規則（規則883/2004）」や社会保障協定には、この給付停止の例外が設けられている。

被保険者（本人）が外国で就労している間に病気になった場合には、同編の規定により受けられたであろう給付を事業主から受けることができる[20]（同編第17条第1項）。この場合において、保険者（疾病金庫）はドイツ国内であれば保険者に生じたであろう費用の範囲内で事業主に対する費用償還を行わなければならない（同条第2項）。さらに、ある病気の治療がEUなど[21]の域外でしか行えない場合には、疾病金庫は必要な治療の費用を負担することができるとされている（同編第18条第1項）。もちろん、これらの特別の規定の適用にも、被保険者がドイツ人であるか外国人であるかによる差は設けられていない。

4　EU市民である外国人の滞在及び社会給付の受給

外国人の中でも、EU市民のドイツでの滞在及び社会給付の受給に関しては、その他の国の国民の場合とは異なる取扱いが定められている。

自由移動指令

1992年に締結されたマーストリヒト条約[22]により、欧州共同体設立条約[23]に新たにEU市民権（Unionsbürgerschaft）に関する規定が導入された。これにより、EU加盟国国民はEU市民とされ、すべてのEU市民にEU域内を自由に移動し、滞在する包括的な権利が認められた。EU市民のEU域内での移動及び滞在の具体的な条件については、自由移動指令において統一的な枠組みが定められている。

①滞在

自由移動指令によれば、EU 市民の中でも、受入加盟国で労働者又は自営業者として稼得活動に従事する者と従事しない者との間では異なる取扱いが定められている。このうち、稼得活動に従事する者には、基本的に、他の加盟国で稼得活動に従事する間においてその加盟国に滞在する権利が認められる[24]。

一方、稼得活動に従事しない者が他の加盟国に滞在する権利は、滞在期間に応じて次のように定められている。

- ３ヵ月以内の滞在は、基本的にパスポートを所持すること以外の条件なしに認められる（第６条）。
- ３ヵ月を超え５年までの滞在は、滞在中に社会扶助[25]の給付を受けずに済むだけの十分な資力を有していることが条件とされている。それに加えて、包括的な医療保障を受けられることが条件とされている。これらの条件を満たしている限りにおいて、受入加盟国に滞在する権利が存在する（第７条第１項）。
- ５年間継続して受入加盟国に適法に滞在することにより「継続して滞在する権利」を獲得することができる（第16条第１項）。

特に注目すべきは、EU 市民であっても、稼得活動に従事しない者が社会扶助の給付を受けずに済むだけの資力を有しているかどうかは、他の加盟国に３ヵ月を超えて滞在する権利に影響を及ぼすことである。ただし、「継続して滞在する権利」を有する者の場合には、その者の資力は受入加盟国に滞在する権利に影響を与えない。

②社会給付の受給

自由移動指令は、同指令に基づき受入加盟国に滞在しているすべての EU 市民は当該受入加盟国国民と同じ取扱いを受けることができると定めている

（第24条第1項）。したがって、EU市民は社会給付の受給に関しても基本的には受入加盟国の国民と同様に取り扱われる。ただし、受入加盟国には、稼得活動に従事しない者であって、滞在の最初の3ヵ月の間にある者に社会扶助の給付を行うことは義務づけられていない（第24条第2項）。つまり、このような者に社会扶助を行うかどうかは各加盟国の判断に委ねられている。この規定は、稼得活動に従事しないEU市民が社会扶助の受給を目的として他の加盟国に移動し、滞在することにより社会扶助の不適切な受給が行われることを防止する目的を有している［松本 2021: 88］。

③ドイツでの実施

ドイツでは、自由移動指令を実施するため[26]、前述の滞在法とは別に、EU市民の滞在に関する特別の法律として「EU市民の一般的な自由移動に関する法律」[27]（自由移動法/EU）が制定されている。この法律には、EU市民のドイツでの滞在に関して自由移動指令に則した規定が定められている。

一方、社会給付の受給に関しては、社会給付に関するそれぞれの法律により自由移動指令が実施されている。自由移動指令にいう「社会扶助」に該当する求職者基礎保障に関して定める社会法典第2編は、前述のとおり、EU市民であっても稼得活動に従事していない者はドイツでの滞在の最初の3ヵ月間は給付を受けられないことを定めている（第7条第1項第2文第1号）。

社会保障制度の調整に関する規則

EU加盟国間では、EU域内での労働者等の自由移動を促進するため、加盟国間を移動する労働者等が社会保障に関して不利益を受けることのないよう、EU規則である「社会保障制度の調整に関する規則（規則883/2004）」[28]に基づく調整が行われている[29]。この調整は社会保障分野の幅広い給付を対象としているが、社会扶助の給付はその対象から除外されている。規則883/2004には、二重適用などを防止する観点からの適用法の決定、被保険者期間の通算、他の加盟国に滞在する者に対する給付、他の加盟国に居住する家族に関する給付などについて、特別の取扱いが定められている[30]。これにより、EU 市民に関しては、たとえば次のような取扱いが行われる。

前述のとおり、ドイツの公的医療保険においては、被保険者の配偶者などであっても、これらの者が外国に居住する場合には家族被保険者になることができない。しかし、EU 市民である被保険者の配偶者などが他の加盟国に居住することは、規則883/2004に基づき、ドイツ国内に居住するのと同等とみなされる。それによって、他の加盟国に居住する配偶者などであっても家族被保険者となることができる。

また、ドイツ公的医療保険の被保険者は外国に滞在する間において給付を受けることができないとされている。しかし、EU 市民である被保険者が他の加盟国での滞在中に病気になった場合には、規則883/2004に基づき、滞在加盟国において当該加盟国国民と同様に現物給付としての医療を受けることができる。ただし、そのための費用は当該被保険者が加入しているドイツの保険者（疾病金庫）によって負担される。

さらに、連邦児童手当法は、児童手当の支給にあたっては国内に住所も通常の居所も有しない子を考慮しないとしている。しかし、EU 市民である受給者の子が他の加盟国に居住することは、規則883/2004に基づき、国内に居住するのと同等とみなされる。それによって、他の加盟国に居住する子も児童手当の支給対象となる。

このように、ドイツでは、EU 市民である外国人、中でも稼得活動に従事する者には、滞在と社会給付の受給の両面において、他の外国人よりも有利な取扱いが認められている。その背景には、EU が内部に国境のない領域である域内市場の実現を目的として、その重要な要素の一つである労働者の自由移動を保障するとともに、社会保障が労働者の自由移動を妨げる原因とならないよう、必要な枠組みを規則、指令などとして統一的に整備してきたことがある。

5　考察

以上の検討により、ドイツ社会保障における外国人の取扱いについて、次のことが明らかとなった。社会保障の適用に関しては、基本的に属地主義の考え方が採用されている。しかし、税を財源とする社会給付の場合には、属地主義に重要な修正が加えられている。たとえば、求職者基礎保障の給付はドイツに滞在する外国人にも行われるが、外国人が給付を受給できるか、また、いつから受給できるかについては滞在資格などによって異なっている。一方、被保険者からの保険料拠出に基づく社会保険の場合には、その適用及び給付に関して外国人とドイツ人との間に差はみられない。しかし、社会保険の場合にも外国での給付受給などを制限する仕組みは設けられている。また、こうした仕組みが他の加盟国への移動を抑制することにならないよう、EUでは社会保障制度に関する統一的な調整の枠組みが設けられている。この結果、EU加盟国国民である外国人は、他の一般の外国人に比べて滞在及び社会給付の受給の両面で有利に取り扱われている。

最後に、これを踏まえた日本との比較検討を行い、日本における社会保障制度の見直しについて考察する。日本では、1981年の難民条約の批准に伴う法整備により、国民年金法などに設けられていた国籍要件が廃止され、ほとんどすべての社会保障に関する法律が外国人にも適用されることになった［堀 1994: 160］。今日、日本の社会保障に関する法律の適用はドイツと同様に基本的に属地主義の考え方に基づくものといえる。しかし、このことは、国内に住所又は居所を有するすべての者がその国籍などにかかわらず平等に取扱われることを意味するわけではない。

確かに、保険料拠出に基づく社会保険の場合には、基本的に被保険者の国籍により異なる取扱いはみられない[31]。これに対して、税を財源とする社会給付の場合には、属地主義の考え方に修正が加えられている。たとえば、生活保護法に基づく保護の対象は日本人に限られている。外国人に対しては、通達等に基づく行政上の措置として日本人の場合に準じた保護が行われる。ただし、この場合に保護の対象となる外国人の具体的な範囲については、「出入国管理及び難民認定法」別表第二に掲げる外国人（永住者、定住者、日本人の配偶者などの在留資格を持つ外国人）に限定する旨の取扱い指針が1990年に厚生省（当時）から示されている［加藤ほか 2019: 376］。つまり、生活保護については、保護を必要とする外国人の在留資格の種類が給付受給に影響を及ぼす。

このように、日本における社会保障の適用については、ドイツと同様に、属地主義を基本としつつ、税を財源とする社会給付の場合には属人主義による修正が加えられている。社会保険と税を財源とする社会給付との間にこのような違いがあることは、それぞれの制度の性格に由来するものであり、必ずしも問題があるとはいえない。

一方、両国の間には重要な相違点も存在している。ドイツに適法に滞在する外国人であって就業可能な者が要扶助の状態にある場合には、社会法典第2編に基づき最低生活の保障を目的とする求職者基礎保障の給付を受給することができる。この場合に、当該外国人が期限のない滞在資格である定住許可を有することは必ずしも必要とされない。一方で、EU市民を含め稼得活動に従事しない者については、滞在の最初の3ヵ月間は給付を受けられないとするとともに、「生計の確保」を滞在資格付与の条件とするなど、外国人による不適切な給付の受給を排除することを狙いとする仕組みが設けられている。これらの点は、日本において、多様な外国人が働き、生活する社会にふさわしい生活保護のあり方、中でも対象とする外国人の範囲や不適切な受給を排除するための仕組みを考える上での重要な参考になると考えられる。

もう一つの違いは、外国に滞在する者に対する給付、外国に滞在する家族などの取扱いである。日本では、2019年に成立した「医療保険制度の適正かつ効率的な運営を図るための健康保険法等の一部を改正する法律」（令和元年法律第9号）により外国人材の受け入れ拡大に伴う健康保険法等の改正が行われた。この結果、健康保険では、被扶養者の要件として日本国内に居住していることが加えられた。同様の取扱いはドイツの公的医療保険でも行われている。それにとどまらず、ドイツの公的医療保険では外国滞在中には給付受給権が停止されるなどの措置も講じられており、日本においても、不適切な給付の受給を防止する観点から、さらなる対応策を検討することが必要と考えられる。

一方、このような取扱いは、他の国に移動し滞在する人にとって不利となる可能性がある。たとえば、労働者が母国で就労する場合には、その家族がその国の健康保険の被扶養者となり、保険料を負担することなく給付を受けられるとすると、日本で就労する場合には、母国にとどまる家族は被扶養者から外れてしまうことになる。こうした不利益は労働者の日本への移動を抑制する原因にもなる。このような問題に対応するため、EUの「社会保障制度の調整に関する規則（規則883/2004）」などでは、外国に滞在する家族を国内に滞在するのと同様に取扱うなど、人の移動を促進する観点からの特別の措置が定められている。日本においても、外国人材の受け入れを拡大する観点からは、不適切な給付受給を防止するための措置だけでなく、対象とする国との間で協定を締結し、それに基づき労働者の移動に伴う不利益を解消するための措置を講じていく必要があると考えられる。

以上のように、日本において、多様な外国人が働き、生活する社会にふさわしい社会保障制度を構築していくためには、多くの課題への対応が必要である。このため、長年にわたり多様な外国人を受け入れ、同様の問題への対応に 豊富な知識経験が蓄積されている他の国の例も参考にしながら、必要な対応策を検討し、実施していくことが重要と考えられる。

［付記］

本稿は、松本勝明（2020）「外国人に対する社会保障 —— ドイツにおける基本的考え方」熊本学園大学社会関係学会『社会関係研究』25（2）、27-48頁に必要な修正及び追加を行ったものである。

［註］

1　出入国在留管理庁「令和5年末現在における在留外国人数について」(2024年3月22日 報道発表資料)及び厚生労働省「「外国人雇用状況」の届出状況まとめ（令和5年10月末時点)」による。

2　同法第2部第19章第1条は、「自ら生計を維持することができず、かつ、特別の法律に基づきその者の生計を維持する義務がある他の私人から扶養を受けることができない国民に食物を与え、面倒をみることは国家に帰属する」と規定していた。

3　欧州社会・医療扶助協定第1条は、社会・医療扶助に関して、他の締約国国民に対して自国民と同等の給付を行うことを締約国に義務づけている。また、難民条約第23条及び第24条は、締約国は、公的扶助及び社会保障に関し、合法的にその領域内に滞在する難民に対して自国民と同一の待遇を与えるものと規定している。

4　Richtlinie 2004/38/EG des Europäischen Parlaments und des Rates vom 29. April 2004 über das Recht der Unionsbürger und ihrer Familienangehörigen, sich im Hoheitsgebiet der Mitgliedstaaten frei zu bewegen und aufzuhalten.

5 Bayerisches Landeserziehungsgeldgesetz vom 16. 11. 1995, GVBl, S. 818.

6 BVerfG vom 7. 2. 2012 -1 BvL 14/07-.

7 基本法第３条第１項は「全ての人は法の前に平等である」と定めている。

8 BVerfG vom 7. 2. 2012 -1 BvL 14/07-, Rd. 41.

9 同法典は、総則（第１編）、求職者基礎保障（第２編）、雇用促進（第３編）、社会保険総則（第４編）、公的医療保険（第５編）、公的年金保険（第６編）、公的労災保険（第７編）、児童・青少年扶助（第８編）、障害者のリハビリテーション及び社会参加（第９編）、社会行政手続及び社会データ保護（第10編）、社会介護保険（第11編）、社会扶助（第12編）並びに社会補償（第14編）について規定している。

10 たとえば、公的年金保険からの年金の受給権者には、それに基づき公的医療保険に加入する義務がある（社会法典第５編第５条第１項第11号）。

11 家族被保険者は保険料負担なしに必要な給付を受けることができる。

12 Aufenthaltsgesetz vom 25. 2. 2008, BGBl. I S. 162.

13 外国人が公的な医療保険に加入している場合には、医療保険による十分な保障があるものとされる（第２条第３項第３文）

14 この場合の「公的な資金」には、児童手当、児童付加金、育児手当、両親手当、教育訓練促進給付、保険料に基づく給付（たとえば、公的医療保険及び公的年金保険による給付並び失業保険による失業手当）などは含まれない。

15 生計を維持することができるかどうかの判断にあたって、必要な生計費の額は社会扶助における基準生活費（Regelsatz）が基礎になると考えられている（Hailbronner, 2016：91）。

16 生活困窮者であって、就業不能あるいは通常の年金支給開始年齢を超えるものは、社会法典第12編が規定する社会扶助の対象となる。

17 外国人の場合には、就労が許可されている又は許可されると見込まれている必要がある（同条第２項）。

18 この場合の「労働者又は自営業者」には、EU市民であって、病気又は事故により一時的に就業能力の低下した者、非自発的失業状態にある者などが含まれる。

19 Bundeskindergeldgesetz vom 28. 1. 2009, BGBl. I S. 142.

20 外国で就労する被保険者がその間に同伴するあるいは当該被保険者を訪問する家族被保険者も同様に取り扱われる。

21 EU加盟国のほかに欧州経済領域（European Economic Area）に参加するアイスランド、リヒテンシュタイン及びノルウェーを含む。

22 Vertrag von Maastricht über die Europäische Union.

23 Vertrag zur Gründung der Europäischen Gemeinschaft.

24 この権利は、病気や事故で一時的に労働不能となるなど一定の場合には、労働者又は自営業者として活動できなくなった者にも認められる（第７条第３項）。

25 欧州連合司法裁判所によれば、自由移動指令における「社会扶助」は、国、地方又は地域のレベルで成立する公的に設けられた援助であって、自分及び家族の基礎的な需要を満たすために十分な生活の資を有しない個人が受給するものであり、そのために滞在期間中に受入加盟国の公的財政に負担をかける可能性のあるものである(EuGH, Urteil vom 19. 9. 2013, Rs. C-140/12 (Brey))。

26 EU運営条約に基づきEU自身が制定する法の中でも、「規則」はすべての加盟国に直接適用されるのに対して、「指令」はその実施措置を講じることが加盟国に委ねられている。

27 Gesetz über die allgemeine Freizügigkeit von Unionsbürgern vom 30. 7. 2004, BGBl. I S. 1950.

28 Verordnung (EG) Nr. 883/2004 des Europäischen Parlaments und Rates vom 29. April 2004 zur Koordinierung der Systeme der sozialen Sicherheit.

29 この規則に基づく調整の実施手続きは、「社会保障制度の調整に関する規則の実施方法の定めに関する規則(規則987/2009)」(Verordnung (EG) Nr. 987/2009 des Europäischen Parlaments und des Rates vom 16. September 2009 zur Festlegung der Modalitäten für die Durchführung der Verordnung (EG) Nr. 883/2004 über die Koordinierung der Systeme der sozialen Sicherheit) により定められている。

30 この調整制度の詳細については、松本(2018:27)を参照。

31 国内に住所があることに基づき加入義務が生じる国民健康保険の場合には、3ヵ月を超える在留資格のある外国人に対して加入義務が課されている。

[参考文献]

加藤智章・菊池馨実・倉田聡・前田雅子(2019)『社会保障法(第7版)』有斐閣

堀勝洋(1994)『社会保障法総論』東京大学出版会

松本勝明(2018)『労働者の国際移動と社会保障 —— EUの経験と日本への示唆』旬報社

松本勝明(2021)「EU市民権と社会給付の受給」熊本学園大学社会関係学会『社会関係研究』26(2)、pp. 75-100.

Becker U. (2017) Migration und soziale Rechte, *ZESAR*, 2017, S. 101-108.

Janda C. (2012) *Migration im Sozialstaat*, Tübingen.

Hailbronner K. (2016) *Asyl- und Ausländerrecht*, 4. Aufl., Stuttgart.

Kingreen T. (2010) *Soziale Rechte und Migration*, Baden-Baden.

Kingreen T. (2018) Ruhe des Anspruchs, in Becker U., Kingreen T. (Hrsg.), *SGB V*, 6. Aufl., München.

第4章
市民権と労働

西﨑 緑

はじめに

1980年代後半からのEU統合の動きと1990年前後から顕著になった経済活動のグローバル化により増加した移民・外国人労働者の受け入れという社会情勢の変化を背景として、市民権（シティズンシップ）に対する関心が高まってきた。EUの統合は、域内の住民に対する権利保障の範囲、さらに国境を越えて幅広い地域を移動する労働者に対して何をどこまで保障すべきか、という課題を生起させた。一方、移民・外国人労働者の受け入れについては、彼らをどのようにホスト社会は取り扱っていくのか、特に普遍的な人権尊重の概念との整合性をどのように図っていくのか、という問題を生じさせた。そして、市民と国民をほぼ同義に取り扱ってきた第二次大戦後の福祉国家は、国家の主権の範囲についても再検討を要することになったのである[1]。そこで国を単位としない（すなわち国籍によらない）社会的統合のために、改めて市民権が注目されるようになったのである。

本稿では、期間の長短にかかわらず国境を越えて他国で暮らす人を広義の「移民」と捉え、彼らが生存のために働く権利（労働権）がいかなる論理によって保障されるのか、また「市民」として主体的にホスト社会に参加する権利がどのような過程を経てどのような形で実現しているのかについて考察する。

第1節では、市民権とは何かをその思想的歴史と市民権概念の変遷を辿り、現在の市民権の在り方と内容について考える。第2節では、移民・外国人労働者の受け入れについて、どのような政策があり、また受け入れ制度を作ってきたのか、第3節では、移民の受け入れと福祉国家の持続性について検討していくこととする。

1　市民権とは何か

市民権（シティズンシップ）について、まず社会学・社会政策学の論者、T.H. マーシャルの捉え方を見ておこう。マーシャルは、市民権を「ある協働社会の完全な成員である人々に与えられた地位身分である」と定義し、「この地位身分を持っているすべての人々は、その地位身分に付与された権利と義務において平等である」と述べる[2]。彼は、市民権が18世紀の市民的権利（個人の自由のために必要とされる諸権利）、19世紀の政治的権利（選挙権）、20世紀の社会的権利（経済的福祉と安全の最小限を請求する権利、社会的財産を分かち合う権利、文明市民としての生活を送る権利、教育の権利）へと発展し結合した形が整ってきたと言う[3]。一方、この権利に対して市民は、納税、保険料拠出、教育、兵役の義務を負い、共に市民社会を支えてきたのだと言う[4]。このようにマーシャルは、市民権をイギリスにおける市民の権利拡大の歴史という観点から説明したのであった。

ところが現在進行中のグローバリゼーションとの関連で市民権を検討するには、一国の歴史にとどまらない検討が必要であり、時間と空間を拡大した上で市民権の思想的系譜を整理する必要がある。そこで本節では、①市民権思想の系譜、②市民権の国際比較、③移民・外国人と市民権の3項目を中心として検討することとする。

市民権思想の系譜

市民権の系譜を辿ると、古代ギリシアの都市国家アテネまで遡る。アテネでは、紀元前6世紀末までに「市民」が民会や民衆裁判所を通して多数決による意思決定を行う直接民主政治の社会システムが成立していた。この「市民」とは、当初は父親がアテネ人であるということが条件であり、母親が外国人でも認められた。しかし紀元前451年のペリクレスの市民権法が定められて以後、両親ともアテネ人である嫡出の男子に限定された。「市民」には参政権が平等に与えられていたが、女性や庶子（ノトス＝内妻の産んだ子）には参政権も相続権も与えられなかった。[5] また在留外人（メトイコイ）にも参政権や財産権が与えられなかった。その上、奴隷制度も存在していたので、社会階層、身分、性別によって「市民」から排除された人間が多数存在していた。それでもアテネの「市民」は、基本的人権を持つ近代的市民とは異なってはいても、市民権を有する者が自由に政治に参画し、公職を選び、時には弾劾裁判に参加するという権利と義務を平等に持つことが認められていた点で、市民権思想の源流となったとみなすことができよう。

やがて市民権の範囲は、ローマによって拡大されていく。同じ地中海の都市国家古代ローマは、当初アテネと同様にローマ居住の自由人にのみ完全市民権を認めていたが、紀元前88年イタリア同盟市戦争の鎮圧の必要性から、同盟市の市民にも市民権を認めることとなった。そしてローマの勢力の拡大とともに、市民権をイタリア半島の全イタリア人に認めるようになった。[6] さらにローマの市民権は、ローマが世界帝国になるまで拡大し続けた。212年、カラカラ帝が出した勅令（万民法）で、帝国内のすべての自由人にローマ市民権が与えられ、ローマ法がすべての人に適用されることとなった。これによって帝国内の外人（ペレグリーニ）にもローマ市民権が与えられて外人ではなくなり、奴隷ではない自由人はすべてローマ市民となった。カラカラ帝の意図は、市民権付与によって相続税の増収を図るのみならず、すべての自由人を皇帝の宗教的権威に従わせ、忠誠を誓わせるところにあった。こうして市民権を持つ者はすべて平等な帝国臣民として皇帝の権威に服する者となったのである。[7]

ヨーロッパにおける市民権の自由主義的捉え方は、1789年7月のフランス革命を起源とする。市民によって実行された革命は、国の主権を国王から国民に委譲させるものであった。この時点で、国家の主権者は国民であって、外国人は含まれていない。しかしながらそのことは外国人を社会の公的領域から完全に排除することを意味していたのではない。1789年8月4日に起草された国民議会の宣言第1条では、「人は、自由かつ権利において平等に生まれ、存在する」と述べられており、「人」は外国人も含むすべての人間と捉えることが自然である。つまり「人」である限り、外国人も国民も平等に人権が保障されることがうたわれていたのである。このような普遍主義的な市民の概念は、外国からの脅威が意識されるようになると弱まり、やがて国への忠誠を契約によって明らかにする「国民（ナショナル）」（国籍保有者）が重視されるようになった。そしてロベス・ピエールが革命的措置として2名の外国出身議員を国民議会から追放したことにより、外国人排除の論理は決定的なものとなった[8]。

市民権と国民国家とのつながりがより顕著になるのは、19世紀になってからである。この時期、複数の民族からなる国家も建設され、「市民」としての法的身分を国民に平等に与えることとしたため、市民権と国民とがより強く結びつくようになった。特に、国民国家の場合には、主権者である国民に自らの命と財産を守る権利と義務があり、徴兵制（国民皆兵による市民武装）が当然のこととして制度化された。このように国民国家の成立によって「市民」＝「国民」という意識と愛国心が醸成され、強化されていった。第一次世界大戦および第二次世界大戦という二つの大きな戦争では、徴兵された者だけではなく、非戦闘員の一般市民も大きな犠牲を払った。それゆえ第二次世界大戦後の国民国家は、国民すべてに対してその犠牲に報いる補償、平時の生活不安を取り除く雇用の安定、さらに社会保障制度を備えた「福祉国家」を建設する必要があったのである。

市民権の国際比較

①EUによる市民権の拡大

福祉国家に共通する完全雇用政策と社会保障制度は、その核となる考えについては普遍性を有していたが、実際の制度設計は国境を越えるものではなく、あくまでも当該国の国民に対して提供されることを想定していた。ところが1960年代以後、人々の移動が頻繁に起きるようになると、国民ではない定住者が増加するようになった。

西欧諸国では、1960年代の経済発展と好景気によって労働力不足が深刻になり、それを補うためにイタリア、スペインなどの南欧諸国やトルコから多くの労働者を受け入れるようになった。これらの外国人労働者は、あくまでも出稼ぎ労働者（Gust Arbeiter）とみなされていたが、彼らは1970年代の不況下でも帰国せず、家族を呼び寄せて定住するようになった。また、旧宗主国のイギリス、フランス、オランダなどでは、市民権を持つ旧植民地の住民が、1960年代に植民地が次々に独立した後も、宗主国の市民権を維持するために母国に帰らずに宗主国に引き続き居住することも見られた。さらに冷戦による世界の政治状況から発生する難民も西欧諸国が受け入れてきた[9]。

これらの人々の定住を欧州（とりわけ西欧）諸国が認めてきたのは、第二次大戦後に再出発した国民国家が、ファシズムや戦争への反省から人権を重視する人道的国家となっていたからである[10]。ただし、外国籍の定住者に対して、どの程度「市民」と同様の待遇を認めるかについては、やや議論の余地を残す。梶田孝道は、人権の保障について国籍と市民権の関係を、①国籍モデルの修正（帰化の促進や二重国籍の容認など）、② T. ハマーが提起した「デニズン・モデル」（定住者を国民と外国人の中間に置くもの）、③ Y. N. ソイサルが主張する「パーソンフッド・モデル」（国民であることより人であることを優先する国際人権レジーム）の三類型に整理している[11]。市民権の問題は、移民の統合という課題を抱えたヨーロッパにおいて、いかに社会の統合を成し得るのか、ホスト社会である国民国家がどのように変化することが可能なのかという課題を20世紀末まで提起し続けた。

その後1993年11月にヨーロッパ連合条約（マーストリヒト条約）が発効し、EU 市民権が創設された。条約第8条によれば、EU 加盟国の市民は、① EU 域内を自由に移動し居住する権利、②居住先加盟国における地方自治体選挙および EU 議会選挙における選挙権および被選挙権、③国籍を有する加盟国が代表を置いていない第三国において、他の加盟国の外交または領事機関による保護を受けられる権利、④ EU 議会への請願権およびオンブズマンへの申立権、⑤ EU 諸機関などに EU の公用語のうちいずれの言語でも手紙を書くことができるとともに、同一の言語で返事を受け取る権利を有している[12]。

2017年時点で EU 市民権を有する者には、EU 域内の移動および居住の自由が保障されている。これは、労働者だけに与えられた権利ではなく、年金生活者や学生などにも与えられた権利である[13]。EU 市民と共に生活する家族であれば、市民権を持たない者にもEU市民に準じた域内移動の自由が認められている。このようなことが可能になったのは、EUの基本目標が物、資本、サービスと並んで人の自由移動を目指していたことによる。域内国境における検問の廃止とそれに伴う域外国に対する共通の国境管理とビザ政策は、ベルギー、フランス、西ドイツ、ルクセンブルク、オランダの5ヵ国によって1985年に調印されたシェンゲン協定から始まった。その後、徐々にシェンゲン圏は拡大し、脱退したイギリスを除くすべてのEU加盟国およびEU域外のアイスランド、ノルウェー、スイス、リヒテンシュタインにも拡大した。そして1997年のアムステルダム条約（EU基本条約）によって、シェンゲン協定がEU基本条約に取り込まれ、国境管理、難民庇護および移民政策、民事司法協力が、政府間協力組織が担う第三の柱から超国家的組織が担う第一の柱に移行した。[14]

域内では人の移動の自由や、統一通貨のユーロを用いているとは言え、EU市民権はあくまでも加盟国の国籍に付随する資格である。EU市民権の保持者が自らの国籍国へのアイデンティティと同程度にEUへの帰属意識を有しているかといえば、必ずしもそうではない。またEU市民としてのアイデンティティを他国のEU市民と共有しているとも言い難い。それゆえイギリスのように国民投票で離脱を決意し、EU市民権を放棄する事態が起きるのである。つまりEU市民権は、市民権を国籍とほぼ同義に用いているアメリカ、カナダなどにおける市民権とは大きく異なるのである。

②アメリカ、カナダの市民権

アメリカとカナダは、いずれもヨーロッパからの移民を核として建設された国家である。建国の民である移民たちは、当初から先住民をその構成員としてカウントせず、国家共同体の市民として認めなかった。一方先住民側は、移民が設立した政府を必要とせず、その支配下に入るつもりもなかった。彼らは、ヨーロッパからの移民が到着する以前に、すでに政治共同体としての自治政府を持ち、独自の言語、習慣、文化、社会規範による統治を行っていたからである。[15]

アメリカは、独立戦争によって一気に独立を達成し、合衆国憲法を制定して独自の政治体制を確立した。独立戦争2年目の1776年7月4日に開催された大陸会議において全会一致で採択された独立宣言の冒頭には、「すべての人間は生まれながらにして平等であり、その創造主によって、生命、自由、および幸福の追求を含む不可侵の権利を与えられている」とうたわれている。この宣言は、トーマス・ジェファーソンが起草し、ベンジャミン・フランクリンとジョン・アダムズによって修正された。ジェファーソンは、ジョン・ロックによって提唱されていた自然権と個人の自由を重視し、専制君主によってそれが阻害される場合には、人々は革命を起こす権利を持つとしていた。このような人民主権の考えは、合衆国憲法にも継承され、今日に至っている[16]。ただし、この段階での合衆国市民の資格は、州市民の資格に付随するものであり、州市民として認知されていなかった黒人奴隷は、合衆国市民として認知されなかった。外国からの移民についても、州境管理権限を持つ州政府が実質的出入国管理を行っていたので、州によって市民と認める基準が異なっていた[17]。

1780年当時、アメリカ市民の75%はイギリス系またはアイルランド系移民とその子孫であった。米国最初の移民関係法「帰化法」(1790年)が「自由な白人であれば、いかなる外国人も米国に入国して市民になることを認められる」と定めてからは、ユダヤ人、ドイツ人、東欧や南欧からの移民が大挙してやってきた。

南北戦争後の1866年に制定され68年に批准された合衆国憲法修正第14条では、「法の下の平等」が定められ、アフリカ系アメリカ人も含む合衆国に生まれたすべての者は合衆国市民であるとされた。これにより市民としての承認と地位と権利の付与は、合衆国政府が州政府に優越することとなった[18]。南部各州での実態はともかくとしてアフリカ系アメリカ人には、このように市民となる道が開かれたが、アジア人の排除(1882年中国人排斥法)や東欧や南欧からの移民制限(1924年移民規制法)が行われたように、移民の帰化には人種差別が残された。その後、1952年には移民及び国籍法が制定され、職業能力や家族関係等を基礎とする四つの優先順位の順にビザを割り当てることとなり、アジア系移民の禁止が解かれた。また1965年改正移民法では、出身地域による割当制度が廃止され、人道主義的な原理が取り入れられて離散家族の再統合に高い優先順位が付けられるようになった。これらの移民法制の「自由化」の結果、国内のアジア系移民が急増することとなった。[19]

2020年時点で総人口（3億2656万9308人）に占める外国出生者は、4412万5628人であり、その割合は13.5%であった。このうち帰化した市民は2245万6684人（50.9%）、市民以外の外国人は2166万8944人（49.1%）であった。[20]移民が市民権を申請する場合には、規定の国内居住年数を満たしていること、重罪の有罪判決を受けていないこと、移民局の判断でその人物が健全な精神を持っていると判断されること、アメリカ合衆国憲法に関する知識があること、老齢者や障害を持つ者を除き英語を理解し話せることなどの条件が課せられている。重国籍も認められているので、アメリカ市民となった者が外国で当該外国籍確保の手続きを取っても、アメリカ市民権を喪失することはない。さらに移民2世以降については、合衆国憲法修正14条により、アメリカの領土内で出生する者には、生得権としての市民権が付与されている。

一方カナダの建国は、アメリカとは異なり、イギリス本国との関係を重視しつつその政治的伝統を継承しながら時間をかけて平和的に自立の歩みを進めてきた。（初代・第3代首相ジョン・A・マクドナルドも含む多数派である）自治領カナダのイギリス系住民は、国王への忠誠を誓うイギリス臣民としての自覚を有し、隣国アメリカとは一線を画する姿勢を見せていた。この時点でカナダの市民権は、イギリス法制度に基づくものであり、1772年のイギリス国籍法、1844年外国人法によって定められていた。前者は、1914年帰化法まで、父が生来のイギリス臣民であれば植民地や外国で生まれた子と孫はイギリス臣民の身分を獲得するというものであった。後者は、帰化が認可されれば生来のイギリス臣民としての身分を獲得したほか、イギリス臣民と結婚した女性にも自動的にイギリス臣民としての身分を与えるものであった。[21]

「カナダ市民」という用語が登場するのは1910年の移民法である。これはあくまでも移民受け入れの条件を厳格化するための法であり、明確なカナダ市民権を定めたものではなかった。1946年の市民権法では、カナダ国民を規定してはいたが、カナダ国民はイギリス臣民であるとの規定もあったので、イギリス臣民からカナダ市民が分離独立したものではなかった。それが分離したのは、1976年の市民権法によってである[22]。そして1982年のイギリスにおける「カナダ法改正」とそれに続く「カナダ憲法の成立」により、カナダは完全な独立国家となったので、名実ともに市民権と独立国が一致することとなった。現在では、フランス語圏のケベック州の分離独立問題や先住民の権利の問題、香港返還に伴う中国系移民の激増などの問題を抱えつつも、カナダは積極的に移民・難民を受け入れて労働人口を増やそうとしている。2016年時点での総人口3611万人、そのうち外国出生者数は、750万人で21％であった[23]。2023年に受け入れた永住者は47万1771人、非永住者（外国人労働者や留学生）は80万4901人であった[24]。

なお、アメリカもカナダも重国籍を認めており、市民権を獲得しても出身国の法律で禁止されていなければ、出身国の国籍を保持することができる。また外国に居住していても自主的に市民権を放棄しない限り、市民権を保持することができる。

移民・外国人と市民権

①国籍と市民権

日本では、父母両系の血統主義を採用しており、日本以外で生まれた場合でも父母のどちらかが日本国籍を有していれば日本人として認められる。ただし日本は重国籍を認めていないため、18歳に達する以前に重国籍になった場合には20歳に達するまで、18歳に達した後に重国籍となった場合、重国籍となった時から2年以内にどちらかの国籍を選択する必要がある[25]。

外国人が日本人とまったく同じ市民的権利（思想信条の自由、法の下の平等、財産権、参政権、政治的団結権、社会権）を行使できるようになるためには、「帰化」以外に方法がない。帰化のためには、以下の6つの条件が必要である。

1. 住所条件：適法な在留資格を持った上で継続して5年以上日本に住んでいること。

2. 能力条件：18歳以上で本国の法制でも成人に達していること。
3. 素行要件：素行が善良であること。素行が善良であるかどうかは、犯罪歴の有無・態様、納税状況、社会への迷惑の有無等を総合的に考慮し、社会通念に照らして判断される。
4. 生計要件：収入に困窮することなく、日本で生活できること。生計を一にする親族単位で判断されるため、本人が無収入であっても、配偶者その他の親族の資産・技能で生活できれば支障はない。
5. 重国籍防止要件：無国籍であるか、帰化によって本国の国籍を喪失すること。場合によっては、この要件を満たしていなくても帰化が許可されることがある。
6. 憲法遵守要件：日本政府を暴力で破壊することを企て又は主張する者、あるいはそうした団体を結成又は加入している者は帰化が許可されない。

なお日本語能力は上記6条件に入っていないが、帰化手続きに必要な書類はすべて日本語であるため、日常生活に支障のない程度の会話と読み書きの能力が必要である[26]。

就労目的で在留が認められる外国人の分類には、①定められた範囲で報酬を受ける活動が可能である者（別表1の資格：a 外交、b 公用、c 教授、d 芸術、e 宗教、f 報道）（別表2の資格＝上陸許可基準の適用ありの就労資格：a 高度専門職1号・2号、b 経営・管理、c 法律・会計業務、d 医療、e 研究、f 教育、g 技術・人文・知識・国際業務、h 企業内転勤、i 介護、j 興行、k 技能、l 特定技能1号・2号、m 技能実習）、②身分に基づき在留する者で活動に制限がなく、さまざまな分野で報酬を受ける活動が可能である者（a 永住者、b 日本人の配偶者・実子・特別養子、c 永住者の配偶者と日本で出生して在留する実子、d 日系3世などの定住者）、③その他の在留資格者（ワーキングホリデーや EPA に基づく看護師・介護福祉士候補者など）がある。

非就労資格には、「文化活動」、「短期滞在」、「留学」、「研修」、「家族滞在」、「特定活動」の6種類がある。ただし、「特定活動」については、就労することが認められているものもある。

近代国家では、国民国家が想定されているため、一般に市民権の対象には国民が想定されている。日本も例外ではない。しかし少子高齢化が進む先進国では、労働力不足を補うために移民の受け入れが進んでいるため、二重国籍を認めているのに対して、日本ではまだそこまで国籍を拡大する議論にはなっていない。

②外国人と社会権

これまで国籍と市民権の関係を考えてきたが、ここで日本国籍を持たない人の人権について考えてみたい。人権は人である以上誰にでもあるもので、普遍的なものである。換言すれば、国籍、居住地、民族、出自に関係なく保障されるべき権利である。人権に関する国際的に共通する法的枠組みは、世界人権宣言の内容を条約化した国際人権規約に基づくと理解されている。このうち社会権規約を国際人権A規約、自由権規約を国際人権B規約としており、1966年の第21回国連総会において採択され、1976年に発効した。日本は1979年に国際人権規約（A規約とB規約）を批准している。

具体的に日本では、外国人にA規約の社会権（労働、社会保障、教育保障、文化）を保障しているのであろうか。たとえば憲法第25条の生存権保障は、外国人にも適用されるのだろうか。憲法第25条2項では、「国は、すべての生活部面について、社会福祉、社会保障及び公衆衛生の向上及び増進に努めなければならない」と生存権保障のための国家責任を明らかにしている。ここで気になるのは、国の責任は外国人にも及ぶのかということである。社会保障制度一般については、日本が難民条約を批准した1982年以来、外国人にも適用されるようになったが、まったく同じというわけではない。ただし生活保護制度については、最高裁は2014年7月に「外国人は生活保護法の対象外」と判断している[27]。それまで各自治体は旧厚生省の1954年の通知[28]に基づき、人道的な観点から、外国人に対して不服申し立て以外の生活保護法の規定を準用してきた。しかし1989年の入管法改正によって現在の在留資格の基礎が作られ、新規に入国する外国人が「労働可能」である者に限定されると、生活保護は1990年から定住者や永住者などに限って適用されるようになり、それ以外の外国人には原則適用されなくなった[29]。

普遍的な人権であるはずの社会権が一部の外国人に保障されないことを、どのように合理化できるのだろうか。その点については、長年有力な学説として採用されてきた宮沢俊義の学説では、「健康で文化的な最低限度の生活を営む権利（中略）は、基本的人権の性格を有するとされるが、それを保障することは何より、各人の所属する国の責任である。日本が何よりもまず日本国民に対してそれらの社会権を保障する責任を負うことを意味する。外国人も、もちろん、それらの社会権を基本的人権として享有するが、それを保障する責任は、もっぱら彼の所属する国家に属する」という［宮澤1974: 241］。すなわち外国人も、社会権を基本的人権として享有するが、それらを保障する責任は、もっぱら彼の所属する国家に属するという解釈は、多くの憲法学者に共通する認識であり、生活保護が外国人に適用されないということは、通説となっていた［堀1996: 344］。

憲法25条の生存権が外国人に適用されるかについては、最高裁のマクリーン判決（最大判昭和53・10・4・民集32・7・1223）によって、権利の性質によるとされている[30]。また近年の在留外国人の増加により、定住する外国人には適用すべきという意見が法学者の間でも強くなってきている。たとえば芦部は、「生存の基本にかかわるような領域で一定の要件を有する外国人に憲法の保障を及ぼす立法がそもそも社会権の性質に矛盾するわけではないのである。我が国の場合には、特に永住権を持つ在留朝鮮人・台湾人については、日本国民に準じて取り扱うのがむしろ憲法の趣旨に合致する、といわなければならない」と述べている［芦部1994: 137］。

このように専門家の間でも解釈が分かれる問題であるが、そもそも生存権の本質をどのように考えるべきなのだろうか。生存権は人間の生存を継続する権利であるから、普遍性を持つことに異論はないであろう。そのように考えると国籍要件は必然性を伴わない。国民であろうと外国人であろうと生存の保障はされるべきである。ただし、そのために国民の意思により国民が負担している社会保障制度を用いるということになれば、「その国家の基礎となっている社会の実質的な構成員であるかどうか」［藤井2008: 53］が問われてくるともいえる。社会権は自由権と異なり、国家の財政的裏付けがあって権利の実現が可能な権利だからである［後藤2013: 34］。

それでは生存権が脅かされる緊急のやむを得ない状況が生じたときには、どう取り扱えばよいのか。医療に関しては、医師法第19条1項の応召義務があるため、不法滞在の外国人であっても治療を行う公法上の義務が設定されている［堀1996: 349］。ただし非定住外国人の医療費を医療扶助によって支払う義務が国にあるかどうかについては、ゴドウィン訴訟判決（神戸地判平7.6.19判自139号58頁）によって否定されている［永野2015: 470］。

このように社会保障制度の適用について内外人の実質的な不平等は存在している。国籍要件が重視されるのは、「市民権」という概念が定着していない日本においては、外国人を「生活者」として社会の一員と認める合意が国民の中にできていないからといえる。これに対して、非正規入国外国人にも適用されている労災補償請求権との比較で問題にする意見もある。またアメリカの特別公共的利益理論に基づいて、「市民権や国籍いかんにかかわらず、すべて人として平等に扱われるべきである」と主張する法学者もあり［高橋1995: 30-31］今後の法的な展開を期待する必要があろう。

2　移民・外国人労働者の受け入れについての政策と制度

「移民」とは外国に定住すること、あるいは永住することを意図して行動に移す人たちのことである。国連統計委員会への国連事務総長報告書（1997年）では、移民の一般的な定義について「通常の居住地以外の国に移動し、少なくとも12ヵ月間当該国に居住する人のこと（長期の移民）」としている[31]。これに対して「外国人労働者」は、いわゆる一時的「出稼ぎ」の外国人労働者である。かつてドイツが「ガストアルバイター」と呼称してきたように、後者は、あくまでも一時的に外国に滞在して労働に従事している人であり、やがて本国の家族のもとに帰ることを意図している人たちである。両者は異なるが、出稼ぎ労働者を送り出す国の政情不安や経済の状況によっては、彼らが移民となる可能性もあることや、受入国の国民にとっては、一時的でも自国民以外の人が町に住んでいることには変わりがないので、ここでは移民・外国人労働者として一括して扱うこととする。

移民・外国人労働者の受け入れについては、メリット・デメリットの両方があり、その双方を考慮した上での政策と制度が必要となる。そこで、本節では、まず①グローバル化や世界の政情不安とともに増加する労働者の国際移動の現状を概括した上で、②移民・外国人労働者の受け入れのメリットとデメリットを整理する。さらに③日本と諸外国の移民・外国人労働者の受け入れのための政策と制度を比較し、④ILOが提示するILO労働力移動に関する多国間枠組みについても検討する。

グローバル化と労働者の移動

2021年6月にILOが発表した『ILO労働力移動世界推計――結果と方法論』第3版によれば、2019年に国境を越えた移民労働者は、世界の労働力の4.9%、1億6900万人であった[32]。このうち男性労働者は6割、女性労働者は4割で、女性労働者は低賃金・低技能職に多く従事していた。2017～19年の3年間に国境を越えた移民労働者数は、それ以前と比べると3%増えている。同じ期間に若者移民労働者（15～24歳）数も320万人（約2%増）増えている（1680万人となった）。

移民は、臨時的な仕事や家事労働者などのインフォーマルな仕事に従事している場合が多く[33]、その労働条件が苛酷で人権侵害を受けている場合も報告されている。男女ともに移民労働者はさまざまな暴力に遭遇する場合が多く、契約違反、説明もなく危険な仕事に就かされること、賃金の遅配や不払いなど、劣悪な労働条件を伴うケースが多数報告されている。特に女性労働者は、外国人に対する差別の上に性差別が加わることによって、虐待や搾取、身体的及び性的虐待に見舞われる場合が多い[34]。

たとえば、女性の家事労働者を多数送り出しているフィリピンでは、受入国や仲介業者の問題が報告されている。受入国のほとんどが家事労働者を労働法の適用外に置いていることから、標準的な労働条件が設定されておらず、長時間労働や契約違反が横行している。さらにプライバシーや食べ物が剝奪される被害が出ていることも問題となっている。人身売買や強制売春などの犯罪に巻き込まれる危険も警告されている［Simons 2023］。

それでは、移民送り出し国は、どのような事情で送り出しているのだろうか。フィリピンを例にとってみると、マルコス政権下の1974年にフィリピン政府は、外貨獲得のため移民労働者の排出を公式政策として発表した。以来政府は積極的にその政策を続けている。その背景には、政府の政策に不満を抱く若者を減らすという意図もあると言われている。国民にとっても、貧富の差が拡大したフィリピン社会で貧困層が中間層に上昇する機会は、家族の誰かが外国から送金する以外にないということや、高学歴の者が就ける専門職が少ないという事情もある。その結果、2022年には全人口の11パーセント、1183万人が海外で働いており、彼らのもたらす外貨は、年間310億ドル（4兆3619億円）を超えると言われている。そのためこれらの国外で働く労働者は、「現代のヒーロー」と政府によって称えられている。フィリピンからの移民労働者の行先で最も多いのは、中東のサウジアラビアやカタール、次いで香港、台湾、韓国、日本をはじめとするアジアの国である。特に中東の国々では労働者が頻繁に身体的・精神的暴力に遭うことはフィリピン国内でもよく知られているが、フィリピン政府が相手国に対して公的に労働者の保護を交渉することはなく、最悪の場合労働者をフィリピンに送還するだけである［Simons 2023］。

政府の直接的保護が期待できない場合、移民・外国人労働者が頼ることができるのは、送り出し機関である。「国際移動において経済成長は一定の水準に達するまでは，全体としての送り出し圧力を高めること，また個々人の移動意向はあくまで潜在的なものであり，実際の移動の実現に当たっては，送り出しを可能にする制度の存在が重要である」［是川 2020: 345］とも言われている。高学歴で外国語もある程度堪能なハイスキル労働者は、外国の労働市場の情報を自ら収集することができるが、低学歴・低技能労働者は、送り出し機関に頼らざるを得ず、高額な仲介費用を（時には家族や親戚から借金をして）支払って外国での仕事を得ることになる。最初から借金を背負っている移民・外国人労働者は、受入国での搾取に抵抗しづらい状況にある。それでも賃金の高い職にありつければ、仲介費用の高さや多少の搾取は大きな問題になりにくい。移民・外国人労働者の苛酷な労働条件は、二国間の協定などで仲介機関の規制が行われているにもかかわらず、移民を送り出す国と受け入れる国との間の経済格差や各国の事情といった構造的な要因によって生じている。二国間の協定などで仲介機関の規制が行われているが、移民を送り出す国と受け入れる国との間の経済格差や各国の事情により、移民・外国人労働者の苛酷な労働条件、構造的要因によって生じているのである［是川 2020: 347］。

先述のILOの調査によって世界全体の状況を見ると、国境を越えた移民労働者の3分の2以上が高所得国に集中しており、1億6900万人の37.7%に当たる6380万人が欧州・中央アジアで働いている。また25.6%に当たる4330万人が南北アメリカに移住している。このほかアラブ諸国とアジア太平洋地域で働く移民労働者は、それぞれ約2400万人であり、この二つの地域を合わせて全体の28.5%になる。アフリカには全体の8.1%に当たる1370万人の移民労働者が暮らしている。

問題は、それらの国々の経済を底辺で支えている移民労働者が、新型コロナウイルスがもたらした社会的危機の中で、それまで以上に追い詰められたことである。コロナ禍で移民労働者の一時解雇が真っ先に行われたことに加え、保健医療へのアクセスが十分でなかったために、移民たちは生存の危機に遭遇したのであった。多くの開発途上国では、若者の失業率が高いため、今後も移民労働者は増えていくことが見込まれる。移民・外国人労働者の受入国では、自国民同様の保健医療の機会が開かれ、人間らしく働きがいのある労働条件を享受できるような政策の整備が求められる。

移民・外国人労働者受け入れのメリットとデメリット

現在の日本社会において、移民・外国人労働者を受け入れる最大のメリットは、労働力の補填である。帝国データバンクの調査によれば、2023年度の人手不足を原因とした倒産は過去最多の260件に上った。また運送業や建設業の時間外労働に上限規制が適用されたことで労働力が不足する、いわゆる「2024年問題」の影響から、2024年1～6月で182件の人手不足倒産が起きている[35]。少子高齢化が進む日本では、国内のみでは労働力不足が起きており、特に季節的に集中して労働力が不足する農業や慢性的に人手が不足している宿泊・飲食といったサービス業の従業員の確保、さらに介護の分野でも労働力不足の解消に、移民・外国人労働者の受け入れが役立つと考えられている。

メリットの二番目は、社会保障制度の維持である。少子高齢化の影響は労働力不足だけではない。人口減に伴う社会保障制度の財源不足は、深刻な問題になりつつある。2024年度の社会保障関係費は、37兆7193億円と過去最大となり、一般会計予算の33.5%を占めた[36]。これは、2023年度の36兆9000億円から8500億円増え、政府が歳出の伸びを抑制した結果であるが、それでも自然増が今後も予測される。外国人労働者は、比較的若く、社会保障を支える側として貢献することが期待される。ただし、これについては制度の適用の問題を解決し、社会保障の権利性を国籍にかかわらずに認めるという決断をした上でのことといえる。

メリットの三番目は、インバウンドの需要に対応できることである。訪日外国人の数が近年大幅に増加しているが、英語や中国語などの他言語と日本語の双方を使ってコミュニケーションをとれる人材は、ますます必要になってきている。国は観光立国の実現を「21世紀の我が国経済社会の発展のために不可欠な重要課題」と位置づけて、観光立国推進基本法を制定し、その基本計画（第4次）では、訪日外国人旅行消費額の5兆円達成や訪日外国人旅行者数を2025年までに3200万人達成という目標を掲げている。2023年には、「新時代のインバウンド拡大アクションプラン」も発表している。これによれば、「ビジネス分野」、「教育・研究分野」、「文化・芸術・スポーツ・自然分野」の3つの分野でインバウンドの拡大と持続可能な観光立国を目指としている[37]。

メリットの四番目は、企業のグローバル化を図ることができることである。特に海外進出を考えている企業にとっては、マーケティング戦略を立てて実行していく上で、その国の文化や習慣、人々の考え方について知ることが重要になってくる。外国人が加わっていれば、情報収集や戦略立案、現地との調整などに活躍してもらえるし、日本人従業員への教育も進めることができる。それだけではなく、企業の中で異なった視点や発想が加わることによりイノベーションが進んでいくことが期待される。

一方、デメリットもある。まず文化の違いや価値基準の違いを理解していないと、誤解が生じやすい。時には、ハラスメント事案となることもある。こうしたコミュニケーションの難しさは、日本人との間に緊張状態を生み出す。たとえば、日本人の場合には、言外の意味を汲み取ることを暗黙の前提として職場のコミュニケーションが成り立っているが、外国人はそのような文化で育っていないため、具体的で明確な指示が必要である。同様のコミュニケーションの難しさは、生活者として地域社会に暮らす外国人と日本人との間においても起こりがちである。

二番目に、移民・外国人労働者が特定の地域に集中する場合には、地域社会の統一性や安定性に影響を与えることが懸念される。特に言語や習慣が日本人と大きく異なる人々が集中する地域では、地域のルールを変更しなければならない場合も出てくる。その結果、日本人住民からの反発も予想される。このような状態がエスカレートすれば、特定の地域において地域社会の統合が危機的な状態になり得る。

三番目に雇用の問題がある。外国人労働者に雇用を奪われて日本人が職を失ったり、社会全体の賃金が低水準で推移したりする場合には、社会全体の反発が強くなることが懸念される。医療や介護の場合、なんらかの理由で外国人労働者が一斉に辞職した場合、社会的混乱を引き起こすことも考えられる［中村2020: 32］。また外国人労働者を雇用する場合、手続きが煩雑であるため、雇用主の負担も大きい。

このように、移民の受け入れについては、今後の日本社会が直面する労働人口と社会保障の危機に対して、生産労働人口の増大という大きなメリットがあるが、デメリットも存在しているため、安易な受け入れはリスクを伴うともいえる。

日本における外国人労働者の受け入れ制度(の変遷)と諸外国における移民・外国人労働者政策

①日本における外国人労働者受け入れ制度

日本の外国人労働者受け入れ策は，高度な知識や技術を持つ者については制約なしに受け入れ可能だとしてきた。しかし実質的には単純労働での受け入れも行われている。まず単純労働の受け入れ枠組みとして、技能実習制度が1993年に導入された。技能実習制度は、国際貢献のため、開発途上国等の外国人を日本で一定期間（最長5年間）に限り受け入れ、OJTを通じて技能を移転する制度である。入国直後の講習期間以外、技能実習生には、雇用関係の下、労働関係法令等が適用されている。職種別では、①建設関係（21.9%）②食品製造関係（19.0%）③機械・金属関係（14.4%）が多くなっている。このように技能実習制度は、実質的には労働力不足の分野における単純労働者の補充の意味を持っていた。2023年末時点で日本国内の技能実習生数は、40万4556人で、前年比では7万9616人増加している。[38]

単純労働者の受け入れは、その後2018年には、在留資格（特定技能1号と2号）が入管法を改正して導入され、2019年4月から受け入れが可能となった。特定技能制度は、国内人材を確保することが困難な状況にある産業分野において、一定の専門性・技能を有する外国人を受け入れることを目的とする制度である。特定技能1号の具体的な特定産業分野は、「特定技能の在留資格に係る制度の運用に関する基本方針について」及び「特定技能の在留資格に係る制度の運用に関する方針について」（ともに2018年12月25日閣議決定、2022年4月26日一部変更）で、①介護、②ビルクリーニング、③素形材・産業機械・電気電子情報関連製造業、④建設、⑤造船・舶用工業、⑥自動車整備、⑦航空、⑧宿泊、⑨農業、⑩漁業、⑪飲食料品製造業、⑫外食業の12分野が定められている。特定技能2号は、特定産業分野に属する熟練した技能を要する業務に従事する外国人向けの在留資格で、2023年8月31日の関係省令施行により、受け入れ分野は下線の11分野（介護以外の特定産業分野）において受け入れ可能になった。[39] 特定技能1号は、1年を超えない範囲での契約となるが、特定技能2号になると最長3年の契約が可能で、条件を満たせば家族の帯同も認められている。

特定技能の受け入れ先の条件としては、①外国人と結ぶ雇用契約が、報酬額が日本人と同等以上であるなど適切なものであること、②受け入れ先が、5年以内に出入国管理法違反や労働法令違反がないなど、適切に運営されている企業等であること、③外国人が理解できる言語で支援することや、日本語学習の機会を提供するなどの支援体制があること、④外国人を支援する計画が適切であること、が定められている。

特定技能は受け入れ人数の制限はないが、2024年2月末時点で、特定技能の在留資格で日本に在留する外国人の数は約22万4千人であり、受け入れ予測の3分の2程度である。政府は、2024年から5年間に82万人の受け入れを閣議決定（2024年3月29日）しているが、特定技能を希望して来日する外国人数とは乖離がある。

これまで導入されてきた二つの単純労働者受け入れ制度のうち、技能実習制度には、外国人技能実習生の人権侵害や搾取、悪質な労働管理などの問題が数多く報告されている[40]。2022年4月15日には、日本弁護士連合会（日弁連）が内閣総理大臣、出入国在留管理庁長官、衆参両院議長などにあてて「技能実習制度の廃止と特定技能制度の改革に関する意見書」を提出し、制度の欠陥を指摘するとともに技能実習制度を早急に廃止することを求めた[41]。日弁連によれば、職場移転を制限する制度構造が悪質な人権侵害の温床となっていることや、送り出し機関による保証金や規定を超える高額手数料の徴収などがあり、来日前に高額な借金を作って来日していることが問題であるとしていた。結局、2023年11月22日の技能実習制度及び特定技能制度の在り方に関する有識者会議の最終報告書を受けて、2024年3月15日に政府は、従来の外国人技能実習制度は廃止し、新たに育成就労制度を創設することを閣議決定した。

2024年6月14日、「出入国管理及び難民認定法及び外国人の技能実習の適正な実施及び技能実習生の保護に関する法律の一部を改正する法律（令和6年法律第60号）」が成立し、同月21日に公布された[42]。これにより技能実習に代わる新たな制度「育成就労」は、2027年から3年間の移行期間をもって実施されることとなった。本来は帰国を前提として、通算最長5年の在留が認められた技能実習の在留資格であったが、育成就労制度では、特定技能への移行を前提とする原則3年以内の在留資格となった。また技能実習の12分野に新たに育成就労で追加される分野は、自動車運送業、鉄道、林業、木材産業であるが、全分野に受け入れ人数が制限されることとなった。外国人自身の意志による転籍の範囲も拡大され、以下の条件があれば転籍できることとなった。

・転籍先の機関が同じ業務区分であること、
・元の受け入れ機関での就労が一定の期間以上であること、
・技能検定試験基礎級と一定の水準以上の日本語能力試験に合格していること、
・転籍先の機関が育成就労を適正に実施する基準を満たしていること、
・転籍先の機関において新たに育成就労計画の認定を受けること、

法改正によって実際に外国人労働者の人権が守られるようになるかどうかについては、「働かせる側の意識が変わらないと変わらない」という意見があり、実際に転籍によって待機状態を余儀なくされるなどの問題も生じている。また育成就労の3年間に加え、そこから一段階上がった「特定技能1号」の5年間も合わせて計8年間は家族を帯同できないことは、外国人の人権を保障したことにならない。同法律が永住者の永住資格取り消し要件を拡大したことも、日本に定着後の外国人の人権を簡単に奪うものであり、外国人との共生からは程遠い内容となっている[43]。

②諸外国における移民・外国人労働者政策

移民受け入れに積極的な国々では、受け入れのメリットとデメリットのバランスをとりつつ移民を受け入れている。たとえばカナダでは、経済移民やカナダ市民権保持者の家族、難民などを含む「永住移民」を年間約40万人受け入れている。高度労働技能を有する永住移民は、語学力、労働技能の有無、年齢等を考慮した審査を受ける。事業主が決まっている場合には、事業主が雇用・社会開発省による雇用認証（労働市場影響評価）を受ける必要がある。

永住目的の移民受け入れに加えてカナダ政府は「臨時外国人労働者プログラム」と「国際移動プログラム」により一時的な労働許可制度を実施している。前者には、①国内の労働者で充当することができない分野に限定する、②事業主からの申請に基づき地域の労働事情や国内労働者への影響を連邦政府（雇用・社会開発省）が審査する、③事業主のもとでの労働需要がなくなれば労働許可は更新されず帰国する、という条件が付されている。この制度は、国内労働者の犠牲を回避するために2014年度に大幅な改正が行われ、以後、年間約7万8千人から9万8千人を受け入れている。これに加えて、職種をあらかじめ指定した季節農作業労働者が5～6万人が就労している。

国際移動プログラムは、北米自由貿易協定（NAFTA）やワーキングホリデーなどの二国間協定によるものに加えて、カナダの経済発展に貢献する技術や知識を持つと判断される外国人労働者に就労を許可するものである。2019年には36万人、2020年には24万人がこの枠で就労している[44]。

アメリカでは、外国人労働者の入国と滞在については、ビザ・システムにより一元的に管理されている。2022年会計年度の雇用関係の移民ビザ（グリーンカード）の人数枠は28万1507人であり、a. 卓越技能者、b. 知的労働者、c. 専門職、熟練労働者、d. 特別移民（宗教関係者）、e. 投資家の順で優先順位が設けられている。なおbとcについては、米国内の使用者が雇用証明を出し、使用者がビザ申請を行うことが必要となる。

非移民ビザでは、科学、薬学、医学・衛生、教育、生物工学、ビジネスなど特殊技能を要する職業に学士以上の資格を有して従事する専門的・技術的分野（H-1Bビザ）があり、年間6万5千人の受け入れ枠が設定されている（米国内で修士以上を取得の場合には別途2万人の枠がある）。また使用者は、国内の労働者の条件を悪化させないために、外国人労働者の賃金、労働条件等について労働条件申請書を連邦労働省に提出し、許可を得る必要がある。

専門職・技術職以外では、農業の一時的季節的労働者（H-2Aビザ）と農業以外の一時的季節的労働者（H-2B ビザ）がある。これらは労働市場テスト（国内労働市場では求人が充足できないことを確認すること）を必要とする。後者では、年間6万6千人の枠が設定されている。[45]

EU においては、具体的な労働条件、受け入れ人数、労働市場への参入については加盟国に委ねられているが、少子高齢化による労働力人口減少に対応し、経済圏以外との関係における競争力維持の観点から、移民政策における共通政策策定権限が認められている。2005年、EU の政策執行機関である欧州委員会は、「合法的移民に関する政策プラン」を公表した。[46] このうち①EU ブルーカード指令（2009年成立）では、高技能労働者を対象に入国手続きを簡素化した上で家族の帯同も可能とし、労働条件、社会保障、教育・職業訓練について域内国民と同等の待遇を提供することとした。②季節労働者に関する指令（2014年成立）では、農業や観光業など季節労働者の不足を補うために雇い入れられた外国人労働者に対する保護が規定されている。年間5〜9ヵ月までの間で設定された滞在期間中、外国人労働者は労働条件や社会保障（失業手当と家族手当を除く）を域内国民と同等とすることや適切な住居が与えられることが規定されている。③企業内転勤者（Intra-corporate transfer、ICT）に関する指令（2014年成立）では、多国籍企業グループに勤務する、EU 域外の第三国の国籍を有する管理職（manager）と専門職（specialist）、および研修生（trainee）が EU 域内の拠点への転勤を命じられた場合の労働・滞在許可の枠組みを定めている。管理職と専門職は3年以内、研修生は1年以内にその家族を帯同して居住が許可される。[47] ④有給研修生とは、過去に関連する教育または資格を有し、キャリア開発目的または教育の一環として雇用契約に基づいて研修中の EU 域外の第三国の国籍を有する者である。有給研修生は、EU 加盟国の国内法および該当する労働協約に従って報酬を受け取る。[48] ⑤単一許可指令（2011年成立）[49] は、EU 域外の第三国の国籍を有する者が就労目的で EU 域外から加盟国に移住する際の申請手続きを簡略化するために、労働許可と滞在許可を合わせた単一許可の申請手続きを導入するものである。これによって、労働力不足の早期解消を図ることを目的とし、その加盟国内で一旦許可されたその就労目的にかかわらず、当該国民と同じ待遇に基づく一連の共通の権利を規定する。2026年5月22日に改正指令2024/1233に置き換わる予定である。

ILO労働力移動に関する多国間枠組み

国際労働機関（ILO）は、経済活動のグローバル化の中で、国内、領域、国際的な労働者の移動が盛んになっている状況下で、社会の課題となっている労働者の権利擁護のために、2005年10月31日〜11月2日、ジュネーブで三者構成専門家会議を開催し、「労働力移動への権利に基づく取り組みのための拘束力のない原則とガイドライン」を採択した。そして、2006年3月の第295回ILO理事会において、この枠組みの刊行及び普及が決定された［国際労働機関2007: vi］。このガイドラインは、以下の9つの点について言及している。

①ディーセント・ワーク（働きがいのある人間らしい仕事）

「自由、公平、保障、人間としての尊厳の確保を条件とし、移民労働者を含む全ての就業年齢の男性及び女性が、生産的で働きがいのある人間らしい仕事を得る機会を推進すべき」という原則にしたがって、「全ての人々に、自由に選択された雇用、仕事における基本的権利の承認、経済的・社会的及び家族の基礎的ニーズを満たし責任を果たすことを可能とする所得及び労働者と家族構成員に対する適切な水準の社会的保護へのアクセスを推進する」。

②労働力移動に対する国際協力の手段

「政府は、使用者団体及び労働者団体と協議の上、雇用を目的とする人の移動の管理を促進する国際協力」を行う。それらは、労働力移動に関する諸問題について各国政府が情報交換を行うこと、社会的パートナーや市民団体、移民労組と協力して労働力移動政策についての政府間対話と協力を発展させること、出入国手続き、流入、家族再統合の可能性、社会統合政策、帰国などについての国際協定を推進すること、開発途上国でディーセント・ワークを提供する機会を創り出すこと、国際的な三者協議の仕組みを確立することなどである。

③世界的な知識基盤

労働力移動についてのデータの収集・分析をした上で、情報交換を継続的に行い、優れた事例を共有する。

④労働力移動の実効的な管理

「全ての移民労働者とその家族並びに送出国と受入国に有益なように、労働力移動を実効的に管理する、整合性があり、包括的であり、一貫性があり、透明性のある政策を策定し、実施する」こと、「労働力移動がもたらす幅広い社会的・経済的影響を認め、また全ての人へのディーセント・ワークと、完全、生産的かつ自由に選ばれた雇用を推進するため、労働力移動、雇用、及びその他の国家政策との間の整合性を確保する」こと、正規の滞在資格を持たない労働者を含む移民労働者の脆弱性に対処する政策を実施すること、女性が直面する問題や女性特有の虐待に対処すること、労働に関する政府機関や組織の連携を強化することなどである。

⑤移民労働者の保護

「全ての移民労働者は、出入国管理法上の資格にかかわらず、人権を推進され、保護されるべきである。特に、全ての移民労働者は、8つのILO基本条約と関連する国連人権条約を反映しつつ、1998年に採択された「仕事における基本的原則及び権利に関するILO宣言とそのフォローアップ」の原則と権利を享受すべきである。政府はそのための法制度を整備し、「人の移動に関与する全ての政府職員に対して人権に関する研修を提供すべき」である。

⑥移民に対する虐待的な行為（不適切な処遇を含む）及びその防止と保護

「政府は社会的パートナーと協議し、虐待的な行為、密航及び人身取引を防ぐ対策を策定し施行すべきであり、また、非正規の労働力移動の防止に向け努力すべき」という原則に従って、ガイドラインでは、特に家事労働者に対する「身体的または性的ハラスメントまたは暴力、移動の制約、債務による束縛、強制労働、賃金及び手当の支払い差止め、過少または遅延支払い、旅券、身分証明書または渡航文書の強制保管、当局への告発の脅威を含む、虐待的な行為」を摘発し、救済策を図ることを求めている。

⑦国境を越える人の移動のプロセス

「国境を越える人の移動にかかわる全ての段階、特に労働力移動の計画と準備、通過、到着と受け入れ、帰国と再統合において、男女の移民労働者を導く、秩序があり公平な労働力移動のプロセス」を整備すること、手続き費用の軽減を図ること、移民労働者への情報の普及を図ることを、送出国・受入国双方で行う。

⑧社会的統合及び社会的一体化

差別禁止の法整備と政策の推進を図ることにより、「政府と社会的パートナーは、協議の上、文化的多様性を尊重し、移民労働者に対する差別を防止し、及び人種主義及び排外主義と闘う手段を講じ、社会的統合及び社会的一体化を推進」する。

⑨国境を越える人の移動と開発

送出国・受入国双方にとっての労働力移動の積極的な役割の認識を広めること、海外送金の手数料軽減、労働力還流に友好的な査証政策、移民労働者への知識や技術の移転を促進することなどを実現する。

3　移民の受け入れと福祉国家の持続性

福祉国家とは何か。厳密に統一された定義はないが、完全雇用による有効需要創出と、医療や所得、雇用などの社会保障政策を用いて、資本主義経済によって生み出された貧困などの社会的問題に対処し、人々の安定した生活を目指す国民国家を指す。一般的には、英国の経済学者のジョン・メイナード・ケインズのマクロ経済学を基本に、ウィリアム・ヘンリー・ベヴァリッジが委員会報告「社会保険および関連サービス」で公表した構想が元になり、戦後、資本主義各国で広がった体制が「福祉国家」とされている。1970年代以後、経済の低成長の原因として福祉国家が批判されるようになり、1980年代以後に各国で見直しが行われ、労働者保護や社会保障に関する規制緩和が行われたが、社会的公正を犠牲にして効率を重視する新自由主義政策は、社会的格差の拡大や大量の失業をもたらした。同時に経済のグローバル化が進んだことで移民・外国人労働者が入ることになり、「国民国家」を基本とする福祉国家体制をどこまで拡大適用するのかが問題として浮上した。

ここでは、福祉国家の継続的維持のために移民・外国人労働者を社会的に包摂するために大きな課題となる①シティズンシップ教育、②移民をめぐる法的枠組み、③福祉国家の変容と移民政策について論じていくことにする。

シティズンシップ教育

国籍にかかわらず、その社会の市民として生活をしていくためには、シティズンシップ教育が必要である。市民としての自覚を持った行動は、自然にとれるものではない。年少期からの意図的な教育によって身に付けなければならないものである。

福祉国家の政策・制度体系は、人々に安心を与え、社会の安定と平和をもたらすものであるが、それを支えるのは市民の意識と行動である。民主的社会においては、市民の合意形成がなければ社会的公正が保たれない。ところが近年の市民社会では、移民の増加に伴う合意形成の難しさが課題となっている。そのため福祉国家体制をとる先進諸国では、文化的多様性を受け入れつつ、移民との平和的共存を図るためのシティズンシップ教育が注目を集めている。

シティズンシップ教育は、市民として社会に積極的に参加する能力を身に付ける教育であり、主として学校教育のカリキュラムの中で行われることが多い。一般的にその要素として含まれるべきとされるものは、政治参加を基本とする①市民としての権利、②市民としての責任および義務、③民主的な社会のメンバーとして活動するための役割である。しかし福祉国家との関連で考えるならば、その基本的価値観である人間の平等、社会的弱者の保護と社会参加に加え、パウロ・フレイレの「解放の教育」で目指す社会的被抑圧者の解放と人間性の回復まで目指すことも検討されるべきであろう。

シティズンシップ教育の中心課題は、社会の中での「関係性」の捉え方である。生活者としてかかわるコミュニティとの関係、同じ社会を構成する他者との関係、法制度や政治参加を含む自分と「公」との関係、労働・生産・消費などの経済との関係である。これらの「関係性」をめぐる道徳的合理性や社会正義の貫徹が、今後の福祉国家を自主的に支える市民に必要である。

移民をめぐる法的枠組み

日本における入国管理に関する法制度および外国人労働者に対する保護や人権の問題については、先に見たように日弁連を中心に社会的訴えが行われてきた。法学者の中には、憲法と国際人権諸条約との整合性をどのように担保するのかという問題提起や、国際的に進んでいるスリーゲートモデルによる権利の段階的保障が日本では採用されていないことの指摘、さらに外国につながる子どもの市民権についての問題などを総合的に検討し、外国人と国民という二分法ではなく「永住市民」という学術用語を採用すべきとする意見もある［近藤 2009］。

このほか移民を正面から論じない政府の問題を指摘しつつ、アメリカの法学者 D・エイブラハムの業績に沿って、民法（特に所有論）との関係で、移民問題・移民法学を理論的に位置づける試みを吉田が行っている［吉田 2021］。アメリカでは、公民権法に基づいていかなる差別も禁止されており、個人としての労働者や個人としての市民の権利について普遍的な権利保障をうたっている。しかしエイブラハムは、福祉国家の一員であること、すなわち集団としての社会的権利を考慮したとき、ディレンマが生じることを指摘している。たとえば、移民の受け入れは、アフリカ系アメリカ人などマイノリティが多い下層労働者の雇用や労働条件との間に緊張関係を生み出す。つまり移民の受け入れは国内労働者の貧困化につながる側面がある。このことは、福祉国家の維持を市民の連帯によって成し遂げていく原則の維持の困難さにつながってしまうのである。日本社会は、「移民に冷淡で排斥的な移民政策を採り、他方で、医療保障政策の面などでは共同体主義的」である［吉田2021: 1144-1145］。外国人労働者を市民として包摂する法的枠組みを早急に整備しなければ、少子高齢化によって生じる福祉国家の危機に対応できないことが危惧される。

国際的な法的枠組みを見ると、国際連合における国際法の整備がある。国連によれば、移住労働者、難民、亡命希望者、永住移民、その他など、およそ2億4400万人以上の人々が、出生国もしくは市民権を有する国とは異なる国で生活し、働いている。その多くは移住労働者である。この「移住労働者」とは、「すべての移住労働者とその家族の権利の保護に関する国際条約（International Convention on the Protection of the Rights of All Migrant Workers and Members of Their Families）」の第2条で「国籍を有しない国で、有給の活動に従事する予定であるか、またはこれに従事している者」として定義づけられている。この条約は、1990年に国連総会で採択され、2003年7月1日から発効した（国際連合広報センター）。条約では、越境労働者、季節労働者、海員、海上施設労働者、巡回労働者、特定事業労働者、自営就業者など、特別の形態の移住労働者とその家族に適用される権利を定義づけており、移住労働者を集団で追放すること、もしくは彼らの身分を証明する文書や労働許可書、パスポートの破棄を違法とすることが定められている。また移住労働者はその国の労働者と同一の報酬、社会福祉、医療サービスを受け、労働組合に加入もしくは参加し、また雇用の終了に伴っては所得や貯蓄を送金し、個人の身の回り品を移転させる権利を有すること、移住労働者の子どもは、出生と国籍の登録および教育を受ける権利を有することなどが定められている。2016年12月31日現在で、38ヵ国が署名し、49ヵ国が加入している。締約国は、移住労働者委員会（Committee on Migrant Workers）を通して条約の実施状況を監視することとなっている。

福祉国家の変容と移民政策

第二次世界大戦後、各国で福祉国家政策を採用することが可能であったのは、標準化された製品を大量生産するフォーディズムの仕組みが社会の基本となったからである。一般的な労働の形は、工場における非熟練労働となり、労働者は分業化と作業の単純化による受動的労働を受け入れる対価として、将来設計が可能な安定的な収入を得るようになった。そして男性稼得モデルによる規格化された核家族の生活が標準的なライフスタイルとなり、労働者とその家族の生活上の危機に対応する社会保障制度も、それを前提として設計された。それゆえ経済成長を第一の目的として労働と家庭の協力を惜しまない福祉国家の体制は、国民の合意を得て安定的に推移してきたのであった。

ところが1980年代から始まる経済のグローバル化とポスト工業社会への移行は、前提となる生産・労働の現場に大きな変化をもたらし、労働者家庭の生活維持・向上の条件を揺るがすこととなった。すなわち、国際競争の激化によって企業が不断のコスト削減圧力にさらされるようになったこと、工場の海外移転や設備の刷新によって非熟練の正規労働者の必要性が減少する一方で、高いスキルを持った労働者の需要が増えたこと、国内産業が変化の激しいサービス産業へシフトしたことなどにより、失業のリスクが増し、「勝ち組・負け組」の格差が開いていったのであった。さらに女性の社会進出の増大は、少子高齢化の進展とともに「ケアの社会化」を進めることになった。福祉国家は、このような生活リスクの増加と福祉サービス需要の増大に対応することを余儀なくされた［加藤2014: 77-78］。

そこで問題になってくるのは、税収の確保と所得再分配に対する国民の合意をいかにとりつけるかである。1980年代以後、先進各国は持続可能な社会保障制度の維持のための方法を模索している。さらに、ここに労働者の国際的な移動が加わるため、福祉国家を維持するための合意は、移民や外国人労働者を含めて検討する必要が出てきたのである。

たとえばオーストラリアでは、かつてアングロサクソン系住民を中心に移民を受け入れてきたため、白豪主義に基づく社会統合がなされてきた。しかし移民の多様化の進展によって1970年代以後、文化的多様性を前提とする社会統合が図られるようになった［加藤2014: 88］。ウィットラム政権およびフレーザー政権期には、移民の積極的な社会統合を目的として、定住支援、社会参加支援、移民の文化と言語の維持支援、多数派集団向けの異文化教育などの社会サービスが実施された。

しかし経済成長が低迷する中で、若者の失業なども生じ、移民優遇政策への批判の声も高くなった。そこで、1990年代からは、社会政策と雇用政策をリンクさせた政策が実施されるようになった。長期失業者向けの「New Start」プログラム（1991年）、ひとり親のための「Jobs, Education, and Training」プログラム（1989年）、障害者のためのサポートパッケージ（1991年）などが導入され、それらを総合して1994年には「Working Nation」として、社会保障やサービスの給付に「互恵的義務」として教育トレーニングやボランティア活動への参加、個別ケースの管理などを組み合わせた政策がとられるようになった。その後、ワークフェア政策によって、社会的に排除された人々を労働市場に統合していくことが実施されている。

移民に対しては、あらゆる移民を経済的主体として位置づけ、労働市場への参加を通してオーストラリア社会全体の競争力を向上させる存在としている。これにより競争力への貢献が期待できる移民を積極的に受け入れる一方、それ以外の移民を制限する方針がとられるようになった。また新しいナショナル・アイデンティティの構築によって、諸改革を正当化し、多数派市民であり競争力のない人々にも一体感と安心感を提供することも試みられている。

もう一つの事例としてスペインを取り上げる。スペイン福祉国家の特徴は、もともと政府の役割として、福祉サービスの直接的関与を少なくして実施してきたというところにある。社会保障制度への出資面で政府は責任を負ってはいるが、福祉サービスにおいては、民間のイニシアチブに依存するところが大きかった[50]。これによって、政府は費用を圧縮し、潜在的な社会的摩擦を民間組織に転嫁することもできる面があった。移民についても、民営のボランティア団体、社会的企業、協同組合によって、スペイン社会への早期定着による社会的包摂が進んでいる。

民間組織の場合、「小さなテストケース」として、対象や事業を限定したさまざまなプロジェクトを展開できるという利点があり、成功事例は社会的連帯経済の連合体で共有される可能性が高く、組織の横のつながりが強いスペインの利点が生かされている。ただし、NPOやボランタリー組織の移民支援については、特定の国籍や民族集団、または社会的弱者の種類、ニーズの違いによって専門分化していることが多いため、福祉国家の政策として、移民を含めた総合的な政策展開が進んでいるとは言えない。

一方、社会保障制度の維持の面では、移民の労働市場への参加がプラスの影響をもたらしている。スペインも他の先進諸国と同様、少子高齢化が深刻ではあるが、移民は比較的若い人が多く、労働可能であるため、社会保障制度の財政維持において非常に大きな貢献をしている。2005年の統計によれば、社会保障制度の加入者全体の8.2%が移民であり、平均年齢は34歳となっているため、今後の社会保障制度の財源を支える側として期待できる。

おわりに

本章では、市民権と労働をテーマに、移民・外国人労働者の人権を侵害せずにどのように社会に包摂していくのか、さらに福祉国家の一員として福祉国家の維持・発展に労働や社会参加によって寄与することができるのかについて検討してきた。

まず、市民権についてT.H. マーシャルの市民権の三要素（公民権、参政権、社会権）を入口として市民権の歴史を検討し、福祉国家の誕生とともに標準的な文明生活を送るための社会的権利が制度化され、市民権として結合されていったことを示した。特にこの社会的権利（公的扶助、社会保障制度、公教育など）は、言論の自由や財産権、参政権などとともに、市民権の要素として国際的に認められている。

しかし社会的権利の保障については、日本をはじめとして国籍要件を設定している国もあり、移民・外国人労働者がホスト国の住民と同様に保障されているわけではない。経済のグローバル化とともに、国際間の人の移動が頻繁になり、出生地や国籍とは異なる国・地域で働き生活する人が増加する中で、社会保障や福祉国家の在り方も変化に対応する必要がある。社会構成員としてシステムを支える範囲の設定、社会階層や人種・民族・文化の対立関係をどのように平和的に解決していくのか、我々は困難な問題に直面している。
　そこで世界各国では重国籍を認めて市民権を付与する動きや、国家を越えた域内の市民権を制度化するEU市民権などの取り組みが進んでいる。世界的に見れば、市民権を開放的で柔軟性の高いものへと再編成する動きが進行しているといえるが、一国の中での多様性の尊重には、国内労働者や一般国民の感情的反発も起きている。その一方で、マジョリティへの同化を進めてしまえば、マイノリティの言語や文化の伝承が阻害され、アイデンティティの危機を生じさせてしまう。
　このように福祉国家を構成する人々の市民権は、社会の変化に合わせて絶えず再定義されつつ、関係者のコンセンサスを取っていく必要があるだろう。その際、個人や家族の単位で問題提起を行うことは難しい。さまざまな市民組織や、社会的連帯組織が協力しながら人々の尊厳が守られる社会を形成していく努力が期待される。

［註］

1　EUは、「欧州連合条約に基づく、経済通貨同盟、共通外交・安全保障政策、警察・刑事司法協力等のより幅広い分野での協力を進めている政治・経済統合体」であり、「経済・通貨同盟については、国家主権の一部を委譲」している。外務省「欧州連合（EU）概況」 https://www.mofa.go.jp/mofaj/area/eu/data.html（2024/06/28最終アクセス）

2　T.H.マーシャル、トム・ポットモア著、岩崎信彦、中村健吾訳（1993）『シティズンシップと社会的階級 ── 近現代を総括するマニフェスト』法律文化社、p. 37.

3　T.H. マーシャル、トム・ポットモア、pp. 20-35。近藤敦（1999）「市民権概念の国際化 ── denizenshipをめぐる各国の議論を中心として」『エコノミクス』3(3, 4), pp. 64-65.

4　T.H. マーシャル、トム・ポットモア、p.100.

5　齋藤貴弘（2001）「ペロポネソス戦争期アテナイの庶子と市民団 ── 「キュノサルゲスのノトイ」再考」『西洋史学』203 (0), pp. 24-41. 齋藤によればこの制限にはやや議論の余地もある。

6　的射場敬一（2010）「古代ローマにおける「市民」と「市民権」」『政治研究』創刊号

7　弓削達（2020）『地中海世界　ギリシア・ローマの歴史』講談社学術文庫

8　菅原真（2009）「フランス1789年人権宣言における「市民」観念と外国人」『人間文化研究』名古屋市立大学大学院人間文化研究科(11), pp. 17-18.

9　河村倫哉「欧州移民政策におけるデニズン・モデルの現状と課題」『国際公共政策研究』15(1), pp. 20-21.

10 佐藤成基「国民国家と移民の統合 —— 欧米先進諸国における新たな「ネーション・ビルディング」の模索」『社会学評論』60(3).

11 梶田孝道編（2001）『国際化とアイデンティティ』ミネルヴァ書房、pp. 8-11. 山下晋司「一つの世界にともに生きることを学ぶ —— 滞日外国人と多文化共生」『東京大学アメリカ太平洋研究』12, p.50

12 柄谷利恵子（2018）「EU市民権」『日本大百科全書（ニッポニカ）』小学館。木村志穂（2018）「資料（EUの条約）」『岐路に立つEU総合調査報告書』国立国会図書館v-xiii. 後藤光男・秋葉丈志・村山貴子「市民概念の比較研究（2・完）」『比較法学』40(1).

13 2004年および2007年に旧東欧諸国がEUに加盟した際には、新規加盟国からの労働者の自由移動を規制する経過措置を、他の加盟国が設けることが認められたが、これらの経過措置はすでに終了している。

14 「Q&A EU内の自由移動と査証について教えてください」EU MAG　https://eumag.jp/questions/f0614/

15 太田唱史(2003)「先住民族とカナダ市民権 —— 植民地主義を越えて」『同志社法学』55(3).

16 アメリカンセンターJAPAN　国務省出版物『米国の歴史と民主主義の基本文書』「独立宣言（1776）」　https://americancenterjapan.com/aboutusa/translations/2547/

17 後藤光男・秋葉丈志・村山貴子（2005）「市民権概念の比較研究（1）」『比較法学』39(1), pp. 114-117.

18 合衆国憲法修正第14条第1節には、以下の記載がある。「アメリカ合衆国で生まれ、あるいは帰化した者、およびその司法権に属することになった者全ては、アメリカ合衆国の市民であり、その住む州の市民である。如何なる州もアメリカ合衆国の市民の特権あるいは免除権を制限する法を作り、あるいは強制してはならない。また、如何なる州も法の適正手続き無しに個人の生命、自由あるいは財産を奪ってはならない。さらに、その司法権の範囲で個人に対する法の平等保護を否定してはならない」。

19 日本貿易振興会海外調査部（2003）『米国の移民』日本貿易振興会　https://dl.ndl.go.jp/view/prepareDownload?itemId=info%3Andljp%2Fpid%2F11508215&contentNo=1 厚生労働省大臣官房国際課（2010）「アメリカ」『2008～2009年海外情勢報告 特集 諸外国における外国人労働者対策』厚生労働省、pp. 33-49.

20 EY新日本有限責任監査法人（2022）「令和4年度 出入国在留管理庁委託事業 諸外国における外国人の受入制度及び受入環境整備に係る調査・研究」EY新日本有限責任監査法人、pp. 157-161.

21 鈴木健司（2021）「カナダ国籍・市民権の史的展開 —— 進化と自立」『総合文化研究所紀要』38(143), 同志社女子大学、pp. 146-148.

22 鈴木, 153.

23 「令和4年度 出入国在留管理庁委託事業 諸外国における外国人の受入制度及び受入環境整備に係る調査・研究」pp. 208.

24 Canada's population estimates: Strong population growth in 2023, Statistics Canada Released on March 27, 2024.

25 法務省「国籍の選択について」　https://www.moj.go.jp/MINJI/minji06.html

26 水戸地方法務局「帰化の要件について」（2022年4月1日）　https://houmukyoku.moj.go.jp/mito/

page000001_00190.html

27 在留資格「永住者」を有する外国人が、生活保護法に基づく生活保護の申請をしたところ、大分市福祉事務所長から申請を却下する旨の処分を受けたとして、却下処分の取り消し等を求めた事件について、最高裁第二小法廷（千葉勝美裁判長）は、2014年7月18日、これを認めた福岡高等裁判所の判決（福岡高判平成23年11月15日判タ1377号104頁）を破棄し、外国人は生活保護法に基づく生活保護の受給権を有しないとの判断を示した。

28 昭和29年5月8日（社発第382号各都道府県知事あて厚生省社会局長通知「生活に困窮する外国人に対する生活保護の措置について」 https://www.mhlw.go.jp/web/t_doc?dataId=00ta1609&dataType=1&pageNo=1

29 1991年10月25日、厚生省社会局保護課企画法令係長の口頭指示により、生活保護の対象になる外国人が、入管法別表第2に掲げられた者（「永住者」、「定住者」、「日本人の配偶者等」、「永住者の配偶者等」）に限定された。

30 マクリーン事件は、憲法の保障する基本的人権は、権利の性質上日本国民固有の権利と解されるものを除き広く外国人にも保障されるとする「権利性質説」の通説判例。

31 平成30年2月28日提出 第196国会　質問第104号「外国人労働者と移民に関する質問主意書」奥野総一郎

32 独立行政法人労働政策研究・研修機構「2019年、移民労働者は世界に1億6900万人―ILO国際労働力移動世界推計」 https://www.jil.go.jp/foreign/jihou/2022/08/ilo_03.html. 2024年12月28日最終アクセス。

33 アジア諸国における国際労働者移動の特徴は、その多くが期限つきの一時的な出稼ぎ移民であることで、年間約600万人が該当すると言われている（是川2020: 340）

34 マリア・アルセスティス・アブレラーマンガハス（1996）「（仮訳）女性移住労働者に対する暴力――フィリピンの現実を見る」国連女性地位向上部「女性移住労働者に対する暴力に関する専門家会議」フィリピン、マニラ、1996年5月27日～31日、（財）女性のためのアジア平和国民基金

35 帝国データバンク「TDB Business View 人手不足倒産の動向調査（2024年上半期）」（2024年7月4日） https://www.tdb.co.jp/report/watching/press/pdf/p240703.pdf

36 「令和6年度社会保障関係予算――少子化対策と医療・介護・障害福祉同時報酬改定」参議院常任委員会調査室・特別調査室　https://www.sangiin.go.jp/japanese/annai/chousa/rippou_chousa/backnumber/2024pdf/20240207108.pdf

37 観光庁「『新時代のインバウンド拡大アクションプラン』の決定について」（2023年5月30日） https://www.mlit.go.jp/kankocho/content/810000984.pdf

38 出入国在留管理庁「令和5年末現在における在留外国人数について」 https://www.moj.go.jp/isa/publications/press/13_00040.html（2024/09/18 最終アクセス）

39 在留資格「特定技能」とは　https://www.jitco.or.jp/ja/skill/（2024/09/18最終アクセス）

40 たとえば日弁連が人権救済申し立てを行った事例では、「本件の技能実習生は、日本に入国する前に予定していた技能実習の職種と、技能実習実施機関が外国人技能実習機構に提出した履歴書や実習計画書に記載した職種に齟齬があるため、実習実施機関を変更することを前提に、在留資格変更許可申請を行った」。

しかし、旧法務省入国管理局が在留資格変更申請の許否の判断を速やかに行わなかったため、入

国時の在留期間が満了してから、新たな「技能実習1号ロ」の在留資格を得るまで9ヵ月あまりの間、就労が許可されていない「特定活動」と「短期滞在」の在留資格で滞在を余儀なくされ、その間就労することができず、生活に困窮していた。これは、本件技能実習生の生存権を侵害するものである。

41 日本弁護士連合会「技能実習制度の廃止と特定技能制度の改革に関する意見書」 https://www.nichibenren.or.jp/library/pdf/document/opinion/2022/220415.pdf（2024/9/20最終アクセス）

42 出入国管理庁「令和6年入管法等改正法について」 https://www.moj.go.jp/isa/01_00461.html（2024/09/18 最終アクセス）

43 永住権取り消し問題については、以下の記事を参照。2024年6月15日付東京新聞「不注意や病気でも永住資格を失うなんて…改正入管難民法で日本は本当に「外国人材に選ばれる国」になるのか？」 https://www.tokyo-np.co.jp/article/333632

44 厚生労働省「2022年海外情勢報告　第1章北米地域にみる厚生労働施策の概要と最近の動向　第1節カナダ」 https://www.mhlw.go.jp/content/001184841.pdf

45 厚生労働省「2022年海外情勢報告　第1章北米地域にみる厚生労働施策の概要と最近の動向　第2節アメリカ合衆国」 https://www.mhlw.go.jp/content/001105032.pdf

46 厚生労働省「2018年海外情勢報告」第3章第5節「欧州連合（European Union：EU）労働政策」pp. 195-206.

47 European Union, EUR-Lex, Posting of staff from outside the EU, https://eur-lex.europa.eu/legal-content/EN/TXT/?uri=LEGISSUM%3A240204_1（2024/9/20最終アクセス）

48 研修の要件としては、①理論的及び実践的な研修について規定する、受入主体との研修合意書（目的、期間、時間、配置・監督条件、法的関係）を提示すること、②申請前2年間に高等教育学位取得またはそのための履修を行っている証明、③知識を得るために必要な語学証明、④受入主体が生活費と宿泊費用についての責任を引き受ける証拠を提出すること、などを課している（島村2016: 20）。

49 「加盟国の領域に滞在し労働する第三国国民の単一許可証のための単一申請手続及び加盟国に合法的に滞在する第三国国民のための一連の共通の権利に関する 2011年12月 13 日の欧州議会及び理事会指令 2011/98/EU（注）」である。各加盟国は、この指令の施行から 2年以内に、これに適合した国内法を定めなければならない。ただし、EU 条約及び EU の機能に関する条約の自由、安全及び司法における適用除外を規定する議定書により、英国、アイルランド及びデンマークは、指令の採択に参加しておらず、指令の適用から除外されている［植月2012: 2］。

50 たとえば、障害者サービスにおいては、視覚障害者の団体として設立されたONCE（オンセ）が全国的なサービスと職業訓練の機会提供を行っている。

［参考文献］

芦部信喜（1994）『憲法学II 人権総論』有斐閣

植月献二（2012）「EU 域外国民の就労・滞在のための申請を一元化する指令の制定」『立法情報』pp. 1-2.

太田唱史（2003）「先住民族とカナダ市民権 ―― 植民地主義を越えて」『同志社法学』55(3)

梶田孝道編（2001）『国際化とアイデンティティ』ミネルヴァ書房

加藤雅俊（2014）「福祉国家の変容と移民政策 ―― オーストラリアを事例として」『立命館言語文化

研究』25(4), 77-107.
柄谷利恵子（2018）「EU市民権」『日本大百科全書（ニッポニカ）』小学館
河村倫哉「欧州移民政策におけるデニズン・モデルの現状と課題」『国際公共政策研究』15(1), pp. 20-21.
木村志穂（2018）「資料（EUの条約）」『岐路に立つEU総合調査報告書』国立国会図書館、pp. v-xiii.
後藤光男（2013）「外国人の社会権と国際人権規約」『早稲田社会科学総合研究』14(2), pp. 25-52.
後藤光男、秋葉丈志、村山貴子（2005）「市民権概念の比較研究（1）」『比較法学』39(1), pp. 114-117.
後藤光男、秋葉丈志、村山貴子 (2006)「市民概念の比較研究（2・完）」『比較法学』40(1).
是川夕（2020）「日本における外国人の人口動向（その2）誰が日本を目指すのか？ アジア諸国における労働力送出し圧力に関する総合的調査（第一次）」に基づく分析」『人口問題研究』76(3), pp. 340-374.
近藤敦（1999）「市民権概念の国際化 ―― denizenshipをめぐる各国の議論を中心として」『エコノミクス』3(3, 4), pp. 64-65.
近藤敦（1999）「国籍と外国人の「市民権」 ―― 国籍・居住権・社会権・経済的権利・政治的権利の比較」『エコノミクス』4(2), pp. 89-120.
近藤敦（2009）「特集1 グローバル化する世界における多文化主義 ―― 日本からの視点 日本在住外国人に関する法制度」『学術の動向』pp. 20-30.
佐藤成基「国民国家と移民の統合 ―― 欧米先進諸国における新たな「ネーション・ビルディング」の模索」『社会学評論』60(3).
齋藤貴弘（2001）「ペロポネソス戦争期アテナイの庶子と市民団 ―― 「キュノサルゲスのノトイ」再考」『西洋史学』203 (0), pp. 24-41.
島村智子（2016）「EU における研究者及び学生の受入促進に向けた指令 ―― 移民政策の一環として」『外国の立法』270, pp. 3-29.
菅原真（2009）「フランス1789年人権宣言における「市民」観念と外国人」『人間文化研究』11、名古屋市立大学大学院人間文化研究科、pp. 17-18.
鈴木健司（2021）「カナダ国籍8・市民権の史的展開 ―― 進化と自立」『総合文化研究所紀要』38、同志社女子大学, pp. 143, 146-148.
高橋昭（1995）「外国人に対する生活保護法の適用について ―― ゴドウィン訴訟第一審判決を契機として」『社会労働研究』pp. 13-49.
常岡（乗本）せつ子（1990）「外国人と生存権」『フェリス女学院大学文学部紀要』25, pp. 25-45.
永野仁美（2015）「社会保障法判例」『季刊・社会保障研究』50(4), pp. 464-472.
中村二朗（2020）「特集 平成の労働市場：外国人労働」『日本労働研究雑誌』717, pp. 30-33.
藤井俊夫（2008）『憲法と人権Ⅰ』成文堂
堀勝洋（1996）「社会保障判例」『季刊・社会保障研究』32(3), pp. 340-352.
マーシャル、T. H., トム・ボットモア著、岩崎信彦、中村健吾訳（1993）『シティズンシップと社会的階級 ―― 近現代を総括するマニフェスト』法律文化社
的射場敬一（2010）「古代ローマにおける「市民」と「市民権」」『政治研究』創刊号
宮沢俊義（1974）『憲法Ⅱ 新版再版』有斐閣
村松伸治（2020）「外国人の政治的権利と主権 ―― 政治的権利をめぐって」『憲法研究』52, pp. 117-

145.
山下晋司「一つの世界にともに生きることを学ぶ――滞日外国人と多文化共生」『東京大学アメリカ太平洋研究』12, p. 50.
弓削達（2020）『地中海世界　ギリシア・ローマの歴史』講談社学術文庫
吉崎祥司（2012）「社会権の根拠をめぐって」『社会文化研究』14, pp. 49-78.
Kakos, M (2013) Four questions from England about the compatibility of citizenship education to modern schooling. In Palaiologou N; Dietz G (ed.), *Mapping the Broad Field of Intercultural and Multicultural Education Worldwide: Towards the Construction of the New Citizen*. Newcastle upon Tyne: Cambridge Scholars Publishing,
Kakos, M (2012) Embedding citizenship education: An ethnographic tale of Trojan horses and conflicting performativities. In Troman G; Jeffrey G (ed.), *Performativity in UK Education: Ethnographic Cases of Its Effects, Agency and Reconstructions*. Painswick: E&E Publishing,
Simons, Margaret (2023) 'They treated me like an animal': How Filipino domestic workers become trapped, *The Guardian*, Thu 26 Oct 2023. https://www.theguardian.com/news/2023/oct/26/how-filipino-domestic-workers-become-trapped

［資料］
アメリカンセンターJAPAN「独立宣言（1776）」『米国の歴史と民主主義の基本文書』国務省出版物 https://americancenterjapan.com/aboutusa/translations/2547/
EY新日本有限責任監査法人（2022）「令和4年度 出入国在留管理庁委託事業 諸外国における外国人の受入制度及び受入環境整備に係る調査・研究」EY新日本有限責任監査法人、pp. 157-161.
「Q&A EU内の自由移動と査証について教えてください」EU MAG. https://eumag.jp/questions/f0614/
厚生労働省大臣官房国際課（2010）「アメリカ」『2008～2009年海外情勢報告 特集 諸外国における外国人労働者対策』厚生労働省、pp. 33-49.
国際連合広報センター「移住労働者」 https://www.unic.or.jp/activities/humanrights/discrimination/migrants/#:~:text=%E7%A7%BB%E4%BD%8F%E5%8A%B4%E5%83%8D%E8%80%85%E3%81%AE%E6%A8%A9%E5%88%A9,%E3%81%93%E3%81%A8%E3%82%92%E9%81%95%E6%B3%95%E3%81%A8%E3%81%99%E3%82%8B%E3%80%82（2024/09/21最終アクセス）
国際労働機関（2007）「ILO労働力移動に関する多国間枠組み――労働力移動への権利に基づく取り組みのための拘束力のない原則とガイドライン」国際労働機関
日本貿易振興会海外調査部（2003）『米国の移民』日本貿易振興会　https://dl.ndl.go.jp/view/prepareDownload?itemId=info%3Andljp%2Fpid%2F11508215&contentNo=1
法務省「国籍の選択について」 https://www.moj.go.jp/MINJI/minji06.html
水戸地方法務局「帰化の要件について」（2022年4月1日） https://houmukyoku.moj.go.jp/mito/page000001_00190.html

第5章
共生と協同を推進する制度
―― 各国の関連法制を探る

廣田裕之

はじめに

世の中には、障害者や長期失業者、高校中退者や中高年失業者など就労面で困難を来す者や外国人など労働市場から排除されやすい人々が少なくないが、彼ら特有の事情に鑑み、彼らへの雇用創出を目的とした社会的企業などの取り組みが近年増えている。また、欧州諸国などにおいてはかかる事業体の特性を認めたうえで、税制優遇措置などを提供することによりその経営支援を目的とした法制度を通じて、多様な人々が雇用されやすい環境の整備を進めているケースも少なくない。新自由主義が進む現在、これら社会福祉サービスの提供主体として、民間事業主体が主に想定されるケースが多いが、実際には協同によって事業を運営していくことで、当事者が求めるサービスを創り出すことができる。このような協同による運営を実現することで、多様な人々との共生を推進することが可能になる。

本章ではまず、それらの具体的な例として、社会的企業・社会的協同組合・労働統合社会的企業（WISE)、労働者協同組合または労働者持株会社、そしてNPOの3種類に分類して紹介し、それらの概要と目的について説明する。国と法制度の違いによりその実態は多少異なるものとなっているが、利益の最大化とは異なる目的を追求しやすい制度としてこれらの法人格について検討する。

また、国際的には上記の法人格を超え、営利以外の追求を優先する経済活動をまとめた概念が存在する。英語圏では非営利セクターまたは第3セクターという表現が頻繁に使われたり、国によっては社会的企業が広義で使われたりしている一方、ラテン系欧州や中南米などでは社会的経済や連帯経済、またこの両者をまとめた社会的連帯経済という概念が浸透しており、それらの概念がカバーする範囲のみならず、目指す経済像も大きく異なる。今回はこれらのコンセプトにも言及することで、そもそも経済活動全体が何を目指すべきかという点についても多少検討を行いたい。

1　インクルーシブな労働を生み出す法人格や制度とは

現代社会において大半の雇用を生み出しているのは、株式会社や有限会社などの民間企業であるが、これらの会社が従業員を雇用する場合、生産効率性が重視されるため、障害者や長期失業者などは生産活動から排除されてきた。企業はあくまでも営利事業として運営されており、その業績すなわち収益を最大化することが経営の主目的であるため、その達成に貢献できない人員を雇う余裕はないのである。

このため、そうした人々を生産活動へ包摂するためにまず考えられることは、あえて利益の最大化ではなく、障害者や長期失業者向けの雇用創出などより社会的な目的を掲げた法人を立ち上げることである。日本の場合、会社法第27条で定款に会社の目的を記載する必要があると規定されているが、その目的において利益の最大化をうたう必要はなく、設立目的を理解した出資者の間で障害者向けの雇用創出など別の目的に対する合意があれば、株主への金銭的利益を犠牲にしても各種社会的目的を優先することは可能である。

次に考えられることは、そもそも金銭的な利益の追求以外を主目的とする法人向けに制定された法人格を採用することである。たとえば日本の特定非営利活動法人（NPO）の場合、その活動により利益がいくら出ても会員に対して配分することはできず、あくまでもその目的に沿った活動に使う必要があるが、これにより利益の最大化を意識せず、より本来の目的に沿った活動に専念することができる。また、労働者協同組合（労協）や消費者生協、農協など各種協同組合の場合、確かに経済活動で利益が出た場合には組合員に分配することができるとはいえ、通常は別の目的（労協なら雇用創出、消費者生協なら消費者が満足できる商品やサービスの提供など）の達成を優先することから、利益をそこまで追求する必要がない。

これに加え、そもそも通常の運営では赤字にしかならない事業を存続させるために、各種支援の提供も考えられる。たとえば米国ではNPOへの寄付に対して税制優遇制度があるため、富裕層を中心に活動の趣旨に理解のある人たちからの資金援助があり、それにより非営利事業を主に行うこれら団体であっても、財政面で比較的うまく行きやすくなっている。他にも、NPOや社会的企業などに対して法人税を減免したり、これらの団体が行う各種事業に対して補助金を出したり、または障害者の給与を政府から補助したりすることにより、これらの団体の経営を支援することもできるが、このような政策を実現するにはそれに見合った法制度が必要となる。このあたりについても、以下で見ていくことにしたい。

2　福祉の現場での労働に適する可能性の高い法人格

社会的企業・社会的協同組合・労働統合社会的企業（WISE）

福祉に限ったものではないが、福祉の現場でもかなり注目度が高くなっているのが社会的企業である。国際的に広く受け入れられた定義はなく、欧州連合レベルでは2011年に「社会的事業イニシアチブ――社会的企業に向けて好ましい環境を創造する、社会的経済およびイノベーションにおける主要ステークホルダー」[1]という文書がEUで出され、そこでは「社会的経済における担い手であり、その主な目的は、所有者や株主向けの利益獲得よりも、社会的なインパクトを出すことである」と、そして「主に社会的目的を達成するために利益を使用する」と定義されている。なお、法人格としては協同組合だが、イタリアやフランス、スペインでは社会的協同組合またはそれに類似の名称で同様の事例が存在するので、ここでまとめて取り扱うことにする。また、社会的企業の一種で、その目的に特徴のあるWISEについてもここで取り扱う。

社会的企業や社会的協同組合に関する法令が成立しているのは、以下の

表１：社会的企業・社会的協同組合関連の法制度がある国

国名	制定年	法律名
イタリア	1991 2016	社会的協同組合法（1991） 第３セクターと社会的企業の改革およびユニバーサル市民サービスの統制を政府に委託する法律（2016）[1]
スペイン	1999	協同組合法（社会的イニシアチブ協同組合に関して）[2]
フランス	2001	2001年7月17日第624号法 （協同組合法の改正）[3]
フィンランド	2003	社会的企業法（現行法は2012年の改正法）[4]
韓国	2006	社会的企業育成法
スロベニア	2011	社会的起業家法[5]
デンマーク	2014	社会的経済起業法[6]
ルーマニア	2015	社会的経済に関する法律[7]
ギリシャ	2016	社会的連帯経済およびその団体法[8]
ルクセンブルク	2016[9]	社会的インパクト企業法
ラトビア	2017[10]	社会的企業法
ブルガリア	2018	社会的連帯経済法[11]
スロバキア	2018	社会的経済・社会的企業法[12]
タイ	2019	社会的企業推進法[13]

出典：筆者が作成

註

1　https://www.normattiva.it/uri-res/N2Ls?urn:nir:stato:legge:1991-11-08;381~art1-com1

2　法条例番号2017/112、https://www.bosettiegatti.eu/info/norme/statali/2017_0112_imprese_sociali.pdf

3　https://www.boe.es/buscar/act.php?id=BOE-A-1999-15681

4　協同組合法の改正として組み込まれ、その後改正されたため、現在の法令はhttps://www.legifrance.gouv.fr/loda/id/JORFTEXT000000684004（第19条の5から第19条の16A）にて。

5　法律番号924/2012、https://www.finlex.fi/fi/laki/alkup/2012/20120924

6　https://www.law.go.kr/%EB%B2%95%EB%A0%B9/%EC%82%AC%ED%9A%8C%EC%A0%81%EA%B8%B0%EC%97%85%EC%9C%A1%EC%84%B1%EB%B2%95

7 https://pisrs.si/pregledPredpisa?id=ZAKO6175

8 法律番号711/2014、https://www.retsinformation.dk/eli/lta/2014/711。なお、フェロー諸島やグリーンランドもデンマーク王国の支配下にあるが、同法はデンマーク本土のみに適用される。

9 https://legislatie.just.ro/Public/DetaliiDocument/252981

10 https://www.kodiko.gr/nomothesia/document/242234/nomos-4430-2016

11 なお同法では社会的連帯経済という概念を定義したうえで、それを実現する事業体を社会的インパクト企業に認定し、事業体内での収入格差は6倍までに制限している。https://legilux.public.lu/eli/etat/leg/loi/2016/12/12/n1/jo

12 https://likumi.lv/ta/en/en/id/294484

13 https://lex.bg/bg/laws/ldoc/2137187968

14ヵ国である（表1）。その中でルーマニアやギリシャ、そしてブルガリアでは、社会的企業の上位に位置する概念として後述する社会的経済または社会的連帯経済法全体を管轄する法律があり、その中で社会的企業についての規定が存在している。フランスやスペインについても社会的経済や社会的連帯経済に関する法律があるが、社会的協同組合系については協同組合法で規定されているため、ここでは協同組合法のみ紹介する。なお、リトアニアでは2004年に社会的企業法が成立しているが、2022年に廃止されている。

大半の法律においては、有限会社や株式会社といった狭義の会社のみならず、NPOや協同組合などの法人でも社会的企業と認定されうるが、その設立目的として社会的または環境面での雇用創出があり、利益の最大化よりもこれら目標の達成を優先する経営方針が確立している必要がある。この場合、社会的企業に関する法律を整備し、一定の条件を満たした企業を社会的企業と認定することが肝要になる。これにより、かかる経営方針を規定する定款が安定して存在し、株主が入れ替わってもこの経営方針が簡単に変更されないようになる。また、社会的企業はその性質上経営が不安定なため、経営支援につながる各種公共政策を提供することが欠かせない。なお、社会的企業の定義や、社会的企業が得られる各種支援の概要については、以下のとおりであるが、紙面の関係上省略したものも多いことに留意されたい（国名については五十音順）。また、以下の条文については、表1で言及された各国法のものである。

・イタリア法：社会的協同組合については、「市民の人間的成長と社会的統合という共同体の一般的利益を追求すること」がその目的として定められている。その活動として「社会保健および教育サービスの運営」や「不利な立場にある者の雇用を目的とした農業、工業、商業またはサービス活動」（1991年法第1条第1項）が規定されており、「社会的活動のために不動産の貸付、購入、賃貸契約を締結する場合、地籍税と抵当権の4分の1軽減」できる（同法第7条第2項）。また、社会的企業については、「参加、包摂および個人の完全な発達を促進し、成長と雇用の可能性を高めるために、共有財を追求するために、連携した形でも貢献する市民の自律的イニシアチブを支援するため」（2017年法政令第1条第1項）という原則の下で活動し、利益を社会的目的の達成に使ったり、責任ある透明な経営方法を採用したり、ステークホルダーの参加を促したりするものとされる（同法第6条）。
・韓国法：社会的企業については「脆弱階層に社会サービスまたは雇用を提供したり、地域社会に貢献することで地域住民の生活の質を高めるなどの社会的目的を追求したりしながら、財およびサービスの生産・販売など営業活動を行う企業として第7条により認証を受けた者」（第2条）と規定されており、また脆弱階層や社会サービスについても同条にてそれぞれ、「自分に必要な社会サービスを市場価格で購入することに困難があるか、労働市場の通常の条件で就職が特に困難な階層」や「教育、保健、社会福祉、環境及び文化分野のサービス、その他これに準ずるサービスとして大統領令で定める分野のサービス」と規定されている。社会的企業に認定されると経営支援や訓練支援、施設等の支援や公共調達の際の優先などを受けられ（第10条〜第12条）、租税減免や社会保険料の支援、またはその他財政支援の政策を立案できることも規定されている（第13条〜第14条）。
・ギリシャ法：従業員の30％以上が社会的弱者（障害者、薬物中毒者や非行少年・元受刑者など）、または50％以上が特別グループ（DVや人身売買の被害者、ホームレス、経済移民、難民、シングルペアレントなど）である、または持続可能な開発などを行っている（フェアトレードや持続可能な観光、さらに文化遺産の保全活動なども含まれる）協同組合は「社会的協同組合企業」と認定される（社会的連帯経済法第14条）。剰余金が出た場合、準備金に5%、労働者組合員に35%、そして新たな雇用創出や経済活動の拡大に60%配分するものとされている（第21条、なお第31条で労協についても同じ割合での配分が規定されている）。

- スペイン法：スペインには社会的企業法は存在しないが、協同組合法第106条で、「非営利で、その種類に関係なく、健康、教育、文化、その他社会的性質の活動を実施することによる福祉サービスの提供、またはあらゆる種類の社会的排除に苦しむ人々の労働統合を目的とした経済活動の開発、一般的には、市場によってカバーされない社会的ニーズの充足のいずれかを法人目的としている」協同組合を、社会的イニシアチブ協同組合と規定している。スペインの場合、全国法に加え17自治州すべてにおいて協同組合法があり、主に特定の州内で活動している協同組合の場合には全国法ではなく州法が適用されるが、17州法すべてで社会的イニシアチブ協同組合または類似の名称で同様の規定が見られる。
- スロバキア法：社会的企業の主な目的は「測定可能なプラスの社会的影響（公共の利益または地域社会の利益の実現）を達成」（第5条第1項）し、「税引き後利益の50%以上を主な目的の達成のために使用」（同）する。法人格としてはどんなものでもよいが、組合員などの大半が従業員であり、議決権における1人1票が確保されていなければならない（第10条）。また、恵まれない人たちが従業員の30%以上を占めている場合、統合企業としてみなされ（第12条第1項・第2項）、投資援助（第17条）や補助手当（第19条）、それに補助金（第20条）などを得られる。
- スロベニア法：法令名にあるとおり社会的起業（アントレプレナーシップ）が主軸になっており、その精神は「社会的連帯と結束を強化し、人々の参加を促進し、社会・経済・環境その他の問題を解決する社会の能力を強化し、ソーシャル・イノベーションを促進し、公益的な製品・サービスの追加供給を提供し、新たな雇用機会を開拓し、追加的な雇用を提供し、社会的包摂と脆弱な集団の労働市場への専門的（再）統合を実現する」（第3条第1項）と定義され、これを行う社会的起業に対して「公的資金による奨励金や救済金が与えられ」（第2条2）、また良好なビジネス環境や財政措置教育システムの整備や融資などを受けられる（第32条第1項～第3項）と規定されているが、社会的企業自体についても「社会的企業の地位を取得する非営利法人であり、社団、研究所、財団、会社、協同組合、欧州協同組合、または私法に準拠するその他の法人であって、営利のみを目的として設立されず、その資産や支出を上回る収益の余剰を分配しないもの」（第2条8）と規定されている。その一方で、第3条第2項8では一人一票の原則が規定されており、社会的起業家の個人的なイニシアチブであることを否定している。さらに、第8条第1項では非営利法人のみが社会的企業として活動できることが規定されており、有限会社など本来営利を目的とした団体が社会的企業となることはできない。

- タイ法：特に雇用が必要な人の雇用促進、それに地域社会や環境の発展、またはその他公益に尽くし、営利企業の場合は収入の過半数が財やサービスの売り上げで（非営利企業の場合はこの条件なし）、利益の70%以上を前述の公益に提供するなどの条件を備えた企業が適切な登録を行うことで社会的企業となる（第5条）。社会的企業の事業への資金提供を目的とした公的基金の設立、税制上の優遇措置の実施、給付金の提供などが行われる（第59条）。
- デンマーク法：①社会的目的を有し、②利益を追求し、③行政から独立し、④運営面において包摂性と説明責任を有し、⑤税引き後利益をa）自身の事業への再投資、b）他の社会的経済企業に投資または寄付、c）NPOや慈善団体に寄付、d）利潤配当は限定的という条件を満たした企業が社会的経済企業として登録されるが（第5条）、社会的経済企業への支援については規定がない。
- フィンランド法：障害者や病弱な人、そして長期失業者に就労の機会を提供するものを社会的企業と定義し（第1条）、労働局から設立や運営の支援を受けることができる（第3条）。なお、社会的企業として登録されるには、従業員の少なくとも30%が障害者や長期失業者である必要がある。

・フランス法：協同組合法への改正という形で集団的利益協同組合（sociétés coopératives d'intérêt collectif, SCIC）という制度が導入された。組合員の中には協同組合活動に貢献する自然人または法人、従業員、活動の受益者、ボランティアと賛助組合員のうち3種類が存在する必要があり（第19条の7）、利益の半分以上を定款で定めた基金に配分する（第19条の9）。自治体はSCICに補助金を出すことができる（第19条の10）。

・ブルガリア法：①労働社会政策大臣が規定した社会的付加価値活動を実行することと、②意思決定に従業員などが参加して透明性を確保することという二つの条件を満たしたうえで、③社会的活動の実施に利益の50%以上、7500レフ（約3430ユーロ）以上支出している、または、④従業員の30%以上で3人以上が障害者や長期失業者、障害児の保護者、薬物中毒者や難民、DV被害者などである場合に認定され（第7条）、資金調達や研修プログラム、自社製品に社会的企業の製品と記載する権利などを得られる（第14条）。また、社会的企業と認定されたものの中でも、①失業率が全国平均以上の自治体にあるもの、②利益の50%以上、そして7万5000レフ（約3万4300ユーロ）以上を社会活動に支出している、または③従業員の30%以上が第7条第4項で言及された人間で、かつ過去6ヵ月間同社で勤務、のうちどれかを満たした企業が、クラスa+社会的企業と認定され（第8条）、市議会が認めれば競売を経ることなく行政が有する土地に関連施設を建築できる権利や研修に向けた財政支援が得られる（第15条）。

・ラトビア法：対象グループであると政府から認定された人たちを雇用したり、社会的・医療面・教育面などで生活の質を向上させたり、環境保護・動物愛護・文化活動などを行ったりする有限会社のうち認定されたものが社会的企業となり（第2条第1項）、対象グループの人たちの包摂関連費用や彼らの労働市場への統合コストなどに関しては、法人税の課税対象額から控除され（第8条第1項）、地方税としての固定資産税の免税も受ける（第8条第2項）一方で、利益を配当することはできない（第9条第2項・第3項）。

・ルーマニア法：協同組合、信用組合、NPO、財団、相互扶助住宅、年金受給者互助会や農協など、諸外国ではむしろ社会的経済に属すると思われる団体が社会的企業と認定されており（第3条）、雇用庁がその認定証明書を発行する団体は、剰余金の少なくとも70%を社会的目的や法的準備金に割り当てたり、賃金格差を1対8までにとどめたりなどの諸条件を遵守したもののみである（第8条）。諸外国における社会的企業に相当するものは「包摂社会的企業」という名称で呼ばれ、脆弱層が従業員や組合員の30%以上を占めるものや、社会的に不利な立場の人を雇用するものを指す（第10条）。包摂社会的企業に認定されると、公共の土地の譲渡や、行政による同企業の商品やサービスの販売促進、そして施設使用料や手数料などの免除を地方自治体から受けることができ（第19条第1項）、さらに包摂雇用主として失業保険制度と雇用促進に関する法律からの優遇措置が適用可能である（第20条第1項）。

・ルクセンブルク法：社会的連帯経済の原則については第1条第2項で、脆弱状態にある人への支援活動や「社会的紐帯の保全・発展、医療面・社会面・文化面や経済面での不平等との戦い、ジェンダー平等、地域社会の維持や強化、環境保護、文化クリエイティブ活動の発展、そして研修活動」といった条件を満たす活動と定義されており、それに対応する法人であればすべて「社会的インパクト企業」と認定される（第3条第1項）。また、これらの団体で働く職員の賃金は最低賃金の6倍を超えてはならず（第5条第1項）、その利潤はすべて社会的目的や自社活動への再投資に充てなければならず（第7条第1項）、組合員から融資を受けてはならない（第8条第1項）。

このような社会的企業や社会的協同組合は、特に政府からの支援や篤志家からの寄付がなくても経営が成り立つケースもあるが、外部からの資金援助やその他支援の提供を受けることで事業の継続が可能になる場合に、最も適したものとなる。ただ、特に補助金については時の政権の政策で大きく変わる傾向があるため、経営の安定という観点からはやはり、確固たる収入源を持つか、社会的企業向けの税制優遇措置など、短期的な政策に左右されない方法を活用することが望ましい。

また、後述する労働者協同組合では関係者全員が参加する形での民主的な経営が重要になるが、社会的企業では必ずしもそのような経営を要求していない国もあり、そのような国では聖人君子的な経営者が個人で経営しても社会的企業に認定される。民主的な運営を実現するには構成員全員が当該社会的企業の経営状況を把握したうえで賢明な判断を行う必要があるが、なんらかの理由でトップダウン的な経営のほうが目的達成に好都合な文化圏においては社会的企業のほうがふさわしいといえるだろう。

労働統合社会的企業（Work Integration Social Enterprise）は社会的企業の一種であるが、その目的は「生産活動を通じて、知的または身体障害、もしくは長期失業者を含むその他恵まれない人たちを労働市場および社会に統合すること」[2]と定義されている。社会的企業の場合、障害者など社会的弱者に雇用を創出することを目的としているが、WISEの場合には彼らを研修生として1年前後雇用した後、最終的に別の企業での就職につなげることを目標としている点が一般的であり、違いであるといえるが、WISEの中には同じ人を長期間雇用するものもあり、また市場での経済活動の効率を高めるべく、財団やNPOが所有する有限会社として運営されるものも多く存在する[3]。

フランスでは、労働法[4]第L5132-1条から第L5132-17条までで「経済活動による挿入」という表現で、WISEに相当する挿入企業が規定されている。第L5132-2条で政府に対し、かかる企業と協定を締結することを認めている。その一方、第L5132-5条で被雇用者の雇用期間は基本的に4ヵ月から24ヵ月までに限定されており、契約終了後に別の雇用者を見つけることとなるが、第L5132-5-1条により57歳以上で特別な困難がある人は挿入企業と期限なしの雇用を締結することが認められている。

スペインでは社会的包摂企業法[5]が存在し、社会的包摂上の最低所得の受給者や児童養護施設出身の18歳から30歳までの若者、薬物中毒者や受刑者などに対し雇用を創出する企業が対象になるが（第2条）、その企業は営利企業または協同組合の法人格である必要がある（第4条）。また、これら営利企業への出資額のうち51% 以上が、社会的包摂を目的とするNPOや財団によるものでなければならず、またそのような社会的包摂中の労働者の割合が半数以上（最初の3年間は30% 以上）である必要がある（第5条）。また、その期間は基本的に1年から3年の間となる（第15条第4項）。なお、これら社会的包摂企業の管轄は各州政府になるが、カタルーニャ州やバレンシア州ではこれとは別に州法が成立しており、内容が多少異なっている。

労働者協同組合・労働者持株会社

労働者協同組合（労協）も、資金のみを提供して企業を保有し、その利益が最大化するよう経営陣に求める株主がいないという点では、福祉の現場における労働の実現に寄与する可能性のある法人格の一つであるといえる。労協の場合、労働者自身がその労協の出資者になるため、当然ながら労働者自身が株主の役割も兼ねることになり、また出資額に関係なく総会において一人一票の原則が適用されるため、出資額の多い組合員が有利な立場に立つことはない（日本では、後述する労働者協同組合法第3条二の3でそのように規定）。日本では長年これら労協を管轄する法律が存在しなかったが、労働者協同組合法が2020年12月に可決し、2022年10月に施行されたことで、諸外国と比べると数十年、場合によっては百年単位で後れを取ったものの、ようやく正式な法人形態として認められるようになった。

労協がどのようなものであるかを理解すべく、具体的な実例からその違いを見てゆくことにしよう。たとえばカフェの場合、個人経営、企業経営そして労協の3パターンでの運営が主に考えられることになるが、これらについてそれぞれ見てみたい。

- 個人経営の場合：店の内装や清掃から接客や調理、そして会計まですべてマスター個人が行う必要がある。しかし、その一方でマスター個人の裁量でマンガ喫茶にしたりジャズ喫茶にしたり、または子育て中の母親が集いやすい環境にしたりと好みの雰囲気をつくり出すことができ、またメニューや料金設定もマスター個人が決めることができる。

- 企業経営の場合：権限を持つ立場ではない従業員は店長の指示のとおりに動くことしかできず、個人としての裁量はあまりない。さらにチェーン店の場合は本部の方針（具体的にはそれをまとめたマニュアル）が絶対であるため、店長でさえ単なる雇われ店長であり、裁量権をさほど持たないことが珍しくない。マニュアルどおりの接客を嫌う顧客も多い一方、チェーン全体では毎日何万人もの顧客と接することになることから、対応において顧客間で違いを生じさせないようにする本部の意向が強く反映される。
- 労協の場合：仲間5人が集まって労協としてカフェを運営する場合、その5人で職務を分担することができるので各人の専門性を発揮することができる（接客担当、調理担当、会計担当、内装担当など）一方、その5人の間で合意があれば店舗の経営方針を自由に決められるというメリットが発生する。労協であればそこで働く組合員たちの合意があればコンセプトを変えたり、各種イベントを開催したりできるのである。

労協の性質を一言でまとめるなら、「共同自営業」であるといえる。前述のカフェの例から見てもわかるように、個人経営のカフェの場合は店関連の一切を一人で担当しなければならず非常に大変だが、5人の労協として経営する場合、ある程度役割分担をして各人の負荷を減らしつつ、各人が自分の得意分野に集中することができる。また、労働条件についても、各組合員の内情をよく知った労協により、各人の状況に応じた労働条件、たとえば平日の午後だけとか土日だけといった労働時間を設定することが可能となる。

労協の場合、資金だけ出し労働は提供せず、配当金をもらい持株数に応じて発言権を持つ株主が存在しないため、労働者兼株主である組合員の関心に応じた経営ができるが、それを受けたうえで2種類の労協が考えられる。前者は、あくまでも労協として普通に経済活動を行い、労働者の収入の最大化に努めるものであり、その代表例としてはスペイン・バスク州にあるモンドラゴングループが挙げられる。同グループは1956年に、カトリック教会の神父の手により若者5人が白物家電の労協を設立したことを起源とするもので、現在では7万人もの労働者組合員が同グループに属するさまざまな労協に加盟しているが、これら労協の活動はあくまでも通常の企業同様に収益を上げることであり、ただその収益が労働者に還元されるか、一部は教育基金などの形で社会的な目的に使われるという違いがあるだけである。

しかし、日本において労協を立ち上げる場合、組合員は労協との間に雇用契約を結び、組合が雇用者で組合員は被雇用者とならなければならない点に注意する必要がある。契約により雇用条件が明確になるが、その一方で労働基準法における雇用関係が生じ、最低賃金や労働時間の制限など、同法で定められた諸権利が認められることとなり、たとえば就労施設で一般的な、最低賃金未満の工賃は、労協では認められないことになる。このため、このような法律の縛りを嫌って、あえて労協への移行を行わず、NPOなど既存の法人格のままで活動を行う団体もある。他方で、自営業者として各組合員が労協に加盟することになる国（たとえばスペイン）では上記の権利は認められることはなく、また当然ながら自営業者としてきちんと確定申告を行う必要も生じる。

その一方、株主がいないという特性から、利益追求よりも障害者などの社会的包摂のような社会的目的を優先し、その点では前述の社会的企業に近い経営を行う労協も存在する。この場合、なんらかの形で利益を出すことができるモデル（たとえば事例Ⅱで紹介されるラ・ファジェーダは、現在でこそ財団だが、以前は協同組合として運営されていた）の場合はその利益を組合員に分配できる一方、いくら経営努力を行っても黒字にならない事業の場合、後述する米国のNPOのように、または前述した社会的協同組合のように、社会的企業のような特性を持つ協同組合に対して寄付や補助金、または税制優遇などを提供することで、その経営の改善支援が行われることがある。

このようなことを考えると、日本の福祉関連の労働の現場において労協という法人形態が適していると思われるのは、主に以下のような場合であると考えられる。

・障害者を含む際も労働者全員に、少なくとも労働基準法で定められた最低限の待遇を保証できる場合
・関係者全員がある程度均等な金額を出資して事業を発足させる場合
・特定の人物がリーダーシップを示してその人が引っ張る形で事業を行うのではなく、誰もが積極的に運営にかかわる場合

なお、本章では3節で協同組合について言及してゆくが、労協だけでなく協同組合部門全体を見渡した場合、日本には諸外国と決定的に違う特徴がある。日本の場合には協同組合全体を統括する法律は存在せず、種別ごとにそれぞれ法律が制定されている。さらに、その所轄官庁も種別によりバラバラであり（農協や漁協、森林組合は農林水産省、信用金庫や労働金庫は金融庁、消費者生協や労働者協同組合は厚生労働省など）、協同組合部門全体を統括する官庁が存在しないため、どうしても協同組合部門全体の総合的な推進政策が生まれにくい環境にある。また、上記のような性格から、法人格としては農協、労協といった別々の法人格になってしまい、たとえば消費者生協兼労協という形で、消費者組合員と労働者組合員それぞれの諸権利が認められるような協同組合は、日本の法制度上は実現できない点に注意する必要がある。

また、スペインには「労働者持株会社」[6]という制度が存在しているが、これは法人格としては有限会社や株式会社であるものの、基本的に以下の3原則（第1条第2項：若干の例外あり）を満たしている場合、労働者持株会社と認定されて、後述する社会的経済の一員としての待遇を受けることができるというものである。

・その持株の過半数をその会社の従業員が保有していること
・特定の個人が総株数の1/3を超える株を持たないこと
・株主ではない労働者による労働時間が全労働者の年間総労働時間数の49%を超えないこと

基本的に労働者持株会社は、ワーカーズ・バイアウトにより成立する。すなわち、倒産した企業の元従業員がその企業の株を購入したりその企業に出資したりすることで企業の所有権を継承し、自分たちの雇用を守れるようにする目的で生まれたものであり、特に全員が同じ株数の場合には実質上労協と似た運営ができるようになるということで、後述する社会的経済の一員として労協と同様に取り扱われているものであり、実際スペインでは失業手当をこの資本に組み込めることができる制度が存在する[7]。

NPO

利益の追求よりも社会的な目的を追求するという福祉関係の労働の現状を考えると、非営利法人（NPO）もその目的達成にふさわしい法制度であるように思われる。その実態について見てみることにしよう。

日本ではNPOは、1998年に可決した特定非営利活動促進法によりその法的基盤が整ったが、諸外国ではかなり以前から同様の法律がある。革命後のフランスでは長い間、社会的な部分は国家が直接担当するとされており、市民による結社がその分野で活動することは長い間禁じられていたが、1901年7月1日法[8]と呼ばれる法律により、日本のNPOに相当するアソシアシオンが合法化された。米国ではNPOという制度自体は植民地時代から存在していたが、これら法人が大きく発展したのは、1913年の歳入法で特定のNPO法人への寄付が連邦所得税における控除の対象になり、寄付収入が大幅に増えてからのことである。その後1954年の歳入法でこの点がさらに拡張され、連邦所得税控除の手段としてNPOへの寄付が一般的になったのである。その一方、日本などそのような寄付文化が依然として浸透していない国では、行政が各種補助金を提供することでこれらNPOの活動を促進することが多い。

NPOにおいては、会員に対する利益の分配が禁じられていることから、利益追求が最大の目的ではない福祉関係の諸団体にとっては、この制度が都合のよいものであることは確かである。また、前述の労協同様、最高意思決定機関は総会である一方、日頃の運営は理事会が担当することになるが、その理事は会員の中から選出されることから、会員になれば誰でも運営に参加でき、選ばれれば理事になることもできる。しかし、従業員を雇う場合、他の法人同様に従業員との間で雇用契約を締結する必要があり、この際に労働基準法の適用を受けることになり、特に最低賃金の面をクリアする必要がある。

また、当然ながら、ある程度利益が見込める事業を抱えている場合、NPOとして運営すると理事など役員に報酬が払えないことから、成功報酬という形で経営改善へのインセンティブを提供することが難しくなる。さらに、寄付をもらわなくても経営が成り立つようになるため、剰余金の使い方に制約のあるNPOではない法人形態へと改組したほうが行動しやすくなる可能性もある。確かにNPOは、株主価値の最大化を考えなくてよいという点で福祉など各種社会的事業を行うのにふさわしい法人形態の一つであるが、それゆえに課せられる制限からより自由な経営を目指すべく、特に外部からの資金援助がなくても十分に成り立つ事業の場合、必ずしもNPOにこだわらなくてもよいといえるだろう。

3　各法人格を超えた概念や法制度

ここまでは、社会的企業やNPOなど法人格に注目して、福祉の分野での労働の推進について検討を重ねてきた。しかし、国によってはその上位概念として社会的経済、または社会的連帯経済という枠組みを制定しているところもある。ここでは、これら法人格を統括するさまざまな概念について紹介し、2節で紹介した各概念との関連を見てゆくことにする。

社会的経済・協同組合・連帯経済・社会的連帯経済

まずは、社会的経済について取り上げたい。19世紀前半以降、シャルル・ジッドなどフランスのさまざまな知識人がその概念に言及してきたが、これはオイルショックにより従来の福祉国家の維持が難しくなった際にフランス語圏を中心として再発見が進んだものである。伝統的には協同組合、アソシアシオン（NPO）、財団と共済組合が社会的経済の担い手とみなされていたが、その後この法人格こそ持たないものの、同様の目的を持った各種経済活動を担う団体も社会的経済の仲間とみなされるようになっている。

社会的経済の定義についてはさまざまなものがあるが、多くの場合その基盤となるのは、国際協同組合連盟（ICA）の協同組合原則である。現行のものは1995年に採択されたものであり、以下の7原則となっている。[9]

・第1原則　自発的で開かれた組合員制
・第2原則　組合員による民主的管理
・第3原則　組合員の経済的参加
・第4原則　自治と自立
・第5原則　教育、研修および広報
・第6原則　協同組合間の協同
・第7原則　地域社会への関与

協同組合のうち労働者協同組合については2節で述べたが、ここでは他の協同組合も含めて、なぜこのような法人格が求められるのかについて考えてみたい。

たとえば農協は、日本のみならず世界各地に存在するが、その主な存在意義としては、零細農家として個別に事業を行った場合、農作業に必要な各種機械や肥料などの消耗品の入手、農産物の商品加工や販路開拓、そして経営に必要な資金の入手などの面で何かと苦労するため、協同組合を組織することで各農家の経営状況を改善するということが挙げられる。また、消費者生協の場合は、伝統的な企業が提供しないような商品やサービスを消費者として入手できるようにすることがその最大の使命となる。信用組合や信用金庫、労働金庫の場合には、従来の営利至上主義的な商業銀行の論理とは異なる形で運営を行い、商業銀行からの融資を受けにくい零細企業や個人でも融資を受けられるようにすることが最大の目的となっている。

また、インターネットで提供される各種サービスの中でも、法人格の違いがその運営に対照的な影響を与える例として、X（旧ツイッター）とウィキペディアを比較してみたい。[10]

Xについては現在、イーロン・マスクが株式の過半数を保有しているため、実質上マスクが自由に経営できるようになっている。もちろん米国や日本など運営している各国の法律を遵守する必要があるが、経営に関しては完全にマスク個人が自由に決めることができ、Xの組織内で動く人間はマスクに逆らうことはできない。また、一時期はマスク自体が最高経営責任者（CEO）であったが、その当時は解任権を持つのがマスク自身しかいなかったため、彼自身が辞任しない限り、誰も彼を解任することはできなかった。このため彼は、他の株主や従業員などからの突き上げをまったく気にすることなく、法令に違反しない限り何でも好きなことができたのである。

その一方、ウィキペディアの所有者は米国フロリダ州に本拠地を持つウィキメディア財団だが、その運営は数多くのボランティアに任されており、彼らの総意を組む形で民主的な運営が行われている。財団の場合、本来は理事会が経営を担当し、理事以外はその運営に口を出せないが、同財団の場合はボランティアにかなりの権限を委託しており、ページの内容管理などの日常業務は彼らが担っている。もちろんハード面（サーバー）の運営などには多額の費用がかかり、また専属職員も多数抱えているが、米国内外からの寄付によりその費用を賄って運営されている。

連帯経済はそのような社会的経済よりも一般的に前衛的であり、各種社会運動と関連する形でその概念が構築されてきた。アスティビィ（2018）は連帯経済について、以下のように定義している[11]。

> ある意味では連帯経済は、社会的経済の娘だといえる。この娘は反逆的で、母の現状維持や硬直化を受け入れず、自らの構築が行われるにつれ登場する新たな特徴を導入しているが、それらはさらなる環境意識、女性の役割や差異の権利に対する認識の強化、経済生活における民主主義と平等の導入という明らかな意思、社会的・文化的変革の展望、新たな政治文化である。

社会的経済の場合、上記の法人格を有していれば無条件でその仲間と認定される一方、実際には民主的運営や地域貢献など社会的経済の原則を尊重していないものも見られる。その一方連帯経済は、貧困や環境、ジェンダーなど各種社会問題への意識を持つ人たちが、それを解決するための事業として起業したものであることが少なくない。たとえば、途上国の貧困問題を解決する手段としてフェアトレードを始めたり、反原発から再生可能エネルギーを推進したり、DV サバイバーの女性を支援する NPO を立ち上げたり、という塩梅である。このように社会的経済と連帯経済は、その性質が多少違うとはいえ共通点も多いことから、それをまとめた社会的連帯経済という表現が使われることも多い。

社会的企業や非営利セクター(サードセクター)と社会的経済の根本的な違い

社会的経済と社会的企業は、どちらも社会的という表現が使われるために類似するものであるように思われることが多いが、上記の説明を読めばわかるとおり、その間には大きな違いがある（表2)。

社会的経済は、そもそも資本主義的ではない民間経済の構築を意図して始まったものであり、その発端となった労働者協同組合は英国で生まれたが、

表２：社会的経済と社会的企業との間の違い

	社会的経済	社会的企業
本来の発想[1]	非資本主義的で組合員など関係者のための経済活動の実現	公的資金を得られなくなった慈善団体が自ら経済活動を行うことにより自立
ルーツ	フランス	英国・米国
民主的運営	重要視	必ずしも重要視せず
法人格	協同組合、NPO、財団、共済組合など	有限会社、株式会社、協同組合、NPO など
資本主義との関係	並立的	補完的・従属的

註1　https://www.slov-lex.sk/pravne-predpisy/SK/ZZ/2018/112/

それを理論的に体系化したのは前述のとおり19世紀のフランスであり、オイルショック以降にこの概念が再発見されて1980年代のフランス・ミッテラン政権下で推進され、その後フランスと伝統的につながりが深いラテン系ヨーロッパ諸国やケベック、そして中南米などにこの概念が広まった。特に協同組合の場合、各種工業製品を製造しているスペインのモンドラゴングループや各種信用組合、消費者生協や大学生協などのように、資本主義企業も提供している商品やサービスを提供する傾向があり、資本主義でなくてもこれらの経済活動が可能であることを実証している。さらに、社会的経済という概念の下にさまざまな事業体を統合していることからそれなりに多様な生態系が構築されており、社会的経済に属する異業種間でお互いに必要な財やサービスを調達したりすることがある程度できるようになっている。連帯経済の場合、各種社会運動をベースとした経済活動という側面が強くなるが、やはり資本主義とは異なる経済を模索している点は変わらない。

それに対し社会的企業や英語での the third sector（日本語の第3セクターは官民共同出資企業のことを指すが、英語の第3セクターは非営利部門のことを指す）は、そもそも利潤が出ないため資本主義企業が参入しないものの、その存在が必要とされている事業について、その社会的意義を認定して各種支援を提供するという意図で生まれた概念である。社会的経済が1980年代のフランスで見直されたという話は前述したとおりだが、この時期に英米ではサッチャーやレーガンにより新自由主義的な政策が始まり、従来の福祉国家の部分が切り詰められることになった。これを補完する手段として自らの食い扶持を稼ぎつつ、社会的な目標達成に勤しむという社会的企業型ビジネスモデルがもてはやされるようになった。また、特に米国では前述のとおり、NPOへの寄付に対する控除が制度化されており、これにより高所得の個人や法人がその収入の一部を非営利セクターに還元するという形で、資本主義と共栄共存型、多少批判的にいうと資本主義に依存的なサードセクターが生まれることとなる。他にも、税制優遇や行政からの補助金などを受け取りやすくしようという発想が働き、その方向で各種政策が編み出されてゆくことになる。社会的経済よりも社会的企業の概念のほうがメジャーな国では、協同組合やNPOなど社会的経済の一員を社会的企業と認定する動きも存在するが、あくまでも各事業体への支援が政策の主眼であり、これら社会的企業全体を一つの経済分野として捉える視点は一般的に見られない。換言すれば、社会的企業による経済活動が、障害者の包摂や環境保護など、社会的および、または環境面での効用も有する一方、経済的にはそれほど儲かるものではないため、これらの活動を支援する公共政策が必要というわけである。

まとめると、社会的経済はラテン系諸国が発端で、非資本主義的な経済活動の拡大を追求し、場合によっては資本主義企業と同じ分野で競争することもある一方、英米が発端となった社会的企業や第3セクターにおいては既存の資本主義体制には基本的にノータッチで、あくまでも社会的弱者である従業員や消費者、または環境への便宜を金銭的利益よりも優先する経営方針の企業を指すことになる。むしろ、社会的企業やNPOに富裕層や法人が寄付を行うことで、資本主義と第3セクターが共生し、資本主義経済の恩恵を第3セクターが受けることでお互いの強みを活かして共存共栄を図るものであるといえるだろう。

社会的連帯経済関連の各国法制度

また、いくつかの国では社会的経済または社会的連帯経済全体に関する法令がすでに存在する。ここではこれらの法律について概要を示したい。

世界で最初に社会的経済法が成立したのはスペイン[12]で、2011年のことである。同法の第2条では、特定の原則に従って「構成員全体の利益、一般的な経済的、社会的利益、または両者を追求」する民間経済活動の総体とされ、具体的な原則としては第4条で、資本に対する人間の優位、各組合員の貢献度に応じ社会的目的も考慮した利益の配分、地域発展や男女平等・社会的疎外のリスクのある人の包摂や良質の雇用創造などへの取り組み、そして公共権力からの自立という4原則が規定されている。具体的には協同組合、共済組合、財団、NPO、労働者持株会社（2節参照）、包摂企業などが社会的経済の一員と認定されており、この他の実例でも第4条の原則に対応した運営が行われるものであれば社会的経済の一員と認定される。また、社会的経済の推進について詳細な規定は第8条に盛り込まれ、第10条や第10条追加では、失業保険の給付金を労働者協同組合や労働者持株会社の資本金に充当できる規定が存在している。

スペインの次に同様の法律が制定されたのはエクアドルであり、スペインと同じ2011年に民衆連帯経済基本法[13]が制定された。前項で述べたとおり、同国憲法において民衆連帯経済という概念が存在しており、これについて詳しく制定したものである。同法は、他国における社会的経済法と協同組合法の両方の内容が組み合わされたものとなっており、同法の対象となる組織を司る原則としては、ブエン・ビビールや公共財の追求、資本に対する人間の優越、フェアトレードや責任ある消費、ジェンダーの平等、文化的アイデンティティの尊重、自主運営、社会的・環境面での責任、剰余の平等かつ連帯的な分配が規定されている（第4条）。また、地域密着型で民族やジェンダー、自然などに配慮した運営を行う組織の集合体として「地域社会部門」を定義し（第15条）、地元の習慣やニーズに適した運営システムを採用する（第16条）。またNPOが、住宅や貯蓄・金融、輸送および協同労働以外の分野であればあらゆる経済活動が可能であることも規定されており（第18条）、地域社会部門の団体やNPOは社会的基金を備える（第17条および第20条）。さらに、協同組合については、生産、消費、住宅、金融およびサービスという5種類が設定されており（第23条）、ケアや個人事業・家族事業、民芸品製造などを行う団体を民衆経済ユニットと呼んで民衆連帯経済の一部と認定し（第73条）、これらを推進する機関として国立民衆連帯経済局[14]が設立されている（第153条・第154条）。

エクアドルの次に同様の法律が可決されたのはメキシコ[15]であり、スペインやエクアドルの翌年、2012年に社会的連帯経済法が可決している。社会的セクターの目的としては、人権や社会的包摂そして人間の総合的開発といった価値の推進、関連の教育・研修推進、参加型民主主義の実践、研修や雇用・情報などへの参加やアクセスの推進などがあり（第8条）、社会的セクターの原則としては政治的・宗教的自立、参加型民主主義、労働の自主運営、地域への関心が挙げられる（第9条）。また、国立社会的経済局[16]を設立し（第13

条)、各種推進活動を担当させ(第14条)、その諮問機関として社会的経済推進諮問評議会を創設する(第21条)。

その次はポルトガルで、2013年に社会的経済法[17]が可決されている。同国では、次節で紹介するように憲法において協同組合についての記載が非常に多くなっている。社会的経済法に関しては、ポルトガル法は特にスペイン法に似たシンプルな構成になっているが、特徴としては、社会的経済の構成要素にミゼリコルディア(Misericórdia)[18]と呼ばれる慈善団体が含まれていることが挙げられる(第4条)。慈善団体を社会的経済に入れるかについては議論が分かれるところではあるが、ポルトガル社会でそれだけ存在が大きいものであることは確かである。また同法は、サテライトアカウントのデータベース作成を政府に命じている(第6条)。

フランスでは、2014年に社会的連帯経済法(2014年7月31日第2014-856番法律)[19]が可決された。フランス法の特徴としては義務的準備金の保有が挙げられ(第1条)、また社会的弱者の支援や人間関係作り、民衆教育や持続可能な開発、国際連帯などに取り組む企業も、社会的効用があるということで社会的連帯経済の一員とみなされる(第1条、第2条)。また、社会的連帯経済上級評議会がベスト・プラクティスの報告書や3年ごとの現状報告書などの編纂を担当することも規定され(第3条、第4条)、地方ごとに社会的連帯経済協議会を設立して、地方における発展戦略を策定したり2年に1回地方会議を開催したりするとも決められている(第6条〜第8条)。さらに、社会的連帯経済関係の統計作成を命じたり(第12条)、公共調達において社会的連帯経済関連企業を優遇したり(第13条)、一定条件を満たした企業をソーシャル・イノベーションの事例とみなしたり(第15条)、ユーロの担保がある形で発行される地域補完通貨の合法性を保証したり(第16条)、破産した企業の元従業員がその企業を買い取って回復企業として運営できるようにしたり(第18条〜第22条)、とさまざまな規定が存在する。

ルーマニアでは、2節でも言及したとおり、2015年7月23日第219号法律として社会的経済に関する法律が制定されている。社会的企業や包摂社会的企業、さらにはこれらに対して各種支援政策があることについては既述したが、これに加え労働社会連帯省内に社会的経済局を、そしてこれとは別に国家社会的経済委員会を創設することも規定されている（第23条、第26条）。

ギリシャについては、2011年に社会的経済および社会的企業法（法律番号4019/2011）が可決されたが、その後2016年に社会的連帯経済およびその団体法（法律番号4430/2016）へと発展解消されることになり、社会的経済については2節で取り扱っているため、ここではそれ以外の部分のみを取り扱う。同法ではソーシャル・イノベーションや持続可能な開発、そしてフェアトレードやオルタナティブ観光[20]などの概念が取り扱われている（第2条）。協同組合については協同社会的企業、有限社会的協同組合、労働者協同組合や農業協同組合などであり、組合員間の給与格差を3倍までにとどめるよう定められており（第3条）、前者二つについては同法内でさらなる規定が定められている（社会的協同組合は第14条から第23条、労働者協同組合は第24条から第34条）。さらに、社会的連帯経済総局[21]が設立され（第36条）、推進政策の立案や実施、管轄団体の監視、国際連携、調査研究、登録などを行う（第39条）。また、ロマ社会的統合特別事務局[22]も設置される（第42条）。

最後にブルガリアでは、2018年に社会的連帯経済法が可決されている。この法律も前述したルーマニア法同様、社会的連帯経済と社会的企業の両方を取り扱うものであり、社会的経済の主体として「協同組合、公的利益のある非営利法人および社会的企業」（第5条）と規定されているが、ルーマニア法と異なり社会的連帯経済関連の機関は特に設立されていない。

ここで紹介した法令は国レベルのものであるが、地方レベルにおいても、アルゼンチン・メンドサ州[23]（2012年）、カナダ・ケベック州[24]（2013年）、スペイン・ガリシア州[25]（2016年）でも社会的経済法が可決・施行されており、特にガリシア州法では過疎地の振興に関する記載が存在する。

4　社会的連帯経済に関連する記載のある憲法

次に、社会的連帯経済の推進に関連する憲法上の規定について言及したい。憲法において協同組合に関する規定を有する国はいくつか存在し、これらの国では憲法において協同組合の存在が認められていることになる。なお、以下紹介する憲法や各法令の中の大半は成立後に数回の改正を経ているが、本稿では2024年5月現在の条文をもとにその内容を紹介する。

イタリア憲法では第45条で「共和国は，相互扶助を特徴とし，私的な利益追求を目的としない協同組合の社会的機能を認める。法律は，最も適切な手段によりその発展を支援し又適切な管理を行うことで協同組合の性格，目的を保障する」[26]と規定しており、社会における協同組合の役割を認めたうえで、その推進のために適切な法令の整備をうたっている。

スペインでは、1978年憲法[27]の第129条第2項に「公共権力は、企業への多様な形態の参加を効率的に促進し、適切な法令を通じて協同組合を推進する。また、生産手段の保有への労働者のアクセスを促進する手段も提供する」と規定されており、これが協同組合関連の各種法令の基盤となっている。

また、スペインの隣のポルトガルでは、1976年に現在の憲法[28]が制定され、その後2005年までに7回改訂されたが、その中で「協同組合」を意味する名詞である cooperativa、または「協同の／協同組合の」を意味する形容詞である cooperativo, va が27回登場し、教育協同組合や消費者生協、住宅協同組合や自主建設協同組合の設立が憲法で認められているだけではなく、公共部門でも民間部門でもない経済部門として協同部門の存在が認定されており、政府による協同組合支援もうたわれている。

ヨーロッパとならんで社会的連帯経済面でよく話題になる中南米でも、協同組合関係の規定がある憲法が存在する。まずメキシコでは、何度かの改正を経て現在でも1917年憲法が現行憲法[29]となっているが、この第25条において、エヒードと呼ばれる入会地、労働者団体、協同組合、地域社会、労働者が占有または所有権の大半を占める企業などを「社会的セクター」（sector social）と定義して、法律によりその活動を推進すると規定しており、これが後述する社会的連帯経済法と関連することになる。

次にエクアドルでは、2008年に採択された現憲法[30]において、「自然と調和した豊かな暮らし」を意味するブエン・ビビールの概念が取り上げられ、協同組合の取り組みの推進が政府の義務となり（第271条第6項）、第283条では同国の経済制度を「社会的かつ連帯に基づいたもの」と定義したうえで、「民衆連帯経済には…協同組合、NPOおよび地域社会部門を含む」と規定している。さらに第311条では信用組合などを「民衆連帯金融部門」としたうえで、政府から優遇を受けると定められており、第319条では経済生産活動の運営方法としての協同組合が、そして第321条では協同組合による所有権が認められている。翌年にはボリビアでも新憲法[31]が採択されたが、そこでもエクアドル憲法と同様の形で協同組合が政府から認定されているが、ボリビア憲法では協同組合の非営利性が強調されていたり（第55条、第310条）、上下水道や電力など具体的なインフラの運営における協同組合の役割が言及されていたり（第309条、第378条）、天然資源の採掘や輸送などを協同組合に任せる可能性が示唆されたり（第351条、第369条、第370条）している。

それ以外ではインド[32]において、1977年の憲法改正の際に、第43A条において産業の運営への労働者の参加がうたわれ、その後2011年の改正で追加された第43B条において、国に対して協同組合の創設などの支援が命じられている。

5　社会的連帯経済に関する国際労働機関決議および国連総会決議、欧州連合（EU）での動き

最後になるが、国際労働機関（ILO）や国連総会で社会的連帯経済に関するきわめて意義深い決議が採択されたため、それについても取り上げたい。

ILO決議（2022年6月10日第110回総会決議）[33]においては、ILOの事務総長にディーセント・ワークや社会的連帯経済に関する戦略やアクションプランの策定や予算などのリソースの確保を命じ、加盟国には社会的連帯経済の性質や多様性と一貫した環境の整備、各国の経済開発や回復、雇用戦略への社会的連帯経済の統合、公共調達へのアクセス改善、社会的連帯経済によるソーシャル・イノベーションや生産性の向上、能力開発などの推進、関係各省庁間での協力、公教育への社会的連帯経済の統合、社会的連帯経済に関する統計の改善などを要求している。さらにILO自身に対しても、ディーセント・ワークの実現手段として社会的連帯経済推進に取り組み、調査研究や統

計作成、研修などを行うよう義務づけている。そして実際、ILOとして社会的連帯経済の推進活動を行っており、その一部としてILO駐日事務所は、伊丹健太郎（法政大学）が作成した「日本における社会的連帯経済の現状と課題−12の事例で考える−」[34]を刊行している。

その一方、国連総会での決議（2023年4月18日第77/281号決議）[35]では、加盟国に対して持続可能な経済的・社会的開発の可能なモデルとして社会的連帯経済のサポートや拡大のための国・市区町村や地方の戦略、政策やプログラムの推進や実行（その中には統計の作成や公共調達・税制面での優遇、教育カリキュラムにおける社会的連帯経済の認識、社会的連帯経済団体の金融サービスへのアクセス提供、公共政策の立案への社会的連帯経済の担い手の参加など）、国連の関連機関にも各種計画立案の一部として社会的連帯経済の考慮、そして金融機関には社会的連帯経済の資金的支援を促しており、国連事務総長には当決議の実施状況に関する報告書を作成するよう要求している。

日本もその加盟国である以上、多かれ少なかれその影響を受けることとなる。実際、ミレニアム開発目標や持続可能な開発目標（SDG）に関しては日本でもかなり知名度が高くなり、その実現に向けた意欲が官民双方から感じられるようになっている。一方、社会的連帯経済に関してはまだそれほど知名度が高くなく、一部の関係者を除いて、政治家や有識者などであってもその概念の存在すら知らない人が大多数であるように思われる。このため、国連決議やILO決議の内容を吟味したうえで、日本政府や各自治体の関係者などに社会的連帯経済という概念が存在すること自体を知ってもらうことから始めることが大切になるといえるだろう。

また、加盟国の中に社会的経済の伝統を有するラテン系諸国が少なくないEUでは、2021年12月9日に欧州委員会が社会的経済推進のためのアクションプランを策定[36]したが、本稿の執筆時点（2024年6月）現在においてはいまだ法制化されていない。もちろん日本はEU加盟国ではないのでEUの政策から直接影響を受けることはないが、仮にEU法として社会的経済法が成立した場合、欧州以外の地域でもかなり参考にされることが予想される。

まとめ

一般的に企業は金銭的利益の最大化をその活動目標とすることが多いが、これは必須ではなく、別の設立目的を定款に盛り込むことでそれ以外の社会的な目的を追求することが可能となる。また、NPOのように社会的な目標の追求に適した法人を設立するという選択肢もあれば、企業や篤志家からの寄付、または行政からの補助金などを受け取ることで経営の赤字を補填するというビジネスモデルが成立する場合もある。このように、福祉の分野で雇用を創出する場合、さまざまな法制度を活用することが可能となる。

これらの法人格の中でも、社会的企業や社会的協同組合は、このような社会的目的を優先して事業を行う団体のことを指す。また、その目的の中でも、長期失業者や障害者など社会的疎外状態にある人たちを研修目的で雇用し、最終的に別の企業への就職を目指す場合、国によっては労働統合社会的企業（WISE）という法人形態が準備されている場合がある。社会的企業については14ヵ国で法制度化されており、一定の基準を満たした企業が社会的企業と認定され、各種助成や支援を受けられるようになっている。また、後述する労協や労働者持株会社、さらにNPOとは異なり、社会的企業では必ずしも民主的な運営は重要視されていない。

労協については、日本でこそ2022年まで適切な法制度が存在しなかったが、諸外国では長年馴染んだ制度として存在する。その特徴は集団自営業といえるものだが、日本では労協の組合員は所属する労協との間で雇用契約を結ばなければならないため、最低賃金や労働時間の制限など労働者としての権利は保証される一方、労協としてはその権利を保障できるような経営環境を作る必要が出てくる（国によっては自営業者の集まりとみなされるため、そのような雇用契約を結ぶ必要がない場合もある）。また、労協自体は利益追求型にすることもできれば、利益よりも社会的な目的の追求型にすることもできるが、いずれにせよ組合員による民主的な運営が必要とされる。また、スペインでは労協に似た制度として労働者持株会社が法制度化されているが、労働者が主体的に経営に参加するタイプの事業形態であるといえる。

NPOについては、社会的企業同様に企業や篤志家の寄付、さらには行政からの各種支援を受けられるが、仮に利益が出ても理事や会員に還元することは制度上許容されず、またNPOの従業員として働く場合には、前述した日本の労協と同様雇用契約を結ばなければならない。このような制約があるため、特になんらかの形で利益がかなり出る事業の場合は、別の法人格のほうがより自由度のある運営が可能となる場合もある。

社会的企業やNPOなどの法人格を超える概念も各種存在する。社会的企業はフランスで発達した概念であり、非資本主義的な民間経済、具体的には協同組合、NPO、財団と共済組合がその担い手とされている。社会的経済の団体の場合、株式会社など資本主義企業と比べると民主的な運営が可能である。その社会的経済よりも社会変革への意欲が強いものが連帯経済であり、法人格よりもその実態が問われることになる。社会的経済と連帯経済をまとめたのが社会的連帯経済である。社会的企業や非営利セクターは資本主義を補完する役割が強いが、社会的連帯経済では資本主義ではない民間の経済を構築しており、方向性が大きく異なる。社会的連帯経済関連の法律は欧州や中南米の8ヵ国で可決されており、南欧や中南米、インドの憲法には協同組合関連の記載が存在する。さらに、社会的連帯経済に関しては近年、ILOや国連でその推進をうたう決議が採択されており、今後はラテン系諸国を超えて全世界的に労働者の協同や多様な人々との共生が進むと考えられる。

［註］

1 https://eur-lex.europa.eu/legal-content/EN/TXT/?uri=CELEX%3A52011DC0682

2 Cooney, K., Nyssens, M. and O' Shaughnessy, M. (2022), Work Integration and Social Enterprises, https://knowledgehub.unsse.org/wp-content/uploads/2022/05/Encylopedia-Knowledge_Hub_IY_25_EE.pdf

3 Ibid.

4 https://www.legifrance.gouv.fr/codes/section_lc/LEGITEXT000006072050/LEGISCTA000006178132/#LEGISCTA000006178132

5 https://www.boe.es/buscar/act.php?id=BOE-A-2007-21492

6 法的基盤としては「労働者持株会社法」（2015年44号法律、https://www.boe.es/buscar/act.php?id=BOE-A-2015-11071）となる。

7 社会的経済法（2011年第5号法律、https://www.boe.es/buscar/pdf/2011/BOE-A-2011-5708-

consolidado.pdf）第10条および第10条の2。

8 https://www.reuters.com/business/aerospace-defense/brazils-gol-says-bankruptcy-exit-involve-15-billion-capital-injection-2024-05-27/

9 https://japan.coop/pr/pdf/coop_identitiy_ica_statement_jp.pdf

10 本文よりもさらに詳細な筆者による記述は、https://shukousha.com/column/hirota2/10786/ を参照。

11 https://es.slideshare.net/mig76/ss-238384809

12 https://www.boe.es/buscar/pdf/2011/BOE-A-2011-5708-consolidado.pdf

13 https://www.seps.gob.ec/wp-content/uploads/LOEPS.pdf

14 https://www.economiasolidaria.gob.ec/

15 https://www.diputados.gob.mx/LeyesBiblio/pdf/LESS.pdf

16 https://www.gob.mx/inaes

17 https://diariodarepublica.pt/dr/detalhe/lei/30-2013-260892

18 ポルトガルでは宝くじの収益で各種慈善事業を運営している。なお、日本に比較的近く、旧ポルトガル領であるマカオにも、仁慈堂という名称で同様の組織が存在する。

19 https://legislatie.just.ro/Public/DetaliiDocument/252981

20 通常の観光旅行とは違い、訪問先の文化や自然などを尊重し、訪問先への悪影響を最低限にとどめ、観光客と彼らを迎える地域の両方にとって有益な関係を作る観光。

21 https://kalo.gov.gr/

22 https://egroma.gov.gr/ なおロマとは、かつてジプシーと呼ばれていた民族のことを指す。

23 http://www.saij.gob.ar/8435-local-mendoza-creacion-programa-promocion-economia-social-solidaria-provincia-mendoza-lpm0008435-2012-06-27/123456789-0abc-defg-534-8000mvorpyel

24 https://www.legisquebec.gouv.qc.ca/fr/document/lc/E-1.1.1

25 https://www.boe.es/buscar/act.php?id=BOE-A-2016-5943

26 日本語訳出典：イタリア上院のサイトに公開されている日本語訳。https://www.senato.it/sites/default/files/media-documents/Costituzione_lingua_giapponese_0.pdf

27 https://www.boe.es/buscar/pdf/1978/BOE-A-1978-40001-consolidado.pdf

28 https://www.parlamento.pt/sites/EN/Parliament/Documents/Constitution7th.pdf

29 https://www.diputados.gob.mx/LeyesBiblio/pdf/CPEUM.pdf

30 https://www.gob.ec/sites/default/files/regulations/2018-11/constitucion_de_bolsillo.pdf

31 http://www.gacetaoficialdebolivia.gob.bo/app/webroot/archivos/CONSTITUCION.pdf

32 https://cdnbbsr.s3waas.gov.in/s380537a945c7aaa788ccfcdf1b99b5d8f/uploads/2023/05/2023050195.pdf

33 https://www.ilo.org/sites/default/files/wcmsp5/groups/public/@ed_norm/@relconf/documents/meetingdocument/wcms_848633.pdf

34 https://www.ilo.org/sites/default/files/wcmsp5/groups/public/@asia/@ro-bangkok/@ilo-tokyo/documents/genericdocument/wcms_835590.pdf

35 https://unsse.org/wp-content/uploads/2023/04/A-77-L60.pdf?fbclid=IwAR0eBWOEbhCiFUxRkky2wUtzU7Eqyas9zxk4v6GL04osB4nE2dJEa8Mkl-4

36 https://ec.europa.eu/social/main.jsp?langId=en&catId=89&newsId=10117&furtherNews=yes#navItem-1

第6章
事例から考える「働きがいのある連帯社会」

市場においてさまざまな主体が活躍できるフィールドが生まれてきたことによって、労働を組み込んだ福祉もその目的や効果がさまざまに表れてきている。

福祉と労働の接点を担うサードセクターやその実践は、そのルーツをたどると、多様な流れを汲んでいる。小さな政府主義の下で、市場や民間を活用するために発達してきたもの、権利運動、当事者運動や消費者運動から発展してきたもの、障害者の親の会などルーツは異なる。本章では労働自体が持っている力を含めて、「働きがいのある連帯社会」について考えていきたい。

ここでは、福祉において労働がどのような意味を持っているかを示す8つの事例を紹介する。まず、事例Ⅰ「移民労働者を包摂する社会的連帯経済――スペインの事例より」、事例Ⅱ「難民のドイツ労働市場への統合」、事例Ⅲ「ローガンスクエアにおけるペアレント・メンター事業――移民の参加、エンパワメント、社会統合」では、外国人労働者や難民、移民の社会統合についての事例を取り上げている。この事例は、この研究を始めるきっかけとなったアメリカの移民地域のコミュニティにおいて実施した調査をもとに、人間として尊厳を認められるような労働においては、労働者が力をつけることができることを示している。事例Ⅳは、障害者もまた「働くことで力を得る」ことを示す事例となっている。事例Ⅴは韓国の「障害者の労働形成型就労」の例を紹介している。事例Ⅵは、生活協同組合による「働く場の創造」とそれによって、社会貢献をすることで社会参加を実現していくという事例である。社会貢献はやりがいを生むのみではなく、社会への統合の役割も果たすことが示されている。事例Ⅶは、利益追求ではなく、社会的課題の解決を目的とするソーシャル・ビジネスの一例を紹介している。出身国の料理を作ることを通じて、在日外国人女性たちが社会参加できるよう支援し、その過程でスタッフや顧客の共感と協力を得て事業が展開されていく様子がつづられている。事例Ⅷは、労働によって「自ら求めるサービスを創り出した事例」を取り上げている。消費者生活協同組合運動は、そもそも安全な食や生産者がわかる商品を食べたいという運動から始まってきたが、自分たちが必要とするサービスを作ることも可能なのである。これを可能にしたのは、社会福祉基礎構造改革を経て、介護保険法や就労支援系の事業が導入され、福祉サービスが市場において供給されるようになったためである。

事例Ⅰ

移民労働者を包摂する社会的連帯経済
―― スペインの事例より

廣田裕之

はじめに

日本や欧州諸国など先進国のみならず、中国やタイなど新興国においても少子高齢化に伴い、近い将来、労働者不足が深刻化することが予想されており、移民労働者の受け入れが急務となっている。伝統的に失業率が高かったスペインでも、少子高齢化の進行などにより分野によっては労働力不足の問題が発生しており、これにより数多くの移民がスペインで職を得て暮らすようになっている。スペインでは社会的連帯経済の分野においても労働者として移民を受け入れる事例がいくつか出始めており、今後の日本においても参考になると思われる。

スペインにおける実例を紹介する本節は、同国において外国人が就労許可を取得する主な方法の紹介から始める。外国人である以上、スペインで就労するには就労許可が必要だが、その取得のための条件は国籍や滞在歴などにより変わるため、ケースバイケースでの対応が重要となる。その次に、農業や繊維、介護や飲食業などさまざまな分野において協同組合など社会的連帯経済が移民労働者に雇用を創出したり、彼らが別の団体で雇用を得られるよう支援したりする事例を5つ紹介する。最後に、日本とスペイン間に存在する法制度の違いを明らかにし、スペインにおける事例を日本社会で実現するために必要な措置を模索する。

1　スペインにおいて外国人が就労許可を取得する方法

労働者として協同組合が外国人を受け入れる場合、就労許可の取得が必要になるのは日本もスペインも同じだが、スペインの場合は外国人であっても就労許可が取りやすいケースがいくつか存在する。ここでは、スペインにおいて外国人が就労許可を得る場合に一般的なケースを紹介したい。なお、これ以外にもスペインで就労許可を取得する方法も存在するが、ここでは比較的多いと思われる事例をいくつか紹介する。

まず、スペインは欧州連合（EU）加盟国であるため、フランスやドイツなど他のEU加盟国の国民、または欧州経済地域（EEA）加盟国、具体的にはアイスランド、スイス、ノルウェー、リヒテンシュタインの国民であれば、非常に簡単な手続きで就労許可が得られるため、ほとんど問題がない。次に、旧植民地であり現在もスペインとのつながりが強い中南米諸国には、現地国およびスペインもしくはスペイン以外のEU/EEA加盟国という二重国籍の者も多いが、当然ながらそのような者はスペインではスペイン人またはEU/EEA加盟国民として取り扱われるため、前者同様に入管面では就労上の障害がほとんど存在しない。さらに、スペインとの二国間協定によりペルー人とチリ人については、基本的に雇用契約書と職務遂行能力の証明さえできれば、比較的簡単に雇用がもらえる。これに加えウクライナ人の場合には、2022年2月のロシア侵攻により、他のEU諸国同様に人道ビザが発給されており、身分証明書を持ってスペイン国内に到達さえすればほぼ自動的に就労許可が得られるようになっている。

しかし、一般的に外国人がスペインで就労する場合、「国内雇用状況」で県別に明示されている職種か、雇用者がスペイン国内で人材を探したものの見つからなかったという証明が必要となる（スペイン人の親または祖父母がいる者や2年以上スペインでの就労経験がある者など就労経験がある者などには、前述の規定は適用されず。また、自営業の場合は該当せず）。また、スペインには「社会的定着」という制度があり、非正規滞在になっても3年以上の滞在を証明できれば、就労許可を申請することができるようになっている。さらに最近「職業訓練のための定着」という制度が創設され、2年以上の滞在を証明できる場合、社会的定着による就労許可の取得を目的とした職業訓練のためにスペインで合法的に滞在することができるようになる。他にも、留学ビザで大学や専門学校などを卒業した場合、留学から就労許可へと滞在許可を切り替えることができ、卒業後に「求職または起業」滞在許可により最大24ヵ月スペインに滞在し、就職や起業時に就労許可へと切り替えることができる。

これに加えてスペインでは、ここ数年難民申請が急増している[1]。2023年には16万3220人もの人々が申請を行っているが、そのうち85%以上が中南米出身である点が特徴的である。難民の場合、申請してから認定の可否が下りるまでかなり時間がかかることが珍しくないが、申請後6ヵ月経過すると就労が許可される。また、認定されなかった場合には就労許可は取り消されることになるが、それでも粘ってスペインに3年以上滞在し続けると前述の「社会的定着」の条件を満たすことになり、これにより就労が可能となる。

なお、就労許可を一度取得するとその維持はかなり容易であり、最初の就労許可（1年有効）の期間中に9ヵ月以上就労の実績があれば就労許可を更新でき（4年有効）、その後は永住権が得られる。旧植民地（プエルトリコを含む中南米、赤道ギニア、フィリピン）やブラジルなどの国籍者はスペイン居住2年で、そしてスペイン人と婚姻関係にある者はわずか居住1年でスペインへの帰化申請が可能であるため、永住権の取得前に帰化を達成してしまう者も存在する。さらに、スペイン居住2年で帰化申請可能な国籍の者の場合は母国籍の離脱は求められないため、帰化により二重国籍になった中南米出身者がスペインには数多く居住している（日本人がスペインに帰化する場合は、日本法とスペイン法両方により日本国籍の離脱が求められる）。これに加えて、最初の就労許可の際には勤務地（申請した県内のみ）や職種に制限があるが、更新後は制限がなくなり、さらに被雇用と自営の区別もなくなる。ちなみに、スペインも日本と同様に原則として血統主義であるが、スペインでは移民3世、正確には少なくとも外国人の両親のうちどちらかがスペイン生まれである場合には出生地主義が採用され、出生時にスペイン国籍を取得できる。

2　アフリカとの連帯に向けたバレンシア協会（AVSA）[2]および協同組合COTASA[3]

最初に紹介するAVSA（アブサと発音）は、これ自体はNPOだが、雇用創出のために協同組合COTASA（コターサ）を創設している。AVSAが設立されたのは2002年のことで、バレンシア市に隣接するブルジャソット市の教会の信者らのボランティアグループが、橋の下でみすぼらしい生活を強いられていたアフリカ系移民の窮状を目の当たりにして、なんらかの形で彼らを救おうとしたことがきっかけである。

NPOとしての法人格を得たのは2008年のことであり、その際に「人権への焦点を基盤とし、異文化性やボランティア活動の原則や価値観による統合プロセスを通じて当コミュニティに駆け込む、必要を抱えた移民の人間性の推進および社会的統合のための業務」および「具体的なプラスの体験を通じた対話、相互理解および共存の推進を通じた、スペイン社会における人種差別的および外国人排除的な態度の防止」を基本目的と制定している。現在はバレンシア市（住居）に加え、バレンシア市から60kmほど南にあるシャティバ市（公設市場内に食品店）、その近郊バジャーダ市（農園）とアイェロ・デ・マルフェリット町（住居）と4つの自治体に拠点を有しており、本部はシャティバ市内に置かれている。

同協会の場合、拠点の大半が中山間地にあることもあり、職業訓練は主に農業分野で行われているが、これらサハラ以南地域の出身者のニーズに応える目的で、就労許可を得るための法的サポートやマイクロクレジット、心理的サポートやスペイン語教室などを提供しており、その関係でカトリック系の慈善団体カリタスや連帯学校[4]などの団体と提携している。

4つの自治体にある拠点では、それぞれの特性を活かした活動が展開されている。バレンシア市内では、移民が雨風をしのげるよう住宅が提供されている。シャティバ市内にある店舗では、生鮮野菜に加えてオリーブオイルやワイン、コーヒーなどが販売されており、そこで移民が働いている。バジェーダ市内の農園では、パーマカルチャーや環境に配慮した建築、有機農業などの研修が行われている。アイェロ・デ・マルフェリットでは2018年にブドウ農園向けの人材育成を始め、その後段ボールや建設業、そしてパン工場でも移民労働者を受け入れるようになり、現在では46名が就労している。

3　トップ・マンタ（カタルーニャ州バルセロナ市）[5]

次に紹介する事例は、非正規滞在状態にあったサハラ以南出身の移民たちが、さまざまな人たちの支援を受けて労働者協同組合（労協）を設立して自ら雇用を創出している例である。

バルセロナ市内では、マンテロと呼ばれる露店販売の人たちを目にすることがある。サハラ以南アフリカ出身であり、非正規滞在のため就労許可を持たない彼らは、バルセロナ市内の目抜き通りなどでTシャツやバッグなどを路上販売して生計を立てているが、当然ながら無許可で行われるこのような商売は違法であり、地元警察による取り締まりが厳しいため、警察が取り締まりに来たらこれらの商品をすぐに包んで大急ぎで逃げられるようにしている。マンテロらは移動販売員民衆組合[6]という一種の職業団体を創設してさまざまな活動を行っているが、経済的にも不安定で、いつ警察の摘発を受けるかわからない状況から脱出すべく、そのマンテロらの中で労協の創設に関心を持った者らにより、2017年に創設されたのがトップ・マンタである。

現在バルセロナ市内では、サンツ地区にある元縫製工場が各種協同組合の活動場所として活用されているが、その一角にトップ・マンタ自身の縫製工場もあり、移民自らが衣服を製造しており、中心街のラバイ地区においてこれらの商品を販売している。また、シルク版画の制作や、外部から依頼される各種業務の受託も行っている。同労協の尽力のおかげで現在までに120名が就労許可の取得に成功し、現在は25名が同労協で働いている。

4　レス・アベーリェス（カタルーニャ州レウス市）[7]

「ミツバチたち」を意味する本協同組合は、高齢者介護のための労働者協同組合として設立されたものであるが、結果的に移民への雇用創出にもつながっている事例として紹介したい。

日本ほどではないもののスペインでも高齢化が進んでおり、2024年には65歳以上の人口が20%を超えていることから、高齢者介護のニーズが増大している。このため介護要員として外国人が職を得ることも珍しくないが、スペインでは高齢者やその家族が介護者を直接雇用するケースも多く、この雇用を通じて介護者が就労許可を得る場合、雇用者として介護者とともに申請手続きを行う必要がある。また、非常に脆弱な立場である移民労働者に給与が支払われなかったり、その他の問題が発生しても移民労働者が泣き寝入りせざるを得なかったりする事態も少なくない。しかし協同組合を設立して、組合経由で介護の仕事を受注することでそのような労働者の保護につながり、また個人よりは就労許可申請の手続きに慣れている協同組合がこれを行うことにより就労許可が取得しやすくなっている。

レス・アベーリェスは、バルセロナ市から110kmほど西に位置するレウス市（県都タラゴナ市の近郊）において、COVID-19が世界的に流行する中で介護などエッセンシャル・ワークの重要性が再認識された2020年に、同市役所に加え、研修や起業支援を担当する市の外郭団体IMFEマス・カランデイや、カタルーニャ州政府系でタラゴナ地区を管轄する協同組合インキュベーターCoopCampの支援により設立された、社会的イニシアチブ協同組合である。提供しているサービスは、在宅介護や高齢者が元気な生活を続けられるようにするプログラム、家事補助や家族に対する心理的ケアなどである。現在は組合員が9名で、そのうち7名が中南米系を中心とした移民となっており、これまではすでに就労許可を得ている外国人だけを雇用していたが、現在では就労許可を未取得の者に対してその取得支援のためのサポートを提供し始めている。

5 社会的包摂企業（WISE）やそれに類する事例

スペインの社会的経済全体の観点から眺めると、これ以外にも移民労働者の社会的包摂に役に立つ事例は存在する。その中でも主なものとして挙げられるのが、英語圏のWISEに相当する社会的包摂企業であり、ここでは社会的疎外の危機にある者を1年間前後研修生として雇用し、その後に一般企業に就職させてゆく。社会的包摂企業の場合は自身が直接雇用を創出しているわけではなく、またその包摂対象はスペイン人が主であるが、外国人についても積極的に受け入れているため、結果的に彼らもその恩恵を受けることができるようになっている。なお、社会的包摂企業自体の法人格は普通の株式会社や協同組合、または労働者持株会社（スペイン独自の制度で、法人格としては有限会社や株式会社であるものの、出資金の過半数を労働者自身が拠出しているもの）であるが、この企業の推進団体としてNPOや財団など非営利法人を擁する必要がある。

WISEの一例として、フォルマシオー・イ・トレバイ[8]を紹介したい。これはバルセロナ都市圏のサン・タドリアー・デ・ベゾースに本部を有し、カタルーニャ州各地に拠点を有しているが、古着や家具の修理を行い低所得者層向けに安く販売しており、事務管理やグラフィックアート、建物の修繕や環境保全、飲食業や清掃業、販売などさまざまな分野で67もの講座が実施され775名が研修を修了し、そのうち42%が就労に成功している（2023年）。また、本部では研修生が調理や接客を行うレストラン「ディンス」[9]が営業しているが、この本部に隣接している東バルセロナ工業学校のカフェテリアの運営も委託されており、同学校のキャンパス内でも営業を行っている。

他にも、バスク州の最大都市ビルバオ市内に本拠を構えるラ・ペニャスカル[10]は、社会的イニシアチブ協同組合として1986年に創設されたものだが、社会的疎外のある若者向けに各種職業訓練を提供しており、その若者の中には外国人も含まれている。これらの事例においては、就労許可を持たない外国人に向けた就労許可の取得のサポートも行っているため、結果的に外国人の雇用支援も行っているということができる。研修分野は衣類や小売、電気技師や水道工事、冷凍庫管理や、精肉業や木材加工、調理や飲食業、溶接など幅広い分野にわたっており、専門学校としてバスク州政府の補助金を受けている。現在ではバスク州ビスカヤ県（ビルバオ市のある県）に本部を含めて6ヵ所、ギプスコア県（県都サン・セバスティアン）に4ヵ所、そして隣接するナバラ州の州都パンプローナ市内に1ヵ所の合計11ヵ所の拠点を有している。

6　日西間の法制度などの違い

2024年元日現在で総人口の13.36%が外国人であり、帰化により外国人ではなくなった元外国人（中南米人などの場合は母国との二重国籍状態）やスペイン国外生まれで出生時よりスペイン国籍を有する者らを含めるとさらに外国人比率が高まるスペインと、同じく2024年元日現在での外国人人口の割合が2.66%に過ぎず、帰化の際に母国籍の離脱が義務となっている日本の状況を一概には比較できないが、それでも法的要件などにおける両国の違いについてまとめてみる。

外国人が就労許可を得るためには一定の要件を満たす必要があるが、EU加盟国であるスペインの場合、他のEU加盟国の国籍を有する者は就労許可の取得が非常に容易であり、また旧植民地の中南米にはスペインまたはその他EU諸国との二重国籍の人間も少なくないことから、彼らもスペインでの就労が容易である一方、それ以外の人は留学ビザから切り替えるか、非正規滞在や難民申請中からの「社会的定着」により就労許可を得るのが一般的である。

その一方、日本では基本的に一度非正規滞在になると正規化することは非常に困難であり、「社会的定着」により滞在の正規化や就労許可の取得が可能であるスペインのような法制度が存在しない。少子高齢化のさらなる進行により労働力不足が深刻化することが予測されている日本の近未来を考えた場合、オーバーステイなどにより非正規滞在になった人に対して強制退去という鞭を行使するだけでなく、スペインの社会的定着のような飴の制度を確立して、ある程度日本社会に慣れた外国人がそのまま日本に住み続けられるようにすることも検討し始めたほうがよいのかもしれない。

さらに、スペインの場合は就労許可の更新時に職業制限がなくなるが、日本の場合は分野ごとに職業制限が課せられている。スペインの場合、たとえば最初の1年を介護労働者やレストランのウェイターとして過ごせば、2年目からは転職したり自営業として自立したりできるが、日本で同様の活動を意図する場合は、永住者や定住者、日本人や永住者の配偶者を除いて在留資格の変更が必要となるため、たとえば介護の在留資格を有する外国人が転職や自営業としての独立を希望する場合、面倒な手続きを行う必要が生じる。今後日本における人材難がさらに深刻化することを考えた場合、現在のような職業制限を緩和して、世界人権宣言第23条第1項でうたわれている職業選択の自由を外国人にもある程度認めてもよいのではないだろうか。

まとめ —— スペインと日本との状況の違いを考慮に入れて

EU加盟国であるスペインにおいては、EU市民や欧州経済地域加盟国などの国民は非常に簡単に就労許可が取得できるようになっているが、それ以外の外国人は「国内雇用状況」に掲載された業種や、スペイン国内の求人では見つからなかった業種に限定されるか、または留学ビザからの切り替えなどの条件を満たす必要がある。また、非正規滞在でも3年以上スペインに滞在する者であれば、「社会的定着」の制度を活用することで、就労許可の取得も可能である。

このような法制度を踏まえて、移民が就労許可を取得してスペイン社会に定着できるよう努力している社会的連帯経済の事例が見られる。具体的な業種としては農業や建築、縫製業や介護、飲食業や環境保護、または前述の業種に関連した小売業などが挙げられる。これら各種事例の実施団体の法人格は、NPO（スペインではアソシアシオンと呼ばれる）や協同組合、社会的包摂企業（WISE）と多岐にわたるが、労働許可申請の際に必要となる技能を習得する機会を移民に提供したり、彼らに雇用を提供したりしている。WISEに関しては、その性格上外国人を特に主な対象としているわけではないが、WISEが提供する支援を必要とする外国人が多いという現状から、彼ら特有のニーズ、特に語学学習や就労許可の取得にも対応した業務を提供している。

当然のことながらスペインの制度を、法律の違う日本でそのまま実施することはできない。日本には「社会的定着」に相当する制度が存在せず、一旦非正規滞在になってしまった外国人向けの救済策はほとんど存在しない。さらに、スペインでは就労許可を更新すると職業制限が撤廃され、自営業も可能となるが、日本では永住者資格などを取得しない限り在留資格を変更する必要があり、外国人の就労にかなりの制限が課せられている。もちろん、在留資格の変更を必要とする転職を行うたびに手続きを行えばよいとはいえ、その煩雑さの問題がある点は考慮に入れる必要があるだろう。

また、スペインに住む外国人の中には、中南米出身者のように言語の壁がない、またはスペイン語と同じくラテン語の子孫である言語（ポルトガル語、フランス語、イタリア語、ルーマニア語）を使う人が多く、彼らはスペイン社会で働くうえで必要なスペイン語の習得が比較的容易だが、日本に住む外国人にとって日本語は習得が非常に困難な言語であり、これも日本社会への統合において障害となっている。各種教材の開発などを通じて、外国人が日本語を習得しやすい環境を整備することも欠かせないであろう。

［註］

1 スペインにおける難民申請関係の統計については、難民支援団体CEARが作成しているこちらのサイトが参考になる。https://www.masquecifras.org/
2 https://avsavalencia.org/
3 https://cotasa.org/
4 https://escolessolidaries.org/
5 https://topmanta.store/
6 https://manteros.org/
7 https://lesabellescoop.com/
8 https://www.formacioitreball.org/
9 https://dinsescola.org/
10 https://www.grupopenascal.com/

事例 II

難民のドイツ労働市場への統合

松本勝明

1　統合政策の発展

今日、ドイツにおいては「移民の背景（Migrationshintergrund）を有する者」が全人口のおよそ3割を占めている[1]。「移民の背景を有する者」とは本人または少なくとも一人の親が生まれながらにドイツ国籍を有する者ではない者のことをいう。このような状況の下では、移民のドイツ社会への統合（Integration）が重要な課題となるが、つい20年ほど前までは、「ドイツは移民受入国ではない」との基本原則が維持され、一貫した統合政策の推進が阻まれてきた。すでに、1970年代には国による積極的な統合政策の推進が急務であることが指摘されていたが、統合のための取り組みは長年にわたって福祉団体に委ねられたままであった［Hanewinkel 2021］。1979年には、連邦政府から初代の「外国人受託官（Ausländerbeauftragte）」に任命されたHeinz Kühn（社会民主党）も、移民の現状[2]を認め、帰化をしやすくし、統合を促進することを求めた。しかし、ドイツ社会への移民の統合が国家の責務として位置づけられるまでには長い期間を要し、ようやく2005年1月に施行された移民法[3]により初めて国の責務が明確にされた。

移民法により、従来の連邦外国難民認定庁から改組された連邦移民・難民庁（Bundesamt für Migration und Flüchtlinge）が統合促進策をコントロールすることになった。移民法により導入された具体的な統合促進策としては、たとえば、統合講習（Integrationskurs）が挙げられる。統合講習は600時間のドイツ語講習（Sprachkurs）と100時間のオリエンテーション講習（Orientierungskurs）から構成される。後者の講習では、たとえば、ドイツの法秩序、権利及び義務、歴史、文化、宗教の自由、男女同権などドイツについての知識が教授される。

2012年には、ドイツ国外で取得した職業資格の承認を統一的、効果的、かつ、透明性をもって実施するため、「外国で取得した職業資格の確認及び承認に関する法律」[4]（以下、「承認法」という）が施行された。その背景には、ドイツ国外で取得した職業資格がドイツで認められないために、外国人の多くの労働者がその者の本来の資格に相当する仕事に就けないことがある。この法律により、ドイツ国外で取得した職業資格の承認手続きが簡略化され、たとえば、一定の養成教育を終了したことを証明する書類を持たずに祖国から逃れた難民が職業資格の認定を受けられる道が開かれた［Salikutluk et al.: 2018］。

大量の難民[5]が欧州諸国に押し寄せた2015年のいわゆる「欧州難民危機」に際しては、まずは大量の難民がドイツに流入することへの直接的な対応、すなわち、難民の登録、宿泊場所及び食事の確保が政治的な努力の中心となった。しかし、地方自治体、州及び連邦の各レベルの行政機関はそれほどに大量の難民が流入することに十分に対応しきれなかったため、一部には混乱した状況もみられた。しかし、このような状況が落ち着き、いわゆる「バルカンルート」沿いの国境が閉鎖され、難民の流入が減少した2016年には、ドイツに長期間滞在する難民のドイツ社会への統合が議論の中心となった。同年7月末には難民の統合について規定する統合法[6]が制定された。

2　統合政策の基本的考え方

統合政策は「支援と要求」（Förderung und Forderung）の基本原則に基づき推進されている。ドイツ社会は、既存の障壁を除去することにより、ドイツに来た移民に対して社会、経済及び政治のすべての重要な領域へのアクセスを保障する。一方、ドイツに来た移民は、ドイツについての知識を取得し、自由で民主主義的な法秩序を始めとしたドイツ社会の基本的価値を尊重することが求められる。

3　統合法による統合政策

「統合法」というタイトルから連想されるものとは異なり、この法律は移民の包括的な統合政策について定めたものではなく、認定された難民並びに庇護を求める者であってドイツにとどまることができる可能性が高いものの労働市場への統合について定めたものである。この法律も「支援と要求」の原則に即して、次のようなことを定めた。

担当行政機関は庇護申請者に対してドイツ語講習及び統合講習の受講を義務づけることができる。庇護申請者が受講を拒んだ場合にはその者が受給する社会給付[7]がカットされる可能性がある。一方、庇護を求める者であってドイツにとどまることができる可能性が高いものの労働市場へのアクセスを容易にするため、連邦雇用エージェンシーは失業率の低い地域において3年間は優先権審査[8]（Vorrangprüfung）を行わない。担当行政機関は「難民統合プログラム」の枠中で庇護申請者に対し最長6ヵ月間は週30時間までの単純な就労を義務づけることができる。これに対して、庇護申請者は1時間0.8ユーロのわずかな報酬を受けることができる。庇護認定申請が認められた難民には、認定を受けてから5年後（従来は3年後）に初めて「期限のない滞在許可」が与えられることになったが、特に優れたドイツ語の能力を習得した者などには、従来どおり認定を受けてから3年後に「期限のない滞在許可」が与えられる。

4　難民の労働市場へ統合

労働市場への統合にあたって、難民は自らの意思に基づきドイツに来た一般の移民の場合と比べてより大きな問題に直面する可能性がある。難民は、戦争、暴力、迫害などから逃れるためにドイツに来たという事情から、ドイツに到着した際には、より少ないドイツ語の知識、社会的なネットワーク及び情報しか有していない。また、祖国とドイツの教育制度が異なるため、祖国での資格や職業経験をドイツで活かすことが難しい。さらに、庇護認定手続き、就労禁止、居所の制限などの制度的な障壁が存在する。

このような障壁の存在を念頭に置いて、以下においては、連邦雇用エージェンシーの労働市場・職業研究所（IAB）、連邦移民・難民庁の研究センター（BAMF-FZ）及びドイツ経済研究所（DIW）が毎年共同で実施している難民に対するアンケート調査[9]の結果に基づき、2013年から2019年の間にドイツに到着した難民の労働市場への統合の状況をみていく。

就業率

2013年から2019年の間にドイツに到着した難民（18～64歳）のうち、労働者又は自営業者として就業している者の割合は、ドイツへの到着後1年間は10%以下とわずかな割合にとどまっている。しかし、その後、滞在期間が長くなるにつれ、就業率は顕著に増加し、到着後7年では平均で63%、到着後8年以上では68%に達している（図）。その中から、難民危機が起こった2015年にドイツに到着した難民を取り出してみると、2022年の就業率は全体平均と同水準の64%となっている。就業している難民の90%は就業に基づき社会保険への加入義務がある。

難民の場合と比較するために、自らの意思でドイツに来た移民及びドイツの居住者全体の就業率をみてみると、2022年ではそれぞれ70%及び77%となっている。このように、到着後8年以上の難民の就業率は移民の平均就業率と同程度となっているが、居住者全体の平均就業率よりは9%ポイントだけ低くなっている。

難民の就業率を男女別にみると、男性と同様に女性の就業率も到着後の期間が長くなるほど上昇している。しかし、到着後1年ですでに大きな男女間格差がみられる。到着後8年以上の就業率は、男性の場合が86%であるのに対して、女性の場合は33%にとどまっている。男女間格差の原因としては、何よりも、女性が子どもの世話を受け持っていること、男性に比べてドイツ語の習得や教育にかける時間やお金が少ないこと、相談・助言の機会をあまり利用していないことなどが挙げられる［Brücker et al.: 2024］。加えて、女性は祖国においても平均的に就業率が低く、また、就業していた場合にも、ドイツでは強い規制の対象である職業（例：保育関係）に就いていた場合が多いことも影響している。このため、ドイツの労働市場では彼女らの有する能力や資格を活用することが容易ではない。

雇用の質

ドイツでの滞在期間が長くなることに伴い、就業率だけでなく、雇用の質も改善している。2015年にドイツに到着した難民で就労している者の76%

は、2022年においてフルタイムで就労をしている。2015年にドイツに到着した難民であって、フルタイムで就労している者の2022年における税・社会保険料控除前賃金（1時間当たり）の中央値は13.7ユーロとなっており、低賃金（Niedriglohn）[10]の基準である12.5ユーロを上回っている。

難民の就業率や所得が上昇することに伴い、社会給付の受給は減少している。2015年にドイツに到着した難民の89%は、2016年において庇護申請者給付法に基づく給付[11]、求職者基礎保障の給付又は失業保険の給付を受けていた。しかし、この割合は2022年には39%にまで減少している。

参入障壁の除去

①庇護認定手続き

難民の滞在期間が長くなるにつれ就業率が上昇することには、労働市場への制度的な参入障壁が段階的に低くなっていくことが関係している。庇護申請中の難民には審査終了までドイツに滞在することが認められるが、それは通常の滞在資格ではなく、単に審査終了までの暫定的な滞在が認められるに過ぎない。外国人の入国及び滞在について定める滞在法[12]に基づく滞在資格が与えられるのは、審査結果に基づき難民条約による難民として認定された場合である。このため、ドイツでの滞在当初、庇護認定手続きが行われている期間においては、難民は審査終了後もドイツにとどまれるという確かな見込みがなく、このことが労働市場への参入を難しくしている。2015年に大量の難民の流入が起こった後、連邦移民・難民庁は、庇護認定手続きの期間を大幅に短縮し、多くの庇護申請者に対して以前よりも遥かに速くドイツにとどまれるかどうかを明らかにしている［Kosyakova: 2020］。平均的には、ドイツに到着して最初の１年には難民の38%が庇護認定手続き中の状態であったが、この割合はその後４〜5%に低下している。

②就業禁止

労働市場への参入のもう一つの大きな障壁は就業禁止の措置である。難民が庇護申請を行った場合には、最初の３ヵ月間は就業が全面的に禁止される。

その後も、申請から9ヵ月（2024年からは6ヵ月）までは、原則として就業が禁止される。ただし、この期間においても連邦雇用エージェンシーが同意すれば外国人局は当該難民に就業を許可することも可能とされている。

実際に原則就業禁止が適用された難民の割合は、到着後最初の1年間には48%となっている。このように就業が許可される可能性はあるとはいえ、認定手続き中の就業が制限されていることは難民の就業可能性を低下させているものと思われる。

③社会給付

庇護申請者に対して行われる給付も、難民の労働市場への統合に影響を与えている。難民が受入施設に滞在する場合には、生活のための基礎的需要をカバーする給付（基礎給付（Grundleistung））については、大部分が現物給付で行われる（庇護申請者給付法第3条第2項）。基礎給付には、栄養摂取、居住、暖房、衣服、健康維持などの需要を満たすための給付のほかに、移動、通信、余暇、文化などの「個人的な需要を満たすための給付」が含まれる。このため、「個人的な需要を満たすための給付」が現物給付で行われることは、移動、コミュニケーションなどの活動を抑制し、難民の労働市場への参入の障壁になる可能性がある。到着後最初の1年間は25%の難民が主に現物給付を受けているが、この割合は到着3～4年後では22%と若干低下している。

④居住制限

庇護申請者は、審査が終了するまでの間（最長18ヵ月、年少の子がいる親の場合は6ヵ月）受入施設に滞在することが義務づけられる（庇護法第47条第1項）。また、認定された難民も、その後3年間は割り振られた州に居所を持つことが義務づけられる（滞在法第12a条第1項）。当該州は、州内の居所を指定することもできる。ただし、就労、教育のために居所を変更することは可能である。居所制限は、移動の自由を妨げることにより、仕事に関する情報の収集や求職活動を行いにくくし、求職活動の長期化や就業率の低下をもたらす恐れがある。到着後1年目では、自由に居所を選べた難民の割合は17%にとどまるのに対して、到着後７年以上では75％にまで上昇している。

⑤統合措置への参加

統合政策上の措置、なかでもドイツ語の習得を促進するための措置は、難民の労働市場への統合に重要な意味を持つ。難民対策を取りまとめた2015年10月の「庇護パッケージⅠ」（Asylpakt I）の導入以降、庇護申請者も連邦移民・難民庁の統合講習に参加することが可能となった。ほぼ半数の難民はドイツへの到着後３～４年で統合講習を修了している。しかし、統合講習修了者の割合は到着後７年以上でも約3/4となっている。さらに上級のビジネス会話講習では、講習修了者の割合が到着後７年以上でも約1/5にとどまっている。

また、連邦雇用エージェンシー及びその出先であるジョブセンターが行う労働市場・職業相談を利用した難民の割合は、到着１年目で1/4、到着後７年以上でも2/3以下にとどまっており、いまだ十分に活用されていないことがわかる。

まとめ

以上のように、難民の就業率は滞在期間とともに上昇し、70％近くに達している。質的な面をみても、その大半は就業に基づき社会保険への加入義務がある。また、フルタイム就労の割合も増加している。そのことが、庇護申請者給付法などによる給付受給者の減少にもつながっている。このようなポジティブな進展には、難民認定手続きの迅速化、就業禁止期間の短縮化、ドイツ語・統合講習の実施、ジョブセンター等による相談などの政策的な対応が影響を及ぼしている可能性がある。

一方で、難民の賃金の水準は、「低賃金」をわずかに上回る程度にとどまっている。ドイツへの到着後短い滞在期間で難民の就業率が高くなることは、必ずしも統合がうまくいっていることを裏付けるわけではない。なぜならば、難民が短い滞在期間で就業できるということは、短期間で低賃金の仕事に就き、その状態がその後長く続く恐れがあるということでもあるからである。

そのことは、該当する難民の労働能力を低く評価するだけでなく、経済全体から見ても損失につながる。その意味において、承認法の制定などによって、難民が、ドイツにおいて祖国で有していた職業資格や職業経験にふさわしい仕事に就ける状況がどこまで実現するのかが重要な意味を持つ。

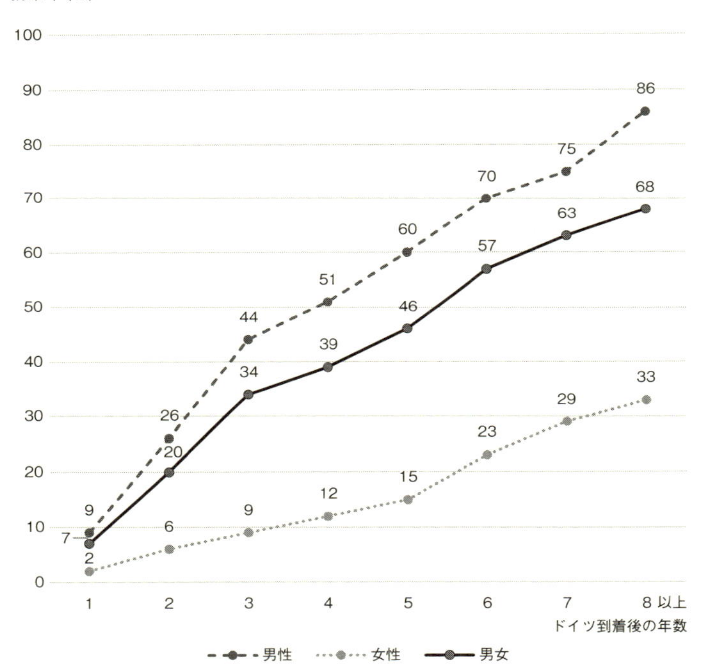

図　難民の就業率の推移

出典：IBA-BAMF-SOEP-Befragung von Gerüchteten 2016-2022 をもとに著者作成。

［註］

1　Statistia (2024) Verteilung der Bevölkerung in Deutschland nach Migrationshintergrund im Jahr 2023. https://de.statista.com/statistik/daten/studie/1236/umfrage/migrationshintergrund-der-bevoelkerung-in-deutschland/

2　ドイツにおける外国人居住者の数は1979年に400万人を超えた。外国人居住者の大部分は、すでに1970年代の後半から、社会的な矛盾の中で生活していた。すなわち、彼らは「移民受け入れ国でない」国で移民状態にあった（バーデ／オルトマー, 2021）。

3　Zuwanderungsgesetz vom 30. 7. 2004, BGBl. I S. 1950.

4　Gesetz zur Verbesserung der Feststellung und Anerkennung im Ausland erworbener Berufsqualifikationen vom 6. 12. 2011, BGBl. I S. 2515.

5　本稿では、政治的迫害や武力紛争などから逃れるため祖国を離れ他国で庇護を求める人々を「難民」という。

6　Integrationsgesetz vom 31. 7. 2016, BGBl. I S. 1939.

7　庇護申請者は、最低生活の保障として、求職者基礎保障や社会扶助の給付の代わりに、庇護申請者給付法（Asylbewerberleistungsgesetz）に基づく給付を受けることができる。

8　「優先権審査」は、当該職業ポストに適した国内労働力の有無を確認し、該当する求職者がいない場合にのみ外国人の就労を認めるもので、国内求職者の就労優先と保護を目的とした審査である。

9　IAB-BAMF-SOEP-Befragung von Geflüchteten 2016-2022.

10　すべての就労者に係る賃金の中央値の2/3に相当する金額以下の賃金が「低賃金」とされる。

11　15歳以上年金支給開始年齢までの就業可能な者の最低生活保障は求職者基礎保障により、それ以外の者の最低生活保障は社会扶助により行われる。ただし、庇護申請者は求職者基礎保障の対象者及び社会扶助の対象者から除外されている。

12　Aufenthaltsgesetz vom 25. 2. 2008, BGBl. I S. 162.

［参考文献］

クラウス・J・バーデ、ヨッヘン・オルトマー（2021）「ドイツにおける移民の歴史」クラウス・J・バーデ編『移民のヨーロッパ史』増谷英樹ほか訳、東京外国語大学出版会

Hanewinkel V. (2021) Integration und Integrationspolitik in Deutschland. https://www.bpb.de/themen/migration-integration/laenderprofile/deutschland/344036/integration-und-integrationspolitik-in-deutschland/

Kosyakova Y./ Brenzel H. (2020) The role of length of asylum procedure and legal status in the labour market integration of refugees in Germany. Soziale Welt, 71 (1–2), S. 123-159.

Brücker H. / Ehab M. / Jaschke P. / Kosyakova Y. (2024) Arbeitsmarktintegration von Geflüchteten. Verbesserte institutionelle Rahmenbedingungen fördern die Erwerbstätigkeit, IAB-Kurzbericht Nr. 10.

Salikutluk Z./Jacobsen J./Kroh M. (2018) Die Arbeitsmarktperspektiven von Geflüchteten: Rechtliche Bedingungen, Qualifikationen und die Rolle der ArbeitgeberInnen. https://www.bpb.de/themen/migration-integration/kurzdossiers/266464/die-arbeitsmarktperspektiven-von-gefluechteten-rechtliche-bedingungen-qualifikationen-und-die-rolle-der-arbeitgeberinnen/

事例 Ⅲ

ローガンスクエアにおけるペアレント・メンター事業
── 参加、エンパワメント、社会統合

仁科伸子

この事例は、労働の社会的意味と質を考えるために提示する。ここでは労働が持つ3つの重要な意味について述べたい。一つは、労働はすなわち「社会参加」であり、社会へのコミットメントであるという事実である。もう一つは、その労働が、誇りの持てる仕事やディーセント・ワークであれば、ディスエンパワメントの状態からの回復を促すことも、その人をエンパワメントすることも可能であるということである。さらに、労働によって、社会システムの中に統合される「社会統合」が実現するということである。

1　ローガンスクエア近隣地域

シカゴの中心部からインディアン・トレイルであるミルウォーキー・アベニューを車で北西に走って15分ほどでローガンスクエアに到着する。ローガンスクエア・コミュニティエリアは、生産された農作物を市内の市場に運ぶのに地の利の良い立地であったため、都市化が進んでいったシカゴ市の台所として19世紀初頭には農地が開発された。1871年のシカゴ大火の後、シカゴの中心部には耐火建築物以外が建設できなかったのに対し、ローガンスクエアはまだ都市化が進んでいない農村地域であったため、コストが安い木造の建物を建設できた。そのためこの時期に木造住宅が大量に建設され、その後鉄道が延長され、白人労働者階級が流入した。

1990年代には、南アメリカの政変や、メキシコの経済的な不安定からラテン系の移民が急増し地域の人口の約三分の二を占めたが、21世紀初頭頃にはジェントリフィケーションが進みはじめ2008年筆者が初めてこの地域を訪

れた際には、シカゴの中で最もダイバーシティが進んだ地域として知られていた。2020年には、白人51.8%、ラテン系34.5%、アフリカ系5.8%、アジア系4.4%、その他3.5%となり、シカゴ市全体が、白人33.1%、ラテン系28.7%、アフリカ系28.8%、アジア系6.8%、その他2.7%であるのと比較すると、白人とラテン系が多い人種構成である。

かつて明治期に移民した日本人が、リトル東京を形成していたように、ローガンスクエアには南米やメキシコからのスペイン語話者が集積し、地域の中ではスペイン語を使わない人のほうがマイノリティかと思われるような時期もあった。この地域のメインストリートは、ミルウォーキー・アベニューであるが、この通り沿いに、都市を好むヤング・プロフェッショナルが住宅を購入してリノベーションして住み始め、ジェントリフィケーションが始まっている。

2　ローガンスクエア・ネイバーフッド・アソシエーション

ローガンスクエアには、ローガンスクエア・ネイバーフッド・アソシエーション（以降LSNAと省略）というコミュニティ・オーガニゼーションが50年以上も活動を続けており、地域の住民の立場に立った活動を行っている。LSNAは、1962年にレッドライニングに反対するために設立されたアリンスキータイプのコミュニティ・オーガニゼーションを得意とする組織である。ローガンスクエア地区全体と近隣のコミュニティエリアに対してもサービスや支援を提供しており、コーポラティブ住宅や、アフォーダブル住宅の建設、子どもの教育、移民の自立や健康な生活のための支援などを実施している。

LSNAは支援を受ける住民も運営に参加するマルチステークホルダータイプの組織である。また、米国歳入法に（Internal Revenue Code）に基づく501（C）ステータスを取得した非営利組織であり、地域の企業、住民が会費を払って加入する会員制組織である。運営組織構成を見ると、ディレクターを頂点に、9つの委員会が設置されている。LSNAの運営資金は、助成財団や個人からの寄付、州や市からの補助金、メンバーからの会費によって賄われている。行政の下請け的な存在にならないよう州や市からの補助がメインの収入源にならないよう注意を払っている。会費を払ったメンバーは、月一回の運営会議に参加することができる。民主的な組織である理事会のもとに、有給のスタッフが雇用されている。

現在のLSNAの活動の大きな柱はアフォーダブルな住宅の確保と教育である。1995年に始めたペアレント・メンター事業は、移民の母親たちを有償ボランティアとして地域の小学校に派遣し、英語を母国語としない子どもたちの教室での勉強を手伝い、ドロップアウトを防ぐことを目的としている。

3　ペアレント・メンター事業

1995年に始まったペアレント・メンター事業は、LSNAの取り組みの中でも最も成功している。この事業については、2019年に出版した拙著において詳述しているので、ここでは概要を記しておく。

この事業では、LSNAと小学校が協力し合って、母親たちのグループを組織し、小学校の教室で英語を母国語としない子どもたちの学習支援を実施している。2018年に調査した際には、ローガンスクエアに立地する8校がペアレント・メンターを受け入れていた。一つの学校に一人のコーディネーターを配置しており、そのもとで10人程度の母親たちを支援を必要とする教室に配属する。ペアレント・メンターは、教室で、英語がわからない子どもや授業に集中できない子どもの隣に座って教科書を開いたり、鉛筆を渡したりと、教員の手がまわらないことをきめ細やかに支援する。月曜から木曜までは、教室で授業のサポートを実施し、金曜日は自己研鑽のための研修として、自分たちが暮らす地域や、LSNAの活動、市や州の政策について学ぶ。ペアレント・メンターに支払う謝礼は、州や助成財団からの補助金や寄付で賄われており、財源の確保などについても研修を受ける。

ペアレント・メンターは、毎年新学期に約100人が参加し、各小学校に派遣される。中には不法移民も含まれているため、この活動は労働とは呼ばれていないが、研修期間終了後は謝礼として参加への対価が支払われる。

9月の初めの登校日には、子どもたちと一緒に親も登校してくるが、この日にチラシなどを持って、新しいペアレント・メンターの求人を行う。そして、各学校のコーディネーターを中心に研修を行った後に、新しい人々が各教室で働く。そして、翌年夏休みに入る5月末頃に終了する。この活動の終了後に、多数の参加者が地域のコミュニティ・オーガナイザーや、学校のコーディネーター、また、教員資格を取得してバイリンガルの教員となる。民間企業や、LSNA以外の組織のコーディネーターとして活躍する元ペアレント・メンターも生まれてきた。LSNAは、英語教室や、教員資格を得るための教育や、それらのための資金などをイリノイ州や助成財団などと掛け合って準備し、多くの女性達の自立やエンパワメントを支えてきた。筆者は、ペアレント・メンターの経験後職を得た女性のうち、10人にインタビューを行ったが、全員が、現在の自分の生活や仕事のすばらしさを語った。そして、ペアレント・メンター事業に参加する前は、落ち込み、無気力で、期待してやってきたアメリカに失望を感じていたが、ペアレント・メンターが自分の人生を変えてくれたのだと語った。

4　働くことの意味

筆者が2008年にペアレント・メンターと出会ってから、どうして、このように人々をエンパワメントできるのか強い興味を覚え、量的な研究やインタビュー調査を行ってきた。その結果わかったことの一つは、「仕事」をすることは、単なる行事への参加や研修では得られないパワーを人々にもたらしているということである。もう一つは、インタビューした人々は、自分の役割や仕事にとても誇りを持っているということである。しかし、どのような仕事でも、エンパワメントにつながるかというとそうではない。移民たちは、アメリカにやってきた当初、アメリカ人たちがやりたがらないきつい仕事や工場の夜のシフトで働いたときに感じた絶望や自己肯定感の喪失について口々に語った。

スー・ホンは、ローガンスクエアで、移民としてアメリカにやってきた女性たちが、ペアレント・メンターとして活動したのち、地域のコミュニティ・オーガナイザーや教員となって地域貢献していることを明らかにした［Hong 2011］。このように、人材が地域に還されている例は、コミュニティを基盤と

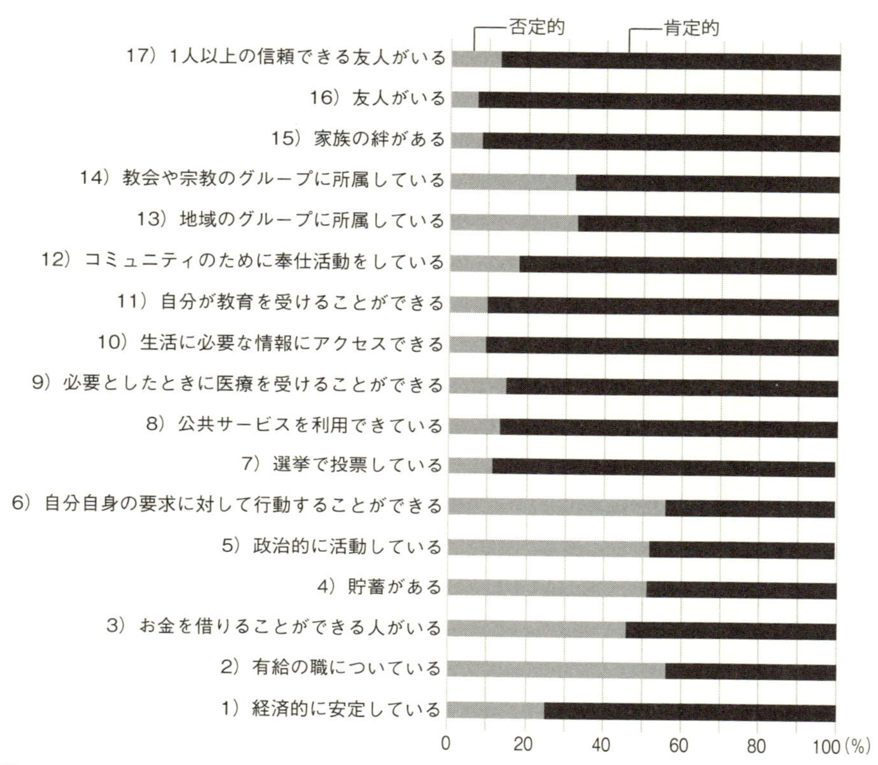

図５　エンパワメント指標得点

データ出典：［仁科，2017］をもとに筆者作成

した活動が盛んなシカゴにおいても珍しい。

移民女性たちのペアレント・メンターへの参加がエンパワメントにどのような効果を与えたか理解するため、その調査結果を見てみよう。

この調査では、国際機関が女性のエンパワメント指標として用いている経済、政治、公的サービス、健康・保健、情報、コミュニティ、社会関係性などの領域に関する1）～17）を使用し、4択でペアレント・メンター事業への参加終了後のエンパワメントの状況を考察した。「そう思う」と「まあそう思う」を合わせたものを「肯定的」、「そう思わない」「あまりそう思わない」

を合わせたものを「否定的」として、百分率で図に表した。経済的なエンパワメントに関しては、ほかの項目に比して、否定的な割合が高い。他方、政治的参加に関しては、7）選挙で投票するは9割が肯定的であるが、6）自らの要求に対して行動することができる、5）政治活動に参加しているは、比較的「肯定的」の割合が低い。12）〜17）は、社会的紐帯を示す項目であるが、いずれも7割〜8割の肯定的な割合が示された。この数値は、ペアレント・メンターの参加前後での比較はできないため、これらの数値にペアレント・メンター事業への参加が影響したかどうかを測ることはできないが、経済的エンパワメントは、社会的エンパワメントに比べて容易ではない。また、社会的紐帯、家族関係、コミュニティとのかかわりは強いことがわかる。

インタビュー調査では、ペアレント・メンターを経験した後、自分の人生が変わっていくのを感じた、自分の中の可能性に気づいた、自分の夢を持てるようになったという回答がみられた［仁科 2015］。

この調査に協力してくれた一人の女性は、メキシコからの移民で、出身国では大学を卒業して教員として働いていた。夫と結婚し、アメリカンドリームを求めてアメリカ合衆国に渡ってきた。ペアレント・メンターをはじめたとき、Pre-K[1] に通っていた彼女の息子は、現在小学校の教員になり、結婚して子どもが生まれている。そして、その後生まれた娘にも子どもが生まれて、大家族となり、彼女は、ペアレント・メンターのリーダーとして忙しく働いている。彼女の語りを以下に紹介する。

以下、2014年に行ったインタビューより、Aさんの語り［仁科（2019）より抜粋］

私は、8人兄弟の長女で、これまで自分の母のような母親になりたいと思って生きてきた。メキシコでは、5年間学校の教員をしてきたが、メキシコで得た学歴はここでは通用しなかった。

1991年に結婚して夫とアメリカに来た。私が自分の人生を振り返ったときに、1991〜97年はとても暗い。私はメキシコでは教員だったのに、アメリカに来て工場で三交代の夜のシフトで8時間ロボットのように働いた。初めのころ、私は家に帰って泣いた。「私は幸せではない」と。

それに比べると、2000年以降の人生は信じがたいほど幸せだ。そこから私の人生は、完全に変わった。

アメリカに来た頃は、モンロースクール[2]のPre-Kに息子を送っていく毎日だったが、息子が学校でどうしているか不安だった。息子を送って学校に行くと、チラシを配っている人がいた。以前から、なぜ親の中でも学校に残る人たちがいるのかと思っていたが、そのチラシでわかった。それがペアレント・メンターだった。息子のことを心配していたので、是非ペアレント・メンターになって、学校に残りたいと考えた。しかし、当時は英語が話せなかった。

面接を受けることになった。面接では、あなたにはどんなスキルがあるかと聞かれ学校の教員の経験があることを話した。面接のあと、1週間、15時間のトレーニングに参加した。ここでは、リーダーシップスキル、パーソナルゴール、コラボレーションの3つの分野について、トレーニングを受ける。私はそこで、英語が話せるようになりたいということを目標に据えた。すると、すぐにESLのクラスに入るよう勧められた。夜間に通える英語のクラスが用意されていた。

ペアレント・メンターとして、Pre-Kのクラスに配属された。教室に入ると、メキシコでの教員としての仕事が思い出された。そして、夢は、アメリカで教員になることだと考えるようになった。

ペアレント・メンターとして働くようになって、自分の中のリーダーシップに気づいた。(補助金が削減されないように) 事業の重要性と継続を訴えるために、スプリングフィールドに行きロビー活動にも参加するようになった。州の議員と話をし、ミーティングに参加するうちに、さまざまなスキルを養い、自分はもっといろいろなことができると考え始めた。

1998年にパートタイマーとして、Pre-Kに子どもを行かせなかった家族を対象に、ゲームやホームスクーリングの手助けをする仕事にかかわった。シカゴ市の仕事だった。面接に行くと、3つの学校を回るため、車と運転免許がいるという。私は車を運転したこともなかったけれど、運転できるし、車も用意しますと言った。私は、すぐに夫に電話し、「車を買って運転を練習しなければ」と言った。そのとき、アメリカに来てから貯めたお金が2000ドルほどあった。そのお金を使って車を買うことにした。家の近所の道路に駐められた車に「2500ドルで売ります。電話×××-××××」という張り紙があった。私たちはその番号に電話してお願いした。「2000ドルしかないんですけど売っていただけませんか？」相手は、いいよと言ってくれた。車はその日本人から買った。2日半運転を練習し、その後仕事に出かけるようになった。

1999年に、コミュニティ・ディレクターとしてLSNAが運営するアフター・スクール・プログラムを運営するようになった。

2000年に、Jさんに声をかけられて、LSNAで働くようになった。ペアレント・メンターを経験して、道が開けはじめた。今はどんな機会も逃さないように働いている。

その後、私はGED[3]を受け、ノースウエスタン大学に入学して卒業資格を手にした。私の夢は、アメリカで初めてペアレント・メンターとして私の運命を切り開いたモンロースクールの先生になることだ。最初に自分が自分を見つけたところで、教員になりたい。GYT[4]で教員になるための資格を取ろうとしているが、最後の単位を取るためには、3ヵ月間休職しなければならない。そのため機会を見ているところだ。

ペアレント・メンターは、大きなチャンスだ。「私ができたのだから誰でもできる」とみんなに話している。みんなのロールモデルになりたいと思う。ペアレント・メンターは、私の子どもの教育にも大きな影響を与えている。私の息子もまた教員になりたいと考えている。ペアレント・メンターは、私の子どもの学校との付き合い方、教育について教えてくれた。自分のことを考えられること、違った考えを持った人と一緒に働くことができる、資金提供者と対等に話をすることができる、同じ人間として話をすることができるといったことで、自分に自信をつけた。LSNAには、大きな信頼感を抱いている。ペアレント・メンターに参加し、コミュニティに対する帰属感を強く持つようになった。私はフンボルトパークに暮らしていたけれど、LSNAは、私の大きな家だと思っていた。ペアレント・メンターを経験したからこそ今の自分がある。

（Aさんの語り以上）

［付記］

ペアレントメンターに関しては拙著（2019）『人口減少社会のコミュニティ・プラクティス――実践から課題解決の方策を探る』（御茶ノ水書房）第6章において言及しているが、本稿では、それを仕事の尊厳という角度からとらえなおして論考した。Aさんの語り部分は、同書からの抜粋である。

［註］

1　Pre-Kinderの略で4歳になった子どものクラス。義務教育ではないが小学校内に設置されている場が多い。

2　モンロースクールは、ローガンスクエアにある小学校の一つ。

3　General Educational Development：5教科の試験を実施することによって、高等学校を卒業したものと同等のレベルの学力があるとみなされる。

4　GYTはGrow Your Own TeacherというLSNAが実施しているプログラムで、移民の子どもを教育するためのバイリンガル教員を育成

［参考文献］

Hong Sue (2011) *A Cord of Three Stands*. Cambridge: Harvard Education Press.

Patterson, E. A. (2004) Logan Square. In Grossman, J. R.; Keathing, A. D.; Reiff, J. L., *Encyclopedia of Chicago*. Chicago and London: University of Chicago Press, pp. 491-92.

仁科伸子（2019）『人口減少社会のコミュニティ・プラクティス――実践から課題解決の方策を探る』（御茶ノ水書房）pp. 127-129.

事例 Ⅳ

働くことで、力を得る
―― 小国町サポートセンター悠愛のお姫様Aさん

仁科伸子

サポートセンター悠愛

2000年以降、障害者就労支援事業を使って、障害者の働く場を形成する取り組みが増えている。熊本県小国町にあるサポートセンター悠愛は、障害児・障害者の複合施設である。もとは町営であったが民営化し社会福祉協議会が母体となって入所と通所事業、短期入所やグループホームなど空き家になった民家や社宅を活用した20ヵ所の居宅系サービスを運営している。また、生活介護事業所「悠工房」、就労移行支援・就労継続支援A型事業所「就労支援センター陽なたぼっこ」、就労継続支援B型事業所「大豆工房小国のゆめ」、レストラン2軒を構え、農業福祉連携事業として広大な大豆畑を耕作している。

サポートセンター悠愛が立地する小国町は九州のほぼ中央、熊本県の最北端、阿蘇外輪山の外側に位置する。東西北部を大分県、南部を南小国町と隣接し、総面積136.72k㎡でその74%は山林が占めている農山村地域である。1955年に1万6467人であった人口は2024年6500人ほどとピーク時の半分以下となった。町の高齢化率は40%を超えている。典型的な中山間地域の小規模自治体である。

小国町は、湧き水がおいしく、この水を使ってつくられた豆腐が名産であったが、高齢化により閉店する豆腐屋が現れた。そこで、サポートセンター悠愛は、障害者就労の場としてその豆腐屋を買い取って運営することにした。

小国町の主要産業は、農業、林業と観光業であるが、かつて多世代によって営まれてきた農林業生産システムは、高齢化と人口減少によって継承と存続が難しくなってきている。

地域には、多くの耕作放棄地が広がり、土地ならいくらでも借りられそうだった。そこで、社会福祉協議会では、すずかれんという大豆を障害のある人たちの手ですべて栽培できないかと考えたが、大豆栽培は、手間と技術が必要であり、いくら土地があって活用できるとはいえ、素人の手では限界があった。2016年度は秋の長雨によって収穫された大豆にカビが生えたり、また、地震で2ヵ月間は水がにごって営業できなかった。そのような困難があったにもかかわらず、2016年には2万丁の豆腐、1万5千枚の油揚げが市場に出て行き、436万円あまりの収入となった。次の年には、秋の長雨に備えて、倉庫を借りて対策し、もっと多くの生産と売り上げを狙った。障害のある人が大豆を栽培し、あるいは豆腐を製造する役割を担うことを通してその能力や個性を輝かせ、仲間や地域、生産者とつながり、収入を得て、地域社会の中で自立して暮らしていくことを志向して、このプロジェクトは進められている。こうしてでき上がった豆腐は、「小国のゆめ」と名づけられて市場に出て、県内のスーパーにも売られている。

小国町では、障害のある人の働く場だけでなく、暮らしの場も、地域に整備している。できるだけ、普通に地域の中で暮らしていくノーマライゼーションの思想に基づき、グループホームが整備されている。地域に点在する20ヵ所のグループホーム、ケアホームで障害のある人たちが暮らしている。これらは、空き家になった民家を活用している。

人口の減少に伴って、世帯数も減少し、これによって、空き家が発生する。小国町も例外ではない。サポートセンター悠愛では、空き家になった住宅を買い取って、あるいは借りて整備しグループホームにしている。施設と違い地域の中で障害者が普通に暮らせることが、グループホームの特徴だ。食事や掃除を手伝ってくれる世話人は、地域の人々である。こうして、空き家は使われ、地域の人の雇用も増えている。

サポートセンター悠愛では、町の高齢者の配食サービスも行っている。買い物困難や一人暮らしの高齢者が多い中山間地域では、このようなサービスも必要だと考えた。キッチンでは、障害者が働き、一日350食の配食サービスをしている。
さらに、障害者が働く場として農福連携レストラン、「すずかれん」ができると、地域の中には喫茶店やレストランが少ないため、地域の人々の集まる場としても人気が出た。数年後には、レストラン「天空の豆畑」がオープンした。最初にできたすずかれんは、レジを扱う必要があり、重度の障害者にはハードルが高いため、新しいレストランでは券売機を導入し、障害が重い人も働けるように工夫された。
ここで、働いていた一人の女性について、施設長である椋野さんが書いた一文を紹介したい。

いってきまーす

椋野正信

「お姫様になりたい」それがＡさんの妄想でした。
Ａさんはプラダー・ウィリー症候群という染色体異常による障がいがあって、幼児期から過食による肥満、食への執着、脅迫的傾向、興奮など特徴ある行動症状が発症します。思春期、青年期と年齢を経るにつれ症状は重くなりがちで、幻覚、妄想などの精神症状も出現します。
Ａさんは、小国養護学校（現支援学校）中学部に入学、町立第一小国学園「こんぺい棟」に入所しました。プラダー・ウィリー症候群の特徴が顕著にあって、ポッチャリ体型でいつも興奮気味、落ち着きがなく衝動的、過剰な感情表現で職員や仲間とのトラブルも多く、就寝時は体を折り曲げて座って寝ていました。中学部を卒業すると、第二おぐに学園悠希寮に入所、木工作業班に所属していました。おしゃべり好きで、笑ったり、怒ったり、泣いたりと忙しい性格だったので、周りにいる人は疲れてしまい、疎まれることもありました。
2000年４月、グループホーム「悠愛ホーム」（定員４人）が開設して以来、小国学園の地域に向けたサービスが開始され、翌年には在宅障がい者を受け入れる通所部が開始され、当事者グループ「どげん会」も発足しました。2004年4月には、「きよらの家」に続いて、3つ目のグループホーム「ひまわり」を開設することになりました。

当時、障がい者の保護者にとって、施設入所が「親亡き後の安心」のための最終目標でした。施設は数十人もの待機者を抱えていることが当たり前でした。措置制度の時代、入所定員により受け入れ制限のある施設には、死亡か長期入院など特別な事情がない限り空きが出ることはありません。せっかく入った施設から退所して、グループホームに入居するということは、保護者にとっては大きなリスクを伴うことでした。

「ここを出たら、あなたはルンペンになるのよ」

Aさんがグループホームに転居したいという意向を示し、保護者を呼んで話し合いをしたときに、母親はそう言って退所するのを止めようとしました。ルンペンとは、今のホームレスのことです。おそらく、Aさんはそれを想像することはできなかったでしょう。事前にグループホームを見学していたAさんは、どうしても引っ越しをすると言い張り、母親と言い争いになりました。

「失敗してもまた入所できるように開けておきますから、チャレンジさせてください」

施設側の提案で、漸く保護者もグループホームへの転居を承諾してくれました。

Aさんの日中活動も、施設内の旧杉の子学級校舎にあった「木工班」から、2003年4月から小国学級のデイサービスセンターにかわりました。施設外実習で、小国ウディーの工場にも行きました。また、田の原温泉「大朗館」にも行きました。2011年3月東日本大震災が起こった年、民営化により、サポートセンター悠愛が発足しました。その時悠工房に就労継続支援B型事業（非雇用型：定員10人）・就労移行支援事業（定員6人）を併設しました。サポートセンター悠愛の就労系事業の始まりです。この時AさんもB型事業所に所属しました。

2014年4月、就労支援センター陽なたぼっこが、悠工房から独立しました。悠工房は、単独の生活介護施設となりました。また、陽なたぼっこは、就労継続支援A型事業所（雇用型：定員10名）を併設して高齢者等向け配食サービスを開始しました。Aさんの活動拠点も、現在の陽なたぼっこに移りました。2016年4月熊本地震が発生した年に、大豆工房小国のゆめとして豆腐、揚げの製造販売が開始され、大豆「すずかれん」を栽培する農福連携事業が同時にスタートしました。2018年3月には就労継続支援B型事業所大豆工房小国のゆめ（定員20名）が陽なたぼっこから独立して単独の事業所になりました。

そして、2020年12月、農福連携レストラン天空の豆畑が、小国町西里湯けむり茶屋にオープンしました。これがAさんにとって転機になりました。Aさんがレストランで働くことになったという報告を聞いたときは、長続きはしないだろうと思っていました。お客さんや他のメンバーとのトラブルが想像できました。

ところが、ユニフォームを着て溌溂として働くAさんは、レストランにとって欠かせないスタッフに育っていきました。

「むくちゃん、おっはよー」

Aさんは、レストランに通所する前に事務所の横を通り、サッシの窓越しに私を見つけると高音の明るい声で呼びかけます。

「今からレストラン？頑張って」

「うん、いってきまーす」

意気揚々とした笑みを浮かべながらAさんは、手を挙げて通り過ぎていきます。この笑顔を見るたびに天空の豆畑をオープンした意味があったんだなということ心から嬉しく思っていました。そして、誰もがAさんは、レストランという舞台で、お姫様になったんだなということを疑いませんでした。

2019年10月、Aさんの病状が、思いのほか深刻であることがわかりました。それでもAさんは、レストランに戻って働くことを願い続けていました。数日後に45歳の誕生日を迎えるはずだったAさんは、2020

年4月3日ソメイヨシノが満開の日に永眠しました。

Aさんの夢の舞台だったレストランには、今も満面の笑みを浮かべる写真が飾ってあります。

シンデレラのように短い舞踏会だったけれど、王子様に出会うために出て行ってしまったのだと思いたい。かなうことがない妄想であっても。

この文章は、筆者が勤務する大学で、椋野さんにご講演をいただいたときに紹介してくださったものである。障害者福祉の変遷とともに生きたAさんの姿が目に浮かぶように描かれている。Aさんが脱施設化や民営化の流れの中で、グループホームに入り、好きな仕事を見つけ、労働を通して成長していった様子がひしひしと伝わってくるので、椋野さんにお願いしてAさんのご家族に了解していただき、ここに掲載させていただいた。人は、労働の中に生きがいを見つけることで、大きな力を得て、毎日笑顔で落ち着いて落ちついて暮らせるのだということが語られている。またこの文章からは、施設の職員の方が、一人の女性の人生と真摯に向き合っている様子がわかる。人を幸せに導きエンパワメントする労働とは、障害があるなしにかかわらず、人間としての尊厳を保ち、楽しくやりがいを持ってできるディーセント・ワークであることが重要なのだ。私たちが、天空の豆畑を訪れると、スタッフはみんな楽しげに働いている。人間性を否定されるようなハードワークや、強制、いじめ、ハラスメントがある職場では、Aさんが得たようなパワーは得られないだろう。

事例Ⅴ

韓国の労働形成型社会的企業の事例

金吾燮（オソップ）

1　韓国の障害者雇用状況

韓国の190万4866の企業体の中、常勤の障害者を1名以上雇用している企業体は6万4115ヵ所で3.4%程度である。常勤の障害者数は20万6325名で、全体常勤勤務者の1.41%である（韓国障害者雇用公団雇用開発院：2023年企業体障害者雇用実態調査)。この統計指標は、50人以上の障害者義務雇用企業体を対象にした「障害者雇用促進等に関する法律」(1990年）が改正されて以降、0.49%（1991年）から3.12%（2022年）へ7倍以上増加した。

しかしながら、この現況についてはまだ不十分だと評価されている。労働者全体に対する障害のある労働者の割合（2022年末基準で1.41%）が全体人口に対する障害者の割合（2022年末基準で5.2%）の半分をはるかに下回る状況と、障害者雇用の代わりに負担金納付を選ぶ大企業の実績中心の慣行、重度障害者の低調な雇用率などは依然として劣悪な障害者雇用状況の断面である。また、職場の質の問題は現在の障害者労働政策でより一層重要な話題である。このような状況の中で、障害者を含む脆弱階層の雇用創出を図る社会的企業育成法は、障害者雇用創出の拡大に寄与すると期待されている。

表1　韓国の障害者雇用現状

	企業体			常勤勤務者		
	全体	障害者雇用企業体	比率	全体	障害者	比率
全体	1,904,866	64,115	3.4%	14,896,871	209,325	1.41%

出典：韓国障害者雇用公団雇用開発院（2023年企業体障害者雇用実態調査）

2　韓国の社会的企業

韓国における社会的企業とは、脆弱階層に社会サービスまたは働き口を提供して、地域住民の生活の質を高めるなどの社会的目的を追求しながら財貨およびサービスを生産·販売するなどの営業活動を遂行する企業を指す（社会的企業育成法第2条第1号）。

「脆弱階層」とは自分に必要な社会サービスを市場価格で購入することに困難があったり、労働市場の通常的な条件で就職が特に困難な階層を指し、「社会サービス」とは、教育、保健、社会福祉、環境及び文化分野のサービスその他これに準ずるサービスを指し。

韓国の社会的企業は社会的企業育成法を根拠法としているが、制定背景についてチャンは次のように述べている。韓国政府が社会的企業を育成することにしたのは、1990年代末から現れた経済成長の鈍化と産業構造の変化による民間部門の雇用創出能力の低下、そして高齢化及び家族構造の変化に伴う社会サービス需要の増大に起因している。このような状況の中で不足している社会サービスの供給拡大を通じた雇用創出を図る主要な政策として社会的企業の育成が考慮された。実際、2006年の「社会的企業育成法」制定は、1997年のIMF経済危機の状況から始まった公共勤労民間委託会社業を社会的に有用な雇用創出事業に転換することを求めた市民社会の活動から始まった。このような要求を反映して労働部は2003年に「公共勤労民間委託事業」を「社会的雇用創出事業」として転換しており、この事業の効果的な推進を図るため、「社会的企業育成法」の制定に至った［チャン2009］。

法の制定背景からもみえるように、社会的企業は、社会的目的の実現に対する具体的な基準より、脆弱階層を一定以上雇用する雇用提供型、提供される社会サービスの対象受給者のうち脆弱階層の割合が一定以上となる社会サービス提供型、全労働者のうち脆弱階層の雇用比重と社会サービスを提供される脆弱階層の割合が混合した混合型、その他の型の4つに分類される。この中で、障害者の雇用が期待できる労働形成型社会的企業のうち、障害者の雇用に終わらず、持続的な雇用のため障害職員へのケア活動に積極的であるPOSCOHUMANSの事例を紹介する。

3　労働形成型社会的企業POSCOHUMANS

POSCOHUMANSは、社会的弱者のための雇用創出と社会サービス提供を主な目的として、「障害者標準事業場」と「労働形成型社会的企業」政策をモデルとし、POSCOグループの社会貢献活動をより体系的かつ広範に遂行するために設立された。肢体、知的、視覚、聴覚など多様なタイプの障害者を雇用しており、雇用された障害者が安全で継続的に働けるようにさまざまな工夫をしている。障害者にとって最高の福祉は質の高い仕事を提供することであるという考え方で、持続的な障害者雇用創出のために、事務サポート、クリーニング、ITサポート、車両事業の4つの領域で継続的に競争力を向上させている。

SAMSUNG、LG、SKなどの企業の子会社型社会的企業、子会社型障害者標準事業場の設立のベンチマーキングの対象となっており、健康にやさしい企業認証および保健福祉部長官表彰、地域社会貢献認定企業選定、23年度障害者雇用促進大会鉄塔産業勲章受賞、障害者雇用促進有功雇用労働部長官表彰受賞など、多数の機関で先導的な社会的企業として認められている。

会社の概要

POSCOHUMANSは、社会的貢献事業の効果的な推進のために、社会的貢献という目的を共有しているポスウィードとポスコハウジングを両社の親会社であるPOSCOが2013年に合併して設立された企業である。ポスコウィズはPOSCOの子会社として2007年12月に設立された韓国の第1号子会社型標準事業所である。障害者のための良質な雇用を提供することが設立目的であり、これは日本の特例子会社制度とその流れを共にする。また、POSCOのもう一つの子会社であるポスコハウジングは、高齢者、低所得者、障害者、多文化家庭などの脆弱階層の働き口創出を目的に2009年に設立された社会的企業である。このような設立背景からPOSCOHUMANSは労働形成型社会的企業と障害者標準事業場という二つの性格を持っており、社会的脆弱層の雇用創出に積極的であり、特に障害者の雇用創出に多くの力を注ぎ、現在は688人の職員のうち321人の障害者を雇用している。(2024年6月基準)。

表２　POSCOHUMANSの会社概要

設立日	2009 年 12 月 14 日（親会社：POSCO）
職員数	688 人（うち障害者：321 人、2024 年 6 月時点）
資本金	14,686,174,217 ウォン　(2023 年 12 月 31 日時点)
売り上げ	5,871,088 万ウォン
事業内容	事務支援：親会社（POSCO）及びグループ会社を対象に人事、労務、厚生など事務部門の専門サービスを提供 IT 支援：ポスコの代表電話応対、ポスコ及びグループ会社を対象に IT 専門サービスを提供 洗濯事業：蓄積されたノウハウ、最新設備をもとに良質な洗濯サービスを提供 車両事業：車両運転及び行政支援業務から職員出退勤バス運営まで車両管理サービス

従業員雇用プロセス

障害のある従業員雇用プロセスは設立当時には大規模雇用に適した方法で行われ、現在は随時雇用で採用が行われている。設立当時は障害者のための働き口を作ることが最も大きな目的であることもあり、開業段階だったので大規模雇用でなされた。大規模雇用と、まだ障害職員の職務評価に対するノウハウが蓄積されていない状況だったので、韓国の障害者雇用公団から人材を推薦してもらい、その人材を対象に職務適性評価を行った後、職務適性評価を基準に最も適合した業務に配置するプロセスで雇用が行われた。配置の結果を障害の状況と対照してみると、事務支援と IT 支援パートには発達障害以外の障害者が配置されており、洗濯業務には発達障害者が中心に配置されている。

現在は業務に欠員が生じた場合に職員を採用する随時採用をしているが、以前と同様に、韓国雇用公団で職務に適した人材を空席の３倍数の推薦を受けて面接をする方式で雇用が行われている。採用後にはインターン課程に入り、OJT を受けながら、POSCOHUMANSで勤務する際に必要な技術および教育が何なのかを評価して一人ひとりに合わせたオーダーメードプログラムを提供されながら勤務をすることになる。このような採用システムを構築するため、韓国雇用公団と地域福祉館などの外部機関との協力と共に、会社内に３名の障害者職業評価士を配置し専門性を高めている。

雇用においては、会社の目的に合わせて基本的に障害者を雇用しているが、障害者で適任者がいない仕事については、一般勤労者を雇用している。このような一般勤労者の雇用基準としては、社会福祉学を専攻したり、社会福祉関連資格証を保有、ボランティア活動の経験が多くあったりするなどの障害に対する理解度が高い人材を優先的に採用している。

雇用維持の努力

POSCOHUMANSは量的な雇用確保だけでなく、雇用の質を確保するために雇用安定化に力を注いでいる。実践例として、勤務環境改善及び適切な勤務評価、自立生活支援等を行っている。

①バリアフリーの環境

障害者が多い勤務特性を考慮して、会社設立の際から障害者雇用公団にコンサルティングを受け、職場のバリアフリー化を行った。2020年には、職員増加に伴い建物を増築する際、既存のバリアフリー環境を改善し、韓国障害者雇用公団の「障害物のない生活環境」の認証を受けた。その例としては、両開きエレベーター、聴覚障害者向けの音声システム、点字案内を設置するなどが挙げられ、さらに職務空間に障害がないよう改善を続けている。事業領域のうち、特に、障害者が多く勤務している洗濯部門のバリアフリーに気を使っている。まず、活動が自由でない身体機能を配慮して広い勤務環境を確保しており、洗濯設備の自動化を構築している。障害者としては手に余る重い洗濯物を移動させるためのコンベニアベルトを設置しており、エアダクトを利用した洗濯物の排出や、身体障害者に最適化させるために製作した台車、自動高低調節装置などの自動補助工学機器を職場で活用している。

また、特定障害の特性に合わせて設備の改善も行われた。発達障害者の場合には数字と英語に慣れておらず機械操作に制限がある問題点から、設備に自動音声システムを導入して機械操作方法を障害の特性に合わせた。

さらに、目に見える障害物だけでなく、リスクマネジメントの側面から、火災避難設備である降下型避難機器の設置を検討しており、現在のバリアフリーがまだ完璧ではないという視点から、漸進的に改善しようと努力している点が注目される。

②給与水準

給与水準は他の社会的企業や子会社型標準事業所の中でも高い。多くの社会的企業の給与が最低賃金水準であるのに比べ、POSCOHUMANSは会社内の一般労働者と給与の差がなく、福利厚生においても親会社であるPOSCOと同じ水準を維持している。給料と福利厚生に対しても障害の有無によるバリアはない。

③職業能力評価を活用した勤務環境支援

2012年から社内職業評価士を配置し、障害職員の職業能力を定期的に把握・活用している。評価を通じて障害職員の職業潜在力を体系的に把握し、個別適性に合う職務と勤務環境を提供している。評価内容は身体評価、心理評価、作業標本評価の3つの領域に分かれており、総合的に評価を行っている。評価結果は現場で効果的な職務指導と職業適応プログラムのための基礎資料として活用される一方で、障害のある職員の家庭にも評価結果を共有し家庭と会社が障害のある従業員を相互支援できるよう努力している。

④障害職員への自立支援

障害職員の多数は、POSCOHUMANSでの生活が初めての社会生活であるため、団体生活で必要な職場マナー教育を提供している。また、異性と初めて接する場合も多いため、職場内性教育を提供するなどの障害特性に合わせた教育プログラムを実施している。また、教育プログラムは社内生活に限らず、自立のための金銭管理教育や、その他の力量を育てるための運転免許取得の支援や文化芸術に関する教育も行っている。特に、社内の単身世帯発達障害者訪問制度では、保護者のケアが不足することが予想される従業員や自らでの食事管理が困難な従業員を対象に、対象者の同意のもと、管理者と経営支援の担当職員が訪問して生活指導を行っている。その内容は、清掃の方法、ゴミ処理の方法、食材の賞味期限管理及び冷蔵庫管理、料理方法等であり、障害職員の自立生活を支援している。

4　持続可能な事業と新たな雇用への挑戦

持続的な雇用のためには、社会的企業制度や障害者標準事業所制度に頼らず、事業運営に対する継続的改善活動による事業の自立性と持続可能性を高めなければならない。POSCOHUMANSは、障害のある職員の業務効率を高めるために努力しており、また安全性の改善も結果的には生産性向上につながった。洗濯機ドアの機能向上、稼動設備の速度制御、洗剤自動投入装置を新たに導入して安全と業務効率を改善し、乾燥機カバーを改善して清掃点検時間を年間4200分短縮し、乾燥機ダクト改善で乾燥量が20%増加する効果を上げげた。この効果は会社の利益増加につながり、事業の持続可能性を高めた。また、このような効果を出すための職務改善活動として、毎月障害職員と一般職員が業務効率性革新活動に参加して見つけたアイディアをすぐに作業現場に適用して試み、業務能率を向上させたアイディアを出した職員やチームに対しては直ちに報酬を与える業務報奨プログラムが行われている。

現在の新規雇用状況は、運営中の事業で欠員が生じたときに職員を採用する随時採用をしており、新しい事業を始めない限り新しい雇用を創り出すことは難しい。POSCOHUMANSは、このような状況を乗り越えるために新たな事業展開の必要性を認識し、洗濯事業で蓄積されたノウハウを活用して環境にやさしい石鹸を開発するなど、新たな事業を展開して雇用を拡大する計画を構想している。

おわりに

障害者の雇用を促進するための障害者標準事業所制度と、障害者を含む社会的脆弱階層に働き口およびサービスを提供する社会的企業制度は、障害者雇用の量的拡大に大きな影響を与えた。POSCOHUMANSもまた、社会的脆弱階層に良質の働き口を提供するという理念の下、設立時からどんな職場が障害者に多くの働き口を提供できるかを考え、その結果現在の300人以上の障害者を雇用し、量的な雇用創出を達成している。しかし良質な職場の提供は、量的な雇用創出だけではできず、雇用の持続性が確保されてこそできるとPOSCOHUMANSのイ・サンヨブリーダーは現場での経験から語り、障害者の雇用の在り方や政府に望む支援策について次のように述べている。

> 労働形成型社会的企業の評価は雇用創出をどれほどしたかが重要な評価指標であり、政府は雇用に対する賃金を支援した。しかし雇用の量も重要だが、職員が長く通えるようにする雇用の安定化および持続性が本質であり、評価指標として管理することと、これに対する支援が重要だと考える。このような支援があれば障害職員管理人材を安定的に確保でき、現場の管理者の負担は減り、障害職員は専門的な支援を受けて長期勤務につながる。特に発達障害職員は会社生活が初めての社会生活であるため、入社後に色々な難しい課題に直面する。障害職員管理担当者が初期に問題を発見し相談を行い、関係者と課題を共有し支援することで雇用の持続性を維持できると考える。
>
> (POSCOHUMANS、イ・サンヨブリーダーのインタビューから抜粋)

障害や不利益・困難の原因は、障害のない人を前提に作られた社会の仕組みに原因があるという考え方が社会モデルである。POSCOHUMANSの事業運営の在り方や職場の環境、職場での雇用維持の努力は社会モデルに基づくものと解釈できる。職場の基本環境をなんらかの障害のある人を前提に作り、障害・不利益・困難の原因をなくしたバリアフリーを実践している。このようなPOSCOHUMANSの運営モデルが、特にバリアフリーによる雇用安定化の実践例が社会的企業の運営モデルと政府の支援の仕方に重要な示唆を提供することができると考える。

［謝辞］
本原稿の作成にあたり、インタビューに応じていただいたPOSCOHUMANSのイ・サンヨブ様、インタビュー対象の選定に助言をしてくださった羅州大學校のキム・サンハ先生と全南大学校のナ・ジュモン先生に感謝します。

［参考文献］

社会的企業振興院.「社会的企業とは」 https://www.socialenterprise.or.kr/social/ente/concept.do?m_cd=E001、（参照 2021-06-1）

POSCOHUMANS「POSCOHUMANSお知らせ」 https://www.poscohumans.com/skin/list/list.do?first=Y&MENU_SEQ=417&PAGE_SEQ=371&LANG=ko_KR（参照 2021-06-1）

韓国障害者雇用公団雇用開発院（2024）「2023年企業体障害者雇用実態調査」

チャン・ウォンボン（2008）「韓国社会的企業の実態と展望」『動向と展望』75, pp. 47-73.

事例 Ⅵ

社会福祉法人グリーンコープ　ファイバーリサイクルセンター
―― 就労支援事業所での取り組み

西﨑 緑

1　グリーンコープと福祉事業の取り組み

グリーンコープは、1988年に九州・山口・広島の25のせっけん派生活協同組合が、「生命（いのち）を育む食べもの」の獲得と健やかな未来を目指し、連合体を設立したところから始まった。当初からこの連合体は、「無条件の連帯」をキーワードとして違いを認め合いながら話し合いを重ねる方式を重視し、基本となる「四つの共生」理念（「自然と人」、「南と北」、「女と男」、「人と人」）を実現する運動を進めてきた。その後、1993年に中期計画基本構想「夢ヲかたちに」を起草して、「住んでる街を、住みたい街に」というスローガンの下、組織を挙げて生活者の視点で地域に必要な福祉を実現する意欲を明確にするようになった。

具体的には、1994年にグリーンコープ福祉連帯基金を設立し、福祉生活用品の供給事業、福祉情報の提供と相談事業、在宅支援サービス事業、組合員の共済事業の促進、行政・医療・福祉などの地域連携と交流活動を目指した（2004年解散）。また1995年には、「出資し、経営し、働く組織であるワーカーズ・コレクティブ」の形態をとる「家事サービスワーカーズ」を福岡県に設立し、生活支援のための主体的な担い手を育成・提供するようになった。こうした福祉活動をさらに推進するため、2003年3月にはグリーンコープ生協とワーカーズが母体となって「社会福祉法人煌」（2008年に社会福祉法人グリーンコープに名称変更）を設立した[1]。現在、社会福祉法人グリーンコープの事業としては、在宅生活支援として、高齢者向け事業（居宅介護支援、訪問介護事業、通所介護事業、認知症対応型共同生活介護など）、障がい児者向け事業（特定相談支援、就労継続支援B型、共同生活援助、生活介護、障がい児通所支援など）、児童向け事業（保育園、子ども子育て支援事業）のほか、福祉生活用品事業や配食サービス事業を行っている。それ以外でこの法人に特徴的なのは、生活困窮者自立支援を行っていることである。2006年には、多重債務を抱える人の支援として「生活再生相談室」を開設し、2010年度には「抱樸館福岡」を開所し、ホームレス支援を行うようになった[2]。現在では、無料低額宿泊所や居住支援法人、更生保護関連事業も行っている。グリーンコープ生活再生事業推進室室長の行岡みち子氏は、「ホームレスの問題は生協の組合員に関係のない世界だと，私たちも思っていました。でも，現実には組合員にも多重債務問題はあるわけです。職員やパートさんの調査をしたところ，かなりの数の人たちが消費者金融を利用していることもわかってきました」と生協が生活困窮者の支援を開始した経緯を語る[3]。

2　グリーンコープがファイバーリサイクル事業にかかわることになった経緯

2006年（16年前）に「大地を守る会」[4]から特定非営利活動法人日本ファイバーリサイクル連帯協議会（以下JFSA）を紹介された。グリーンコープでは、衣類のリサイクルやリユースに取り組む必要を感じていたこともあるが、JFSAがパキスタンのアル・カイールアカデミーを支援しており、その趣旨にも賛同して協力することになった。

JFSAから一緒に運動しないかと誘われたので、当時のグリーンコープ代表の行岡良治氏が、まずパキスタンを訪問して現地の学校の様子を確かめた。その報告を受けて、2007年に衣類の寄付をグリーンコープで募った。その結果、850人から合計7トンの衣類が集まったので、それを千葉のJFSAに送った。その後、継続的支援を行うため、グリーンコープの拠点を福岡に置いて、2010年11月から独自にファイバーリサイクルを行うことになった。

3　抱樸館福岡との連携

NPO法人北九州ホームレス支援機構（現、特定非営利活動法人抱樸）との出会いにより、社会福祉法人グリーンコープは、2010年5月からホームレス自立支援施設抱樸館福岡を福岡市東区多の津に開設し、同年9月に同じく多の津に（旧）ファイバーリサイクルセンターを開設した。抱樸館福岡では、野宿者や生活困窮者の住まいと安全を確保し、心身の健康を取り戻してもらうとともに、地域社会での生活への移行を目指す支援を行っていた。入居期間は6ヵ月で、その間に生活を整え、就労・自立生活または、年金や生活保護を利用しながら地域で安定した生活を送ることに移行していくこととなっていた。その一環として、ファイバーリサイクルセンターに通所し、就労訓練と就労支援を行うことになったのである。

4　アル・カイールアカデミーとの関係

アル・カイールアカデミーは、1987年にムハマッド・ムザヒル氏がパキスタンのスラム地区に開設した私立学校で、生徒5人の教育から始めた。現在では、パキスタン国内に本校、分校、専門学校（カレッジ）、2020年11月に新設された女子校を含め9つの学校があり、あわせて約4500人の子どもたちが通学している。授業料は無料で、午前と午後の2部制で授業を行っている。教員は全部で200人（そのうち39人が卒業生）である。通っている子どもたちの通学が途絶えないように、長期休暇は設けていない。専門学校に進学する場合には、各生徒の状況に応じて学費援助も行っている[5]。

この学校が設立された背景には、パキスタンの公立学校の教師不足の問題がある。学校があっても、教師に給料を支払うことができないため、教師不足で十分な教育を行うことができていなかった。当然のことながら、スラムの子どもたちにまで教育を行き届かせることはできていなかった。そこでムザヒル氏は、スラムの子どもたちのために学校を設立したのであるが、学校の場所をスラムの中心に置くという工夫をした。これは、子どもが学校に通いやすいだけでなく、教師が頻繁に家庭訪問できるという利点があった。教師が学校での子どもの様子を親に伝えることができ、親が次第に教育を受けさせることに理解を示すようになった。また近所の人々も学校の評判を聞いて子どもを学校に通わせるようになった。

さらにムザヒル氏は、2020年10月には、専門学校（カレッジ）1階に医療センターを開設した。以前は小さなクリニックで簡単な治療しかできなかったが、ムザヒル校長の友人、イクバル・ハッサン博士（ダウ医科大学元教授）の協力を得て、医療センターでは、診察、治療、手術を無料で提供するほか、女性の相談窓口として妊娠・出産の知識の普及を行っている。ムザヒル校長は「病気になれば学ぶことも親が仕事をすることも困難になる。教育とともに健康がとても大切」と考え、地域のすべての人を受け入れる方針で運営している。[6]

5　就労支援事業について

当初は、抱樸館福岡の就労訓練として入居者から希望者を募り、集めた衣類の仕分けと梱包の作業を行っていた。最初、入居者60名のうち、20名が作業の希望を出したが、面接の結果12名に作業を行ってもらうことにした。現在は、対象を地域住民にも拡大し、生活困窮者や引きこもりの人の就労支援、就労準備支援を行っている。本人が申し込んでくる場合もあるが、市の生活保護担当者が繋いでくる場合もある。

最初の見学を終えると、確認書を取り交わして支援を始める。月曜日から金曜日まで9:30～16:30が訓練時間である。支援期間は6ヵ月を目安としているが、当人の都合、ペース、入院、就労継続支援A型やB型への入所待ちなどの事情を勘案して延長もあり得る。これまで一番長かった人は、1年半くらいであった。

たとえば、引きこもり期間が長く、これまで一度も働いたことがない人もいたが、まず毎日通って生活のリズムを整えること、指示された作業をきちんと行うこと、支援員や他のメンバーと協力して作業を行うことなどを経験してもらううちに、自分から質問したり、声をかけたりできるようになった。また、最初は電話もかけられなかった人が、声掛けを続けるうちに、グリーンコープの青果のリパック作業や商品補充などもできるようになった例もある。駄菓子屋の店員ならやってみたい、という本人の希望を聞いて励ましたら、自分でスーパーのレジの求人を見つけて応募し、（こちらで履歴書・面接の準備を支援して）合格した例もある。この人は、社会保険つきの正職員として採用され、現在も続いている。

訓練終了後、グリーンコープのワーカーズに入って一緒に働くこともできるし、（70歳以上の人は、一般就労が難しいため）アルバイトとしてここで働いている人もいる。

ここでの就労支援の特徴を、2022年6月10日のインタビューに応じてくれた就労訓練事業責任者の山本由美氏は以下のように語る。

①本人の希望にあった仕事を準備する

グリーンコープの資源（ファイバーリサイクルセンターだけではなく、お店、配送所、保育所など）を活用することができるので、準備できる仕事の種類が多い。また仕事を柔軟にアレンジできるので、ひざが悪い場合などは、座ってできる仕事を提供するというような工夫ができる。

その人の得意なことを見つけてやってもらうこともできる。たとえば、昔やっていた和裁の仕事をやってみたい、という人がいたので、リサイクルで集まった着物の丈を伸ばす仕事をやってもらうことを検討している。

②支援員は利用者と一緒に作業をし、積極的に声をかける

支援員が利用者と一緒に作業することで、仲間意識も生まれる。そして雑談の中から本人の希望や思いを聞き出すことができる。いつも一緒にいるので、少しの変化にも気づくことができる（たとえば、仕事に身が入るようになると、目の輝きや醸し出す雰囲気が変わってくる。自分から積極的にコミュニケーションをとりながら仕事をすることができる、など行動に変化が出てくる）。

いつも一緒にいるので、チャンスを見逃さず、就労の話を持ち掛けたり、社会参加の意欲を尋ねたりすることができる。

③支援員は命令や注意をしない

作業に必要なことは、「こんなふうにするんですよ」と言って実際のやり方を見せることはあるが、できていないことを注意したり、やるべきことを命令したりはしない。利用者からのリアクションとして、「雰囲気がよかった」という感想が出ている。

実際、自分たち職員にとっても、仕分け作業や梱包作業の量が多く、大変な作業もあるのに、毎日休まず来てくれるだけでもありがたいと思っている。膝が悪くても歩いてくる人もいる。感謝の気持ちを毎回伝えていることが利用者の自信につながっていると思う。

その上、パキスタンの子どものために自分の作業が役立っているということが、就労を目指して訓練をする目的にプラスの影響を与えている。

6　ファイバーリサイクル事業の運営の仕組み

全体の運営

ファイバーリサイクル事業は、社会福祉法人グリーンコープの事業であり、職員は、ワーカーズ・コレクティブとして就労支援事業と就労準備支援事業を業務委託するという形になっている。ワーカーズの所属は「一般社団法人こころ」となっている[7]。

本事業は、もともと社会福祉法人グリーンコープの独自事業として始まった。しかし2019年からは、生活困窮者自立支援法による就労準備支援事業として福岡県の認定を受けているので、その事業委託収入があり、運営の安定化につながっている。

グリーンコープでは、共同購入の組合員と店舗組合員に呼びかけてファイバーリサイクルの賛助会員となってもらっている。賛助会員は、年間2000円の会費を支払い、運営を支えている。2023年5月末現在の賛助会員数は、1313人である（会員でなくても衣類の寄付を行うことができる）。

2023年からは、タイの古着業者ワジッド・アリ・シャー氏経由で衣類が販売されるルートも加わり、その利益がパキスタンのアル・カイールアカデミーの運営に活用されている。ファイバーリサイクルセンターに衣類を送る場合、ヤマト運輸が格安で引き取り配送を行っている（1パック612円）。

ファイバーリサイクルの仕組み

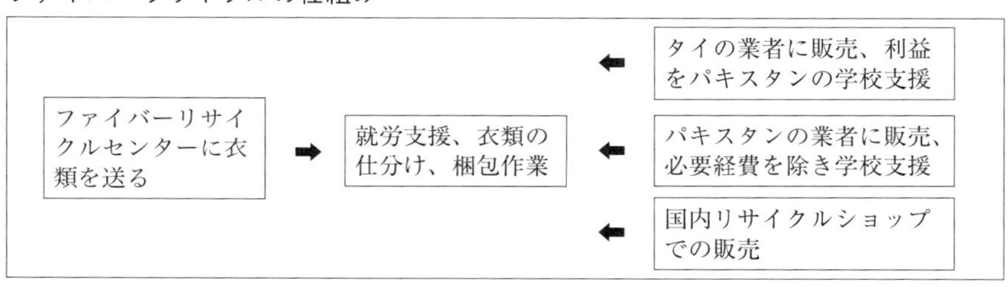

パキスタンに送る衣類で人気が高く高額で引き取られるのは、ハンカチ、下着、子ども服である。梱包はファイバーリサイクルセンターで50キロを単位として行い、コンテナに入れて博多港から積み出しをしている。コロナ禍で搬出する回数が減ったが、2022年度は送り出しができた。ガソリン価格高騰の影響で、以前は、1コンテナの送料が20数万円であったものが、最近の積み出しでは、97万円もの経費がかかった。経費は売却費用から差し引いて返してもらうことになるため、経費が上がってしまうと学校への寄付が少なくなってしまうという問題がある。

国内では、グリーンコープの店（ゆう＊あいショップ）で販売するだけでなく、生活困窮者の支援にも衣類は活用されている。たとえば生活困窮者の入院時にパジャマが必要となった場合や、被災者に衣類を送るなど、これまでも活用されている。

［付記］

本稿は、衣服学会誌2014年57巻2号p. 71-74に掲載したものに、2021年に現場を再訪した際のヒアリング結果などを加えて大幅に加筆したものである。

［註］

1 消費生活協同組合であったグリーンコープが社会福祉法人グリーンコープを設立することになったのは、1990年代から行っていた家事援助などの活動に介護保険事業を加えて地域福祉活動に力を入れることにした、という理由がある。

2 「グリーンコープはホームレス支援に取り組めるほど成長しました」『共生の時代』第270号、2009年10月1日。https://www.fukushi-greencoop.or.jp/hbk-fukuoka/images/06kiji/09102.pdf.（最終アクセス2024年12月28日）

3 行岡みち子「グリーンコープ生活再生事業の取り組みと近況 ―― 特集 貧困問題と生協の取り組み」『生活協同組合研究』2014. 5, pp. 23-24.

4 日本の第一次産業を守り育てること、人びとの生命と健康を守ること、持続可能な社会を創造すること、というミッションを達成するためにソーシャル・ビジネス（社会的企業）として活動している。https://www.daichi-m.co.jp/corporate/aboutus/

5 『ファイバーリサイクル通信9号』（2020年6月29日）より

6 『ファイバーリサイクル通信11号』（2022年6月27日）より

7 従来、就労支援と就労準備支援のワーカーは「りぼん」というグループに所属していた。しかし就労準備支援のワーカーは「りぼん」に所属しながらもGCの生活再生事業の事務所に配置されていて、生活再生事業担当のワーカーズ「ともに」と一緒に働いていた。両者から合体の話が出て、2022年に一般社団法人「こころ」が結成された。「こころ」所属140人のうち、「りぼん」から参加したのは25人である。

事例 Ⅶ

社会起業による福祉と労働のクロスオーバー
——ソーシャル・ビジネスを手掛りに

牧里毎治

学生が取り組んできたソーシャル・ビジネスの一つのストーリーから始めてみよう。日本に在住するアジア系女性たちや外国になんらかのルーツを持つ日本で暮らす人たちに、働く機会を創出し提供する取り組みの一つだ。直接的な福祉支援ではないけれど、仕事に就いて収入が得られなければ、確実に福祉的な支援を必要とする生活に追い込まれる危険な状況にある人びとがシェフやホールスタッフとして働くことでエンパワーされていく物語である。架空の話ではないので、物語というよりもエスノグラフィーと言いかえたほうがいいのかもしれない。神戸アジアン食堂バル SALA（以下 SALAと略）の民俗誌、事例リポートという性質の物語に仕立ててみよう[1]。

1　店の構えから

このエスニック料理を提供する食堂は、神戸南京町の近くにある、狭い店内にテーブル4、5卓くらいしか置けない洋風居酒屋のような、どこにでもありそうな飲食店である。

神戸市の有数の繁華街、ショッピングモールを外れて路地通路に入った、小さな飲食店がひしめきあう一隅にある。意識して探さないと簡単に通り過ぎてしまいそうな場所にあり、なんの変哲もない外装で、あらかじめ検索しておかないと見過ごしてしまいそうだ。いや、見過ごすことはない。店の入口横には SALA のマークの入ったワゴンと自転車があったり、料理メニューを書いたA型立て看板などが張り出していたり、アジア系の装飾が凝らしてあって、中華系の民芸品店と見まがうばかりだ。中華街南京町の近くというロケーションでは取り立てて目立った店構えというわけでもなく、違和感はない。

しかし、店内に入れば、異国情緒豊かな内装になっており、壁掛けやテーブルクロス、手作りの民芸品の展示などでにぎやかに満たされているが、落ち着いた雰囲気も醸し出されて、長居しそうな作り付けになっている。壁に掛けてある少し大きいサイズの絵画は、国籍不明の外国人たち数人が集って記念写真を撮るかのようなカラフルな出で立ちで、なにを語ろうとしているのか不思議な印象を受ける。

店内奥の窮屈そうな厨房はカウンター越しに客から見えるように設計されており、顧客と店員が会話できる工夫が凝らされているようにもみえる。その厨房にアジア人女性の料理人と一緒になって若い店主の奥尚子[2]が笑顔で調理スタッフと一緒に立ち仕事をしている。事情を知らなければ、どこにでもあるエスニック・レストランと変わらない飲食店だ。インド料理、タイ料理、台湾料理など特定の外装や内装になっていないだけで、しいて言えば無国籍料理のミニレストランである。料理メニューを見なければ、アジア系の家庭料理のお店ということもわからない。多くの客は、あらかじめインターネット検索して、評判を確かめてからやってくるのだろう。

SALAの人気メニューは、台湾の魯肉飯セット、タイのカオマンガイ（鶏料理）などである。普通にどこでも食べられそうだが、SALAに来店しないと味わうことのできないアジア系家庭料理なのだ。いずれも本格的な一品でありプロの料理人のアドバイスも受けている。アジアの家庭料理がそのままで出てくるわけではない。もちろん来店以外にも料理メニューによっては通販やテイクアウト、フードデリバリーにも対応している。営業は定休日と日曜日を除いて、ランチタイムとディナータイムに分かれているが、多国籍の調理スタッフが入れ替わりで、現地の味覚に近い料理を日替わりメニューで提供する。野菜や肉類の食材は国内で入手しやすいものを仕入れるのだろうが、調味料は主に南京町にある輸入食材店で揃えるらしい。同じアジア料理でも国や地域によって調味料は異なるので、多彩な味付けをするには多種多様なスパイスが必要なのだろう。

店内の飾りつけと出される料理でお気づきだろうが、アジアに限られてはいるものの、多国籍の人びと、多様な文化背景を持つ女性たちの調理するエスニック料理を味わえる店なのだ。かなり昔から中華料理店、インド料理店、タイ料理店などは馴染みがあるが、SALAのような多国籍・多文化レストランは珍しい。日本に移住してきた外国籍の人たちが、自国料理を仕事としてレストラン経営に乗り出すことは珍しくないが、資金力も経験もない外国にルーツのある女性たちが協力し合って、しかも多国籍料理をふるまうレストランという例は聞いたことがない。従業員の増減はあるが、調理を担っている外国人シェフは、台湾出身のUさん、タイ出身のSさんとAさん、ほかにもフィリピン、モルドバなど10数名のスタッフで構成されている。言葉や文化、価値観の異なる民族的背景が異なる人たちが狭い厨房に立って、協働し合って飲食サービスができていることの驚きは初体験だった。店主の奥尚子は、調理スタッフを「お母さん」と呼んでいるが、娘のような若い経営者を中心に調理を媒介に異文化交流しているように見えることが不思議なのである。

2　これまでの歩み

アジア人女性の雇用を生み出すために始まった食堂バルとはいえ、経営は厳しい。

2016年のオープン当初から順風満帆でスタートしたわけでもない。幾度も閉店の危機はあった。オープンから3年目を迎えるころ、存続の危機に見舞われていたという。客足が伸びず、一日入店が6人止まりということもあった。オープン当初も店の存在が知られているわけでもなく、客が多かったというわけでもない。しかし、最初の頃は、SALAの活動を知っている同級生や後輩の学生たち、アジア女性の料理の力で社会を変える趣旨に賛同する人たちがささやかな社会貢献として足を運んでくれた。知り合いや関係者だけの顧客だと自ずと限界はやってくる。その危機を迎えたというわけだ。

現在はCASA GLOBALという名の株式会社の形態をとっている。従業員の雇用契約など労働環境を整えるまでに経営が安定しているわけでもないのだろうけれど、持続的な発展を望むなら正規雇用を実現する方策も必要だろう。現在はランチタイムには予約で満席になるほどだが、それでも安定した雇用を保障できるほど満足できる経営にまでは達していないのかもしれない。

閉店の危機を救ってくれたのも実は、シェフやスタッフの自主的な企画運営に挑戦する取り組みだった。パートや雇われ従業員の意識を超えた、自分たちのスキルアップや経営へのかかわりの模索と成功体験があった。一つは「チャレンジショップ」という試み、もう一つは「外国籍チャルメラ屋台」の出店だ。「チャレンジショップ」は、定休日の店舗を借り出し、イベントを自主企画する取り組みだ。外国籍女性たちが顧客のアンケートをとり、自らのスキルアップにつなげていった取り組みである。もう一つの「外国籍チャルメラ屋台」では、クラウドファンディングにも取り組んだ。目標額を超えた223万円の寄付を元手に屋台製作費の捻出、LINEを使った予約注文制でカオマンガイを屋台で届ける「SALAっとマチアワセ」サービスを始めた。受け身の消極的な従業員という立場でなく、店主の奥尚子と想いを共有する協同労働の仲間に彼女たちは変身している。

SNS（ソーシャルネットワーキングサービス）を活用したクラウドファンディングという不特定多数の人たちへの働きかけがもたらした成果ともいえるが、SALAの想いや願いを発信することで共感の輪が広がり、来店者も増え、IT関係者やデザイナーなど社会貢献したい人たちのかかわるチャンスを提供したのだ。「自分の力だけではできないことばかりで、お店をつぶしてしまいそうになりました。そんなとき、想いを伝えて助けを求めたことで、多くの人の力が集まり乗り越えることができたんです」と奥尚子は語る。助け助けられる関係が連鎖していく、共感の波紋を広げていく、その発端は、シェフやホールスタッフとして働く女性たちの「店を出したい」、「畑で農業がしたい」という何気ない呟きを拾って、当面、屋台という出店で実行する扉を開いたことだろう。危機打開のためにアルバイト学生たちが店の告知をしたり、来店を呼びかけたりする姿に触発されて、働く女性たちも一緒になって職場を守る意欲が高まったのかもしれない。

SNSでの情報発信からマスコミ取材への発展が来客の増加につながったわけだが、コロナ禍での営業自粛も、2回目のクラウドファンディングとテイクアウト、フードデリバリー、通販などで乗り切ったという。コロナ禍でのSALAの苦境などを伝えることで、共感するフレンチやイタリアンのシェフともつながりができたし、近所で営業するビーフンを中心とする食品メーカーともコラボ企画をする機会を得ることができた。困ったことはお互いさま、互いの困りごとの背景を理解しあうことで共感の輪が広がり、協力のチャンスが生まれ、協働の事業が広がっていく。そのようなネットワークでつながる雰囲気をSALAでは従業員も感じるのだろう。

3　アジア人女性たち

調理スタッフはSALAにどのような経緯でやってきたのだろう。それを知るには、そもそもの出会いから語らなければならない。奥尚子によれば、シェフを務めるUさんやAさんとは外国人女性の生活相談支援をするNGOで出会ったという。出会った頃は、女性たちは表情が暗く、目を合わそうとしなかったことが印象的だという。困ったことを聞き出そうとしても答えてもらえず、会話が続かない。しかし、何度か会ううちに自分たちが作ってきたお弁当を振舞ってくれた。エスニック料理の甘酸っぱい美味しさを褒めたら、母国料理や自国のことなど楽しそうに話してくれたことが、一歩踏み出す大きなきっかけになったという。料理を振舞う機会を創れば、この人たちは元気になって、自信を取り戻すのではないか。女性スタッフたちは、20年近く日本で暮らしながら自宅から数分以内の生活圏から出かけた経験のない外国籍の女性たちだ。結婚や就労などさまざまな理由で母国を離れざるを得なかった人たちで、最低限の日本語は話せても読み書きが堪能ではない。

奥尚子はそのときの思いを語る。「文字が読めないため電車を利用できず、徒歩圏内でしか生活ができない。言葉がわからなくても、尋ねる友達も相談できる人もいない。社会問題として取り上げられていないような小さな問題を、お母さんたちはたくさん抱えていました。自国でできていたことが、環境が変わっただけでできなくなるなんて、自信を無くしてしまうだろうなと感じたんです」。身近な社会問題を学ぶフィールドワークで経験した大学1年生のときだった。なぜSALAを創業するに至ったか、その原点だ。

想像してみてほしい。言葉も巧みでなく、仕事に就く機会もなく、ひたすら家事育児に専念する孤立した生活の日々。夫も子どもも日本社会に普通に溶け込んでいけるのに、家庭内においても一人取り残されているような自分。母国にも帰れず一生続くと想像したら、気持ちも暗くなるばかりだし、なにもできない自分の自己評価は低くなるはずだ。若くまだ社会経験の浅い自分に何ができるだろうと考えた末に思いついたのが、イベント会場に屋台を出し彼女らが作る母国料理を販売する企画だった。大学祭や外国人支援団体によるイベントの会場に出向いて、エスニック味のカレーライスや焼きビーフンなどをランチタイムに販売するケータリングだ。知り合いのツテを頼って学生や教職員の集いやNPOなどの主催するイベントの予定スケジュールをチェックしては出向いていく。催し物の規模に合わせて、アジア人女性たちに調理の注文をする。調理場の確保や出店の交渉、チラシの作成などは学生ボランティアの役割だ。後には学生団体で独自にイベントを企画し、集客することも試みた。この取り組みには学生たちもアジア人女性たちも手ごたえを感じたようだった。

SALAのシェフであるUさんは、「私、黒田さん（奥）に会う前は台湾料理が下手やってん。夫は日本食を好んで食べるので、当時は焼きビーフンが私のつくれるオンリーワンの台湾料理やった」と語る。30食の注文に故郷に国際電話をかけ作り方を教わりながら、苦労してなんとか42食作ったら、用意した料理が一気に完売した。この最初のイベントは彼女たちを笑顔に変えるのに十分な体験だったし、奥尚子の自信にもつながった。

イベント開催ごとにケータリングでカフェなど厨房を間借りしながら活動を続けるのもいいが、学生たちもいずれは卒業して社会に散っていく。閉店したカフェや厨房などを善意で貸してくれる社会人もいた。学生たちの社会貢献の活動としては好ましいかもしれないが、後輩たちが活動を受け継いでくれる保証はなにもない。やはり、常設の飲食店を持ちたい。しかし、資金も経営ノウハウもない学生には無理だった。今は共同経営者である父親も当時は反対していた。

写真１　エンパワメントを象徴する壁画

写真２　SALA の店構え

写真３　SALA の店主の奥尚子氏（一番左）とスタッフ

＊写真１～３は奥氏より提供されたものであるが、撮影者は田所瑞穂氏

4　SALAの向かうところ

理想と現実は違う。いつも出てくる超えなければならないハードルだが、開業資金もなければ経営能力も身に付けなければならない。一旦はアジアン食堂開設の夢は心のうちに収めておいて、大手広告会社に就職し、飲食店の広報営業などを身に着けることにした。3年間の修行と1年の開設準備期間を経て、2016年にSALAはオープンしたのである。

SALAとはタイ語で「休憩所」、タガログ語では「リビングルーム」を意味する言葉だそうだ。みんなが集まってほっと息をつく場であってほしいという願いがこめられている。

SALAのコンセプトは、Empowerment of All People（すべての人びとがエンパワメントされる世界を作りたい）だ。具体的には「国籍や性別などに左右されず、誰もが自分の持っている力を発揮できる」社会を目指す。そのために、在住するアジア人女性たちが自信を持って生きていくための働く場を提供し、そのコンセプトを社会に発信し続けようと考えた。

お店に掛けられていた不思議な壁画は、SALAのミッションを表現する絵だったのだ。この壁画は、店のオープンに間に合うようにフィリピン人アーティストCがエンパワメントをコンセプトに描いてくれたものだった。彼女はかつて日本にエンターテイナーとして出稼ぎに来ていたことがあり、帰国後、女性の人権を守るNGO団体のリーダーもしていた。店内に飾られている小物グッズもCの作品なのだそうだ。そういえば、多国籍チャルメラ屋台にもエンパワメントのコンセプトは描かれていた。

SALAのこれからはどうなるのだろう。就労が困難な在日アジア人女性たちの強みであるエスニック料理を活かして、飲食事業を中心に展開することを通じて、彼女たちが自信を持って日本社会で普通に暮らせるようエンパワメントすることを願ってSALAは始まった。集客力に左右される事業だが、まずは安定して持続可能な経営を続けなければならないし、就労・雇用の機会を増やすには事業のスケールアップも目指さなくてはならない。個人の能力や個性に合わせて働く形や多様な職場も作らなくてはならない。店舗以外にも通信販売や屋台・キッチンカー事業もテイクアウトやデリバリーもケータリングも試みたし、このような多角経営を持続的に進めることが求められるだろう。収益事業を基軸にしながらも社会問題にかかわることに関心のある同業他社も増やしたい。いや飲食業だけでなくIT企業やマスコミや大学、関連するNPO、NGOも連携、協働してネットワークをつくることが必要だ。奥尚子の夢は果てしなく続いている。

5 店主の想いと願い

実は、彼女は関西学院大学に創設された社会起業学科の一期生である。社会起業学なるものが学界に定着しているわけではないが、社会問題を認識して解決の方法を身に着けることを目的にした学科である。彼女は在住外国人の生活困難状況を知り、就労を通して彼女たちの社会参加を進めるエスニック飲食事業者になるべくしてなったともいえるし、学科入学をきっかけにして彼女たちをエンパワメントする使命であることを自ら摑み取ったともいえる。彼女たちをエンパワメントすることで奥尚子もエンパワメントされているのである。社会起業学科にとって、彼女の存在は、社会起業教育の成果でもあるし、社会起業家養成の目標でもある。一人の人間として社会問題を知り、その問題解決のために自分のなすべき役割を見つけ、支援される人と支援する人の垣根を越えてつながることが自らのやりがいと成長を促してくれる。

奥尚子のような、社会問題を商業的手法で解決することを目指している事業家は、社会起業家（ソーシャル・アントレプレナー Social Entrepreneur）と呼ばれることもあるが、今一度社会的企業や社会起業について考えてみよう[3]。彼女の意識の中に社会起業家の認識はないかもしれないが、通俗的には利益優先主義のビジネス経営者ではない事業家で、社会問題解決を目的に事業展開する人たちのことを社会起業家とみなす傾向がある。なにを社会問題とするか、誰が社会問題であると決めるのか、わかりにくいところがあるが、少なくとも生活に困窮している、人権侵害されている状態があるにもかかわらず、政府も企業も問題解決の手を出していない社会の課題を社会問題として括っておきたい。社会の存続や維持につながる社会問題については政治的にも経済的にも事業や活動として取り組まれていくが、社会の問題として認識されずに無視されていると、問題解決の取り組みは遅れるし、困窮している人たちはますます生活困難に陥ってしまう。具体的には、社会制度の網の目から零れ落ちてしまう人たちの生活困難の解決に政府でもない企業でもない立場から取り組もうとする行為を社会起業と呼ぼう。社会起業という問題解決の行為を公益的・共益的な事業として成立させる一つの社会的運動として理解するならば、政治家や行政職員、企業人に社会起業マインドを持つ人が増えなければ、そうした取り組みは広がるはずもない。いわば、社会起業家はトップランナーとして社会起業なるものがどのような具体的な形や姿となるのか事業モデルを示しているような存在である。もちろん、社会的企業という組織的に社会目的を達成することを目的にした営利企業も存在する。NPOやNGOなど非営利民間団体も社会起業に取り組むが、収益事業を行うけれど利益を社会還元する事業体であるところが似通っている。

社会起業学科は、若者が、関西学院大学の新設「人間福祉学部」の一学科として2008年に設置された。社会福祉系学部の中に商業的取引の手法を公共的な性格のある社会福祉事業やソーシャルワーク（社会福祉的支援）を専門とする学科に取り入れることは適合しないのではないかという考え方もあるにはある。しかしながら、社会福祉事業という社会制度が成立する前までは、貧困や飢餓、生活困難の解決に取り組む活動は、「社会事業」と呼ばれていて、その事業を運営するのに募金活動や物品販売などさまざまな営業活動も行っていた。慈善事業や博愛事業を行う人たちを「社会事業家」とも呼んでいた。社会起業家は、現代における新しいタイプの社会事業家ともいえるのではないか。社会制度が対応していない社会問題に取り組む状況は、過去も現在も類似している。確かに社会福祉事業は、福祉国家を構成する社会保障・社会福祉として成立したが、税や保険料を財政基盤とする公益事業で制度に馴染む社会問題にしか対応できない。社会を成り立たせている基盤や諸条件が変化すれば、たとえば家族の変容とか外国籍人口の増加、労働環境の悪化、経済的な格差や差別など、社会保障制度や社会福祉サービスがカバーできない事案も急速に増えてくる。個人であれ集団であれ組織であれ、社会状況が変わったならば、専門職や行政職だけでなく、ボランティアや自営業者、企業人としてだれもが福祉にかかわる権利と義務があると考える。

6　福祉と労働をつなぐ

論題がなぜ、福祉と労働のクロスオーバーなのか。なぜソーシャル・ビジネスを考えてみる必要があるのか分かりにくいと思っていたかもしれない。就労や雇用を労働として一括りに論じるのはいささか問題もあるが、それは福祉と労働は一体的なものだという認識に立っているからである。

そもそも福祉の伝統的な対象でもある貧困問題は、病気や障害、年齢や性別などを理由に労働市場から排除・差別されるところから発生し、労働市場に復帰が困難な人びとを救済する救貧、防貧事業として福祉は出発した。雇い主側の厳格な労働基準に雇われる側の労働能力を固定的に保守すれば、その基準に合致しない労働、低い水準の労働能力しか持ち合わせていない人びとは労働市場から締め出される。しかしながら、働き方の多様性が認められる社会になれば、それらの人びとも労働市場に参入できる。ケア付きの労働とか支援付きの就労、また社会手当を受給しながらの就労が今日求められている姿なのだ。そのような意味で、福祉と労働は連続したものでなければならないし、環境条件や労働手段を変えれば、福祉と労働の一体化は現実のものとなってきている。

農福連携や労働者協同組合、社会的協同組合、労働統合型社会的企業、ソーシャルファームなど、福祉と労働を連携させる発想や取り組みは世界的規模で増えている。ある意味、福祉国家の存立を前提とした社会保障・社会福祉といった社会制度だけでは生活者の安全・安心の生活保障が難しくなってきたことの現れでもある。社会制度の網の目から零れ落ちてしまうセーフティネットの脆弱化は社会保障・社会福祉の制度だけでは生活者の暮らしをまもれなくなってきているという認識を特に社会福祉士などの福祉関係者にはには持ってほしい。市民社会の基礎をなす市場経済が生活困難者を社会の一員として包み込んだ社会システムの形成に軸足を置き直さなければ、安心・安全な持続可能な市民社会は実現しないということだろう。社会的企業とかソーシャル・ビジネスの発想の底流には、社会目的を達成するための企業でありビジネスであるという根本原理に立ち返ろうという潮流がある。社会的企業（Social Enterprise）という概念は、概ね欧州で用いられることが多いが、有名なボルザガとドゥフルニの『社会的企業 —— 雇用・福祉のEUサードセクター』ではNPOと協同組合の融合したものとして描かれている[4]。福祉的援助の必要な人びとへの雇用・就労の機会の提供がエンパワメントの力を持つという視点からは、社会的企業やソーシャル・ビジネスが経営や組織の次元の議論になりやすいが、生活困窮に陥りやすい人びとへの質の高い廉価な商品やサービスを生産することと、生産や流通などの企業活動に雇用もしくは就労の形で労働機会が提供されることを目的にしているのが社会的企業であるといえる。

7　ソーシャル・ビジネスを媒介に

さて、もう一つのわかりにくいソーシャル・ビジネスについても言及しておく必要があるだろう。ソーシャル・ビジネスは、バングラデシュのグラミン銀行創設者であり、2006年のノーベル平和賞の受賞者であるムハマド・ユヌス氏の提唱する概念として有名になった。貧困に喘ぐ不平等な地位におかれたバングラデシュの女性たちに無担保少額融資というマイクロ・ファイナンスを始めた同銀行が、これまでの金融市場経済とはまったく発想の異なるビジネススタイルを提案し実践したことは周知のことである。資本主義社会は、利益の最大化を目指す経済活動を基本とする思想だが、ムハマド氏は個人の利益を追求するのではなく、社会の利益、つまり公益や共益を拡大する経済活動に重点をおいたビジネススタイルを提案したのである。言いかえると、貧困や飢餓、失業や孤立、差別や排除、災害や疫病などさまざまな社会問題を解決するためのビジネスという社会的連帯経済の考え方に近い。

日本でも経済産業省のソーシャルビジネス研究会が、ソーシャル・ビジネスを①社会性（社会的使命）、②事業性（継続的事業活動）、③革新性（イノベーション、新しい財やサービス・仕組み・価値を生産）の要素を持つ事業体としているが、ユヌスの定義とはやや異なっている[5]。ユヌスの提唱するソーシャル・ビジネスは、明確に社会問題解決のためのビジネスであり、寄付や助成金・委託金に頼らない事業経営に限定しているのが特徴である[6]。市場経済の中で社会問題解決のための営業活動を目的とする株式会社は成り立つのかというテーマになるが、ユヌスによれば、投資家が元金の補償は求めるが配当を求めない、利益が出ても配当金は全額を社会問題解決の費用に充当するというわけである。会社の社会的使命に共感し、株主として社会目的に賛同する社会的責任投資の仕組みを創れば、行政や財団などの助成金や委託金をあてにしなくても良いというわけである。そのような志のある投資家をどのように発掘し、信頼を得るかが大きな課題となるが、グラミン銀行はそのアイディアを実現させたのである。

SALAの取り組みをソーシャル・ビジネスの一形態として考えてみると、なにがわかるだろうか。株式会社CASA GLOBAL、SALAは、行政からの助成金や委託金は受けていないし、もっぱら飲食をしてくれる顧客の料金が主たる収入源である。一時的にクラウドファンディングで寄付を募ったことはあるが、恒常的に寄付金に頼った経営を目指しているわけでもない。ソーシャル・ビジネスというと広域的に事業展開しているサイズの大きい企業体を想像しやすいが、自営業や小規模企業による社会問題解決型のビジネスは該当しないのだろうか。最初から大企業の一部門や子会社としてソーシャル・ビジネスを開始する場合はともかく、創業者がスタートアップする場合は小規模な事業体である場合が多い。社会問題解決型の事業展開に賛同者が増え、営業成績が安定してくると、事業や組織のスケールアップが可能となる。SALAは、その成長途中にあるといってもいい。通常、事業収入の源泉は、料金、寄付金、助成金、委託金などに大別されるが、SALAの収入源は、自己資金と料金収入に限られている。小さな自営的事業だが、立派にソーシャル・ビジネスであることを示している。

社会的企業としてソーシャル・ビジネスを展開する典型例として協同組合が挙げられる。確かに協同組合は、出資金を拠出しているが、配当が還元できてない場合が多い。一般企業と同じように配当金が出せる協同組合もあるだろうが、概ね組合員は出資し営業に協力し、消費者として生協商品やサービスを購入することで成り立たせている。役員や職員は、組合員が出資額によらず一人一票で経営者を選び、職員とともに生協事業の経営・運営にかかわる。しかし、株式会社の形態をとっても株主への配当をしないことは可能なのだろうか。社会問題解決型のソーシャル・ビジネスに投資している配当は、名誉、誇り、評判、やりがい、感謝など目に見えないものであると考えれば、それは可能だ。投資家、出資者は、配当金を寄付することで事業への共感を示し、社会問題解決に参加しているという連帯感を得ることができる。ソーシャル・ビジネスは、事業にかかわる従業員も顧客も取引先の関係者も投資家も、いわゆるステークホルダーたちをも社会的にエンパワメントする市民運動の手法なのかもしれない。

［註］

1　SALAの紹介に関する情報は、すでに公開されている雑誌などの記事から得たものを再構成した。ホームページ(https://kobe-sala.asia)にリンクされているサイトから入手した主な情報ソースは次のとおりである。
「異国の地・日本で自信をなくした女性たちと、“目を合わす”料理のちから」ライフジャーナルマガジン「雛形」(2020) OZMA
「お互いを認め合うなら、好き嫌いがあってもいい。アジア人女性がシェフとして働く多国籍食堂「SALA」で高まり続けるエンパワーメントとは」(2021) Greenz 298 マイプロ SHOWCASE 関西編 with 大阪ガス　https://greenz.jp/2021/09/29/sala/
「料理の力で社会を変えたい！アジア人女性たちが取り戻す夢と自信」(2021) スゴイスト 84 兵庫県県民躍動課　https://sugoist.pref.hyogo.lg.jp/interview/kurodanaoko
「在日外国人女性たちがいきいきと活躍する、神戸の食堂バル。」(2023) アメリカン・エキスプレス RIZE with SHOP SMALL, FIGARO.jp　http://madamefigaro.jp/society-business/231115-amex-bwa-sala.html
「いろんな人を巻き込んで追いかけ続ける目標「Empowerment of all people」」Mastery For Service サイトインタビュー 関西学院大学 (2024) https://mfs.kwansei.ac.jp/interview/iv4/?sm=sc-iv4
「フィリピン人アーティスト Cecil のことを知ってほしい」(2020) Note　https://note.com/salakuroda/
「神戸アジアン食堂バルが繁盛店にならなければならない理由」(2020) Note　https://note.com/salakuroda/

2　実名で記載することの本人了解は得てある。アジア人女性スタッフについては、公表された雑誌には実名で記載されているが、了解を得ていないのでアルファベットで表記した。

3　社会起業学科の設立趣旨については次の文献で概ね言及した。社会起業家の養成を限定しているわけではないが、社会起業的に社会問題に取り組む多様な選択肢を提示しようと試みた。神野直

彦・牧里毎治編著（2012）『社会的起業入門 —— 社会を変えるという仕事』ミネルヴァ書房

4　C.ボルザガ・J.ドゥフルニ編（2004）『社会的企業 —— 雇用・福祉のEUサードセクター』内山哲朗・石塚秀雄・柳沢敏勝訳、日本経済評論社。山本隆編著（2014）『社会的企業論 —— もうひとつの経済』法律文化社。
社会的企業の中でも雇用や労働を重視するタイプとして労働統合型社会的企業WISE（Work Integration Social Enterprise）というものもあり、雇用・就労における社会的包摂を志向するうえでは注目しておく必要がある。藤井敦史・原田晃樹・大高研道編著（2013）『闘う社会的企業』勁草書房。米澤旦（2011）『労働統合型社会的企業の可能性 —— 障害者就労における社会的包摂へのアプローチ』ミネルヴァ書房。米澤旦（2017）『社会的企業への新しい見方 —— 社会政策のなかのサードセクター』ミネルヴァ書房。
ソーシャルファームは聞きなれない用語かもしれないが、障害者の雇用・就労を重視した労働統合型社会的企業の一つのタイプと考えていいだろう。NPO法人コミュニティシンクタンクあうるず編（2016）『ソーシャルファーム —— ちょっと変わった福祉の現場から』創森社。

5　ソーシャルビジネス研究会（2008）「ソーシャルビジネス研究会報告書」経済産業省。
社会的企業をソーシャル・ビジネスという枠組みで広く捉えているが、雇用・労働に焦点を当てるというよりも社会的課題（ここでは社会問題）に視点をおいた組織形態に着目しているように思える。谷本寛治（2006）『ソーシャル・エンタープライズ —— 社会的企業の台頭』中央経済社。
谷本寛治編著（2015）『ソーシャル・ビジネス・ケース—少子高齢化時代のソーシャル・イノベーション』中央経済社。

6　ムハマド・ユヌス（2008）『貧困のない世界を創る——ソーシャル・ビジネスと新しい資本主義』猪熊弘子訳、早川書房。ムハマド・ユヌス『ソーシャル・ビジネス革命——世界の課題を解決する新たな経済システム』（2010）岡田昌治監修、千葉敏生訳、早川書房。

事例 Ⅷ

自ら求めるサービスを創り出す協同組合の福祉事業

熊田博喜

はじめに

1980年代以降、地域福祉の進展に伴って、社会福祉領域では在宅サービスの共有を担う主体の多様化が進んだ。このような主体の多様化は、公的セクター以外のセクターの拡大を生み、NPOや民間企業などを中心とする非営利セクターや営利セクターが、福祉サービス供給主体の中で、質・量ともに大きな位置を占めつつある。そしてそのさらなる進展は、在宅で生活する対象者、特に高齢者や障害者の生活介護を旨とする支援の展開の端緒となり、2000年の介護保険制度の施行による準市場の形成によって供給主体が整備されるに至っている。

一方、地域社会の変貌や地域生活を支援する福祉制度の拡大とその細分化によって、8050問題や障害のある人の就労など、これまで可視化されてこなかった「制度の狭間」の問題も新たな問題として浮上しつつあり、そのような問題をどのように解決していくのかが喫緊の課題となっている。具体的には、包括的支援体制の実現やその方法としての重層的支援体制整備事業の推進である。特に「制度の狭間」の重要な課題の一つである利用者の就労という観点から考えると「市場の活用」やその支援を行う主体の持続可能な「財源確保」は重要なテーマであり、そのような実践を進める主体としての社会的企業という新たな主体[1]が台頭し、その存在感を示しつつある。

生活協同組合［以下、生協と略記］は、そのような社会的企業の特徴を持つ主体の中でも長い歴史と実践を有する代表的組織の一つである。とはいえ、生協それ自体は、福祉サービスを提供のみを目的とする組織ではなく、生活消費財の提供から医療・教育・環境・文化ときわめて広範な領域にわたって実践が行われている。

本稿は、社会福祉領域における社会的企業の中でも特異な性格を有する生協を基礎とした福祉活動・事業[2]について、生協組織の発展と福祉実践の萌芽・展開を史的観点から検討することを目的とする。一般的には生協を基礎とした福祉の出発点は、コープこうべが「くらしの助け合いの会」を開始した1983年であるとされているが[3]、それが生み出されるためには、さまざまな生協特有の回路が必要となる。よってここでは生協と福祉との関係を内在的に準備してきたと考えられる1983年以前の動向についても捕捉し、通史的に記述を試みることにしたい。

時代区分は第1期（1878～1944）、第2期（1945～1982）、第3期（1983～1997）、第4期（1998～）と暫定的に設定することにする。第1期と第2期の時代区分は、戦前・戦後という機械的な時期区分を採用している。この理由は生協組織にかかわらず、既存の制度・組織が改変を求められた戦後民主改革というドラスティックな変革を考慮したことに拠っている。また第3期、第4期は、生協と福祉の関係が本格化する時期である。特に1998年に提示された報告書と答申、具体的には後述する、厚生省『生協のあり方検討会報告』と日本生活協同組合連合会『生協・福祉政策検討委員会答申書』がその後の生協を基礎とした福祉に大きな影響を与えたと考えられる。

1　日本における生協の成立とその動態（第一期：1978～1944）

世界で初めて生活協同組合が誕生したのは、1844年、イギリスのマンチェスターのロッチデールにおいてである。28人のフランネル工場の織物工が、自らの生活を守るために、各人が1ポンドずつ出し合って、ロッチデール公正先駆者組合（Rochidale Society of Equitable Pioneers）を結成して食料品、家庭用品等の共同購入を始めたことが契機とされる[4]。産業革命が完了し、マニファクチュアから機械制手工業に移行する中、新しい資本家階級の厳しい搾取の中で、ストライキに敗れた労働者達が、労働組合に代わり、または労働組合と補い合って生活を守るという目的を実現するために組織されたものが、この組合であった[5]。

日本において生活協同組合の概念や方法論の紹介がなされたのは、ロッチデール組合発足から遅れること35年、1978年であった。この時期、共立商社・同益社・大阪共立商店・神戸商議社共立商店という4つのロッチデール式購買生協が設立されるが、どれも短命に終わる[6]。以後、日本の生協は、結成と解散を繰り返す一方で、日本に発達する生協の3つの基本形がいずれもこの時期に発生したとされている。第1のタイプが労働者生協、第2のタイプが市民生協、第3のタイプが会社工場付属生協である[7]。

今日、日本における地域生協すなわち市民生協タイプの本格的な発展の起源は、1920年大阪に購買組合共益社、1921年に神戸消費組合および灘購買組合が創設されたことに見て良い。特に購買生協共益社と神戸消費組合は、後に日本における生協の父と称せられる賀川豊彦の指導のもとに創設されている。これらの生協は当初、労働者生協として出発しているが、その後の発展過程の中で、市民生協に変化した神戸消費組合と灘購買組合は、今日、日本最大の地域生協であるコープこうべの源流にあたるものであり、この時期が生協の本格的成立の起源となっている[8]。

戦前期の生協と福祉の史的動態を考察する中で特筆すべき事柄は、1924年に「家庭会」が神戸消費生協において初めて組織された点である。この組織は当時、神戸購買生協において主導的な立場にあった福井捨一が、消費者組合運動の実情を視察するために渡欧した際にイギリスにおいて組織されていた婦人ギルドに倣ったものであるとされているが[9]、特に同組織が婦人の消費組合参加に大きく道を開いたことは注目される。また灘購買生協においては、1928年当時に家庭会の結成が行われている。この端緒となったものは、小売業者による「反購買組合運動」であり、当時、神戸消費組合で家庭会の指導者であった小泉初瀬が灘購買組合にも家庭会を購買組織して組合を守るように助言したことがきっかけであった[10]。

上述のような「家庭会」の発展が、戦後の生協と福祉を巡る史的動態に大きな意味を持つことになるのである。

2　戦後における日本型生協の成立と家庭会と班の発展（第二期：1945～1983）

日本における生協の本格的な発展は、第2次世界大戦以後の日本の民主化の過程とあわせて進められていく。この時期の特徴は、生協における組合員活動の基盤、具体的には家庭会や班という組合員組織が生協内部において整理される中で、福祉が組合員の自発的な活動によって担われるようになったことである。

生協全体の動向を俯瞰するならば、1945年11月には、日本協同組合同盟が創設され、戦前、生協運動を担ってきた指導者が一堂に会して、生協の建て直しを図ることが確認された。個別的な生協の動向を注視するならば、市民生協としては灘購買生協、神戸消費組合、そして福島消費組合は、戦前からの系譜を引いて、今日まで存続している生協となっている[11]。生協が法的に整備されたのは、1948年の「消費生活協同組合法」である。同法の第1条は「国民の自発的な生活協同組織の発達を図り、もって国民生活の安定と生活文化の向上を期することを目的とする」として、居住地を基盤とした地域生協の発展の基礎を築くこととなった[12]。とはいえ、生協に対する規制が強い性格も同法の特徴の一つであり、1）旧産業組合法では認めていた信用事業を認めないこと、2）都道府県の区域を越えた設立を認めないこと、3）員外利用を原則禁止していることなどが挙げられる[13]。

生協組織発展の起点の一つに「共同購入」とそれを支える組織としての「班」の拡大を挙げることができる。共同購入は「店舗による供給事業」以外の「無店舗供給事業」[14]の一つに位置づけられるものであり、「組合員が5人程度の班を組織して、その班を単位としてまとめて生協に発注し、その班に商品が届き、班組合員が分け合うという無店舗供給システム」[15]のことである。また共同購入の基盤となる班とは、住まいの近隣（家庭班と呼ばれる）や職場単位（職場班と呼ばれる）で5人から10人程度で組織される組合員の基礎組織の一つである。特にその中核を占める家庭班は、「家族の主婦と地域での単独加入組合員を構成員とし、一定の地域を単位として10～15名前後で一班を構成する。班長と副班長を互選して、班長は班を代表して共同購入取り扱いの責任にあたる」[16]とされている。

そもそも共同購入は1960年代の半ば以降に、京都生協が個人注文・個人配達に代わる新しい商品供給形態として本格的に導入したものが基点だとされている。これは当時問題化したヤシ油混入牛乳など商品の質への不安や疑念が消費者の中で増大化する一方で、産直で仕入れた質の高い牛乳をどのように組合員に供給するのかという拮抗の中で生み出された方式であるといってよい[17]。

班は、共同購入の基礎組織であると同時に戦前の家庭会組織と共に生協の基礎組織として重要であった。1949年の日生協の運動方針には、班組織と家庭会組織を強めていこうとする試みが出されているが、本格的に班の組織化が始まるのは山形県の鶴岡生協によってである。班は、共同購入の基礎となるだけでなく、生協への要望を話し合う・商品やくらしのさまざまなことを学び合う・家族ぐるみで付き合う、など生協において重要な機能を担うようになっていく[18]。

また一方で、家庭会も順調に発展を遂げていった。戦前、神戸消費組合において組織された家庭会は戦時体制化の下で、一時は衰退したが生協の再建と共に家庭会も復興されていくこととなった。特に1955年に灘購買生協で行われた「全国婦人活動協議会」を契機として、婦人部活動は全国的な視野で行われるようになり、新しい段階を迎える。婦人組織の活動はきわめて多様であるが、特に生協の主婦が家計支出を記録する「家計簿活動」と日常品のさまざまな検査・調査活動としての「商品研究活動」は全国規模で行われ、家庭会活動の重要な位置を占めている[19]。その他、講習会や組合員やその家族の文化教養の向上、レクリエーション、生産加工・内職斡旋、家計、組合の日常物資供給の計画化の推進、バザー等がある。

この中で、特に家庭会の発祥の一つである灘購買生協の中に、相互扶助の精神で人手のない組合員家庭にお手伝いさんを派遣する「四葉会」や、1962年の灘生活協同組合と神戸生活協同組合統合以降、組合員の福祉ボランティアサークルである「ともしびグループ」などが発足していることは特記すべき出来事である[20]。特に四葉会は、有償家事援助サービスの先駆け的組織の一つであったが、それは家事に困る組合員に対する支援と就労に困る組合員の支援を行うこと、すなわち組合員による「労働＝仕事」といったワーカーズ・コレクティブの原初的な形態と理解することが可能である[21]。

さて、この当時の組合員による福祉ボランティアの一例を確認しておきたい。たとえば、しろきた生協の「福祉ひまわり会」は以下のような活動を行っている。

> 障害者とボランティアが一緒になって、手作り料理に取り組みます。これは「ひまわり会」は行ってきたお惣菜講習会の成果。全くの素人だったボランティアの人たちが、まず自分で目をつぶって料理法を工夫するなどして、障害者と共に学びあってきました[22]。

この「ひまわり会」は、視覚障害のある主婦から出された「生協の共同購入に主体的に参加したくても出来ない」という要望書をきっかけとして、班の主婦達がテープに注文書を吹き込むボランティア、現在でいう「声の商品案内」を皮切りに、障害者とボランティアの料理会、点字料理集の発行、行政への要望活動など幅広いボランティア活動に発展している。これらのボランティアのベースとなっているものは、組合員が主体的に活動を起こして組織化していくというもので、あくまでも組合員の自主的活動が中心であり、生協本体として「福祉」を取り上げるという性格のものではなかった。

3　生協を基礎とした福祉の成立（1983～1997）

生協が本格的に福祉と関係を持つことになるのは、この時期からである。この時期の特徴は、生協の組合員活動によって担われてきた福祉が本格的に生協組織内に仕組みとして位置づけられるようになったことである。特に1983年は灘神戸生協（現在のコープこうべ）において「くらしの助け合いの会」が組織された年であって、生協を基礎とした福祉の展開にとってはきわめて重要な意味を持つ。

この会発足の直接的な契機は組合員の高齢化にあるとされているが[23]、いま一つの理由として、公的ホームヘルプサービス制度の不備が、表面化しつつあった点も挙げられよう。公的ホームヘルプサービス制度は、1956年長野県で始まった「家庭養護婦の派遣事業」が嚆矢とされており、その後、各自治体に広まりを見せる中で、1963年老人福祉法成立時に、「家庭奉仕員派遣事業」として制度化された。ただこの時期のサービス利用主体は、「低所得」世帯に限定されていて、ほとんどの一般世帯では、その規定条件から本制度を利用することができなかった[24]。その後、「家庭奉仕員派遣事業」は1982年に改正され、その際に所得制限は撤廃されたが、利用時間（具体的には一週18時間まで）と制限が盛り込まれ[25]、多様な利用者のニーズに応えるまでの制度には至っていない。このような生協組合員の高齢化と公的制度の不備が、活動の基点となっている。またこの活動は、同じ組合員をベースとした活動であるという共通性が見られる一方で、さまざまな点で、従来の福祉ボランティア活動と異なる特徴を有していた[26]。

第一点目がa）組合員の互助活動を標榜していた点である。組合員によって担われていたボランティア活動も確かに組合員同士の互助活動の一環という性格を有していた。しかしこの「くらしの助け合いの会」が従来の組合員のボランティア活動と異なるのは、この活動を全面的に生協組織本体が支援したという点である。すなわち「くらしの助け合いの会」は、組合員の自発的な活動であると共に、生協組織内に「組合員の互助活動」として内包する形で位置づけられた最初の福祉活動ということになる。

第二点目がb）活動の専門性を重視した点である。「くらしの助け合いの会」は当時、生協活動の中心的な担い手であった主婦が活動に参加することを予定した活動であった[27]。それは換言すれば、主婦が有する家事という生活技術をこの活動の専門性として担保したということを意味している。

そして第三点目がc）在宅福祉を有償で提供した点である。福祉サービスをボランティアが有償で提供するという行為は、武蔵野市福祉公社が先鞭をつけたが当時、「買う福祉」「金持ち福祉」として非難されたとされている[28]。これは金銭の授受そのものに目的があったというよりむしろ、活動の継続性や対等性を担保するための一つの方法論として導入されたものであり、特に生協組織の活動の中で、「有償」がサービスを提供する側と利用する側の対等性を担保することを論拠とされたこと[29]は注視に値する。
a）では、組合員の自発的な活動を重視しつつも、同時に生協内部での組織的な展開も標榜しているという点、b）では、家庭で行われている「家事」に焦点をあてた活動である点、そしてc）では、在宅福祉を有償で提供するという点、というように、「くらしの助け合い活動」[30]は、いずれの点も、従来の組合員活動としてのボランティア活動と異なった性格を含んでいる。また、1988年には「ふれあい食事会・配食活動」が、「くらしの助け合いの会」の事業活動同様、組合員活動の一環として始められている[31]。
このような「くらしの助け合いの会」「ふれあい食事会・配食活動」などの組合員を主体とした福祉活動の急速な広がりを受ける形で、1990年に厚生省が提示した「生協による福祉サービスのあり方に関する検討会」報告書[32]は、そのような生協を基礎とした福祉についてその現状を分析する今後の発展の可能性について言及している点で興味深い。
本報告書では「生協はこれまで組合員の生活の安定と生活文化の向上を目指してさまざまな活動に取り組んできたが、今後の高齢社会の進展に備えて、相互扶助と一種の生活防衛という観点から、これまでの活動に加え、積極的に福祉活動に取り組んでいくことが期待されている」とした上で、今後の生協の福祉サービスについては、組合員の相互扶助活動（自発的福祉サービス供給システム）だけではなく、シルバーサービスと共同購入の組み合わせ（自発的――市場的福祉サービス供給システム）、行政サービスの委託部分（公共的――自発的福祉サービス供給システム）の2分野が、生協を基礎とした福祉の発展に期待するものであるとされている。
上述のように生協を基礎とした福祉サービスが厚生省からも注目を集める中で、生協自身も福祉の事業活動とその位置を本格的に検討する作業に入り、1990年における日本生協連の総会『21世紀を展望する生協の90年代構想』において福祉を重点テーマとして掲げると共に、1992年には『生協の福祉活動の現状と課題』を日本生協連理事会において決定し、その中で「ゆたかな福祉のあるまちづくり」「生活福祉の視点に立つ活動」「自立と協同を中心にすえた活動」「事業運営上の福祉を欠かさない」として、生協における福祉活動の定着を図っている[33]。

また生協における「福祉」の位置を明確にする作業と共に実際に福祉を進めるための作業も平行して行われている。1996年には日本生協連の高齢者介護問題研究会が『安心して老いることのできる社会システムの提言』を行い、公的介護保険に制定に関するさまざまな議論を踏まえた上で、「生協が本格的に福祉に取り組むことは、組合員の参加意識を強め、生協らしさを強めることであり、生協のアイデンティティの発揮となる」として、本格的な参入を上程した。またその一環として翌年、1997年には『生協における在宅サービス事業の成立・可能性に関する調査研究事業』を行い、介護保険制度への参入準備のための研究を進めている。

4　生協を基礎とした福祉の発展（1998～現在）

生協と福祉の新しい関係が本格的に構築されるのは、1998年以降である。この時期の特徴は、生協の組合員活動によって担われてきた福祉を生協の事業活動に取り込み、それを本格的に位置づけようとしている点である。

この背景には、1997年に介護保険法が成立し、介護保険制度が本格的に始動することが明確となると共に、1998年には特定非営利活動促進法が成立し、従来、活動していたボランティア団体が同法によって法人格を取得できるようになったことが挙げられる。すなわち新しい形の住民活動形態であるNPOが本格的に叢生する条件が整い、社会福祉を巡る環境変化に呼応する形で、住民組織の一つである生協を巡る環境も大きく変化したのである。

1998年、生協と福祉を巡る動向で、現在においても大きな意味を持つ報告書と答申がそれぞれ厚生省と日本生協連から出されている。厚生省『生協のあり方検討会報告』と日本生協連『生協・福祉政策検討委員会答申書』である。

厚生省『生協のあり方検討会報告』[34]は、厳しい経済状況下における生協の経営状況を背景として、①少子・高齢化の急速な進展からくる介護等への生活不安、②飽和経済の下で破壊されていく環境や資源、すなわち自然の限界の急速な接近に対する不安、③精神的荒廃の中での子育てに対する不安、といった課題に対して生協はどのように取り組んでいくのか、生協の意義と役割、さらに運営の基本的方向について検討したものであり、福祉に限らず、生協全般のあり方について提言がなされている。

この中で特に福祉との関係で注目すべきは、福祉事業における員外利用の許可と福祉事業への積極的参入について論じられている点である。「員外利用の禁止」は、消費生活協同組合法が成立した際に生協活動を制限するものとして設定されたが[35]、この条項の部分的撤廃は、その可否は別としても、生協と福祉の新たな関係をもたらすことになった[36]。

また厚生省の動きと並行する形で、日本生協連も生協と福祉を巡る新しい関係を提示している。日本生協連『生協・福祉政策検討委員会答申書』は、生協のこれまでの福祉活動と事業の到達点を整理し、2000年からの公的介護保険の導入を控えて、生協が目指す福祉活動と事業のあり方を提示したものである。ここでは福祉事業への参入が焦点化され、優先して取り組む事業課題として、「福祉情報相談センターの設置と拡大」「ホームヘルプサービス事業を推進軸にする」「店舗・共同購入事業の課題」「生協資源を生かした食材提供・給食事業の拡大」「福祉用具供給事業の拡大」「高齢者・障害者のための住宅リフォーム事業のノウハウの確立」が掲げられている。

つまり1998年を境にして、生協を基礎とした福祉は、本格的に生協本体が事業として福祉活動によって担われていた内容を取り込む形になったといえる。それを裏付けるようにさまざまな取り組みが各地の地域生協や日本生協連で行われることになる。生協単独の取り組みとして注目されるのは、1998年にコープこうべ総合福祉構想委員会が提示した答申『21世紀を展望する総合福祉構想』[37]である。ここでは、組合員の「福祉」を高めるためには、組合員の住む地域社会そのものの「福祉」向上が不可欠であるとされる。そして生協が「福祉」領域で果たす本質的役割は、地域住民と事業（所）を結ぶ「フィードバック回路」を豊かに形成しつつ、生協の存在そのものを、地域住民の生活に根ざした福祉の拠りどころとするとして、今後、コープこうべで目指すべき福祉のあり方を提言したものとなっている。特に従来の組合員活動と生協の事業とのフィードバックについて言及されている点が注目される。

また日本生協連を中心とした福祉の取り組みとして、1998年には『生協の店舗等を利用したコミュニティ・デイサービスモデル事業』が、コープこうべとさいたまコープで行われ、1999年には「ふれあいサロン」活動が本格的に始動する。また2000年からは『生協の福祉情報相談センター相談員養成・研修事業』と『核家族化で孤立する若い母親達の安心子育てネットワーク事業』、2002年から「ネットワーク事業」が『「子育てひろば」の開催・運営・支援を担う人材養成・研修事業』へ移行し、2003年からは『ケアマネージャーとサービス提供責任者が連携できる研修プログラム開発事業』『高齢者の「食生活応援し隊」推進事業』『送迎サービスニーズ・課題調査事業』などさまざまな福祉事業活動がその推進のために検討されている。

2003年の日本生協連の『「福祉政策検討委員会」報告』は、生協を基礎とした福祉の到達点を確認するうえで重要な報告である。同報告では、生協の今後の目標として、a）組合員の福祉事業を一層発展させ、それを基礎に、介護保険事業の積極的展開、商品・供給事業の福祉化を進め、地域福祉の最も信頼される担い手として一層の役割を果たすこと、b）全国の地域購買生協が、供給事業、共済事業に続く、くらしの安心を創造するための「第3」の事業として、介護保険事業に積極的に取り組むこと、そしてc）介護保険事業は、早期に損益を確立するとともに、目標を持って事業拡大を図ることを掲げている。この報告書から生協の柱の一つが福祉になったといえる。

以上、生協と福祉の関係について、4つの時期に区分してその動態を確認してきた。次にこの史的動態を踏まえ、生協と福祉の関係性を整理する中で、その関係の特徴について若干の考察を進めたい。

5　生協を基礎とした福祉の活動形態の変遷

上述した生協組織と福祉の関連性は、どのように整理することが可能であろうか。

生協と福祉の関連性を通史的に要約するならば、第一期に家庭会などの組合員組織が準備される中で、戦後以降の第二期に家庭会と班という代表的な組合員組織が確立、その組織を基盤とし、組合員によるボランティアや班の日常的な組合員活動によって、福祉が担われる形となる。次いで、第三期はボランティアとして担われてきた福祉活動が、「くらしの助け合いの会」という形態で生協組織内に位置づけられるようになり、第四期にはその関係がさらに進んで、福祉活動が生協事業として取り込まれていくという展開となる。

「家庭会」「班」を基盤として福祉ボランティアや日常的実践、「くらしの助け合いの会」、そして生協の福祉事業の関係性について通史的に整理を試みたものが、図1「生協を基礎とした福祉のダイアグラム」である。

この図は、生協を基礎とした福祉の歴史的発展に沿って、その関係性がどのようになっているのかについて図示している。生協は、大別すると組合員の活動・運動と組合員に対して生協が事業として供給（図では縦軸に相当）するさまざまなサービスや商品が存在（図では横軸に相当）するという内実によって構成されている。

たとえば先に確認したしろきた生協の「福祉ひまわり会」の事例のように、組合員がハンディを有する組合員のために食事会のようなサービスや声の商品案内のような商品を独自に生み出してきた訳であるが、生協を基礎とした福祉という場合、多くはこのような形態によって取り組まれてきたといえる。

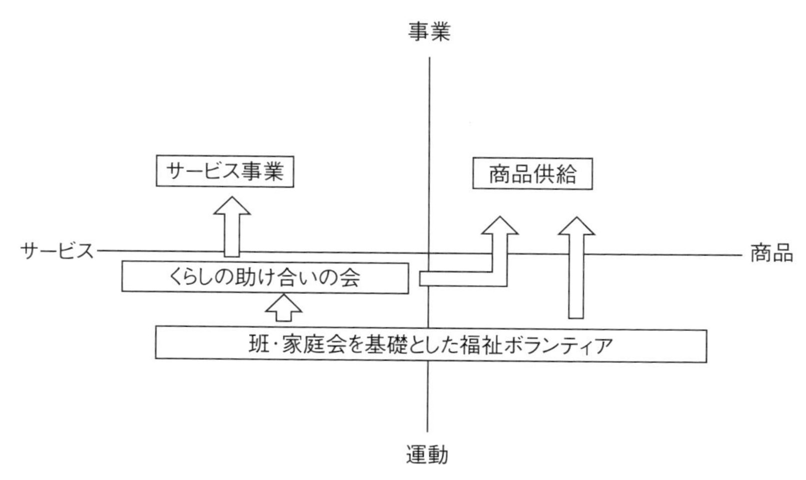

図１　生協を基礎とした福祉のダイアグラム

一方で介護保険事業のようなサービス事業やユニバーサルデザインによる商品開発は近年、生協の福祉事業として取り組まれているものである。

これらの関係性を歴史的経過に沿って確認していくならば、生協と福祉の関係性は、「活動から事業」への成立過程と見ることができる。生協の起源は、イギリスのロッチデール公正先駆者組合であることは確認したが、生協は「運動体」として常に「事業」を生み出すというプロセスを辿ってきた。組合員の日常的な実践であった福祉が、組合員の状況変化やそれを取り巻く社会情勢の変化に従って生協組織の福祉事業として実践に変化していくという過程は、生協そのものの本質に符合するものであるといえる。

またこのような生協における「活動」と「事業」の関係性は、生協の組合員が「活動」として必要なサービスを生み出し、それが生協の「事業」として展開されるという回路とは別に、「活動」を組合員自らが「労働＝仕事」として必要なサービスを生み出すという新たな回路も作り出してきている。いわゆるワーカーズ・コレクティブという実践である。ワーカーズ・コレクティブの実践は、1982年の生活クラブ神奈川の「ワーカーズコレクティブにんじん」が端緒とされているが[38]、一方で本稿でも言及したように灘購買生協で誕生した「四葉会」も組合員が必要なサービスを「労働＝仕事」的視点から提供した実践であり、ワーカーズ・コレクティブ的実践の端緒的形態であるといえよう。そのような意味で協同組合方式は、自ら働くことによって必要なサービスを生み出す仕掛けを有しているといえる。

ただしここで重要なのは、「組合員の実践としての福祉」と「生協組織の実践としての福祉」は、イコールではないという点である。組合員の実践としての福祉は、あくまでも日常の実践であって制度としての社会福祉ではない。一方で生協組織の実践としての福祉は、介護保険事業に典型的に表れているように制度としての社会福祉に凡そ則ったものであるといえる。さらには「組合員の実践としての福祉」の「活動」という側面と「労働＝仕事」としての側面もあり、その関係の整理も必要である。組合員の実践としての福祉と生協組織の実践としての福祉の総合である生協を基礎とした福祉がどのような特質を有しているのかについては、「活動から事業」「活動から労働」への転換プロセスを含めて改めて検討する必要があるであろう。

おわりに

本稿では、生協を基礎とした福祉を理解するための一つの試みとして、生協と福祉の関係性について、主にその歴史的展開を追いながら検討してきた。結果、生協と福祉の関係は、家庭会や班、福祉ボランティアなど組合員活動によって担われていた福祉から、「くらしの助け合いの会」に見られるような組合員活動の生協による組織化という段階を経て、生協組織が事業として福祉を担う、あるいは組合員が仕事として担うという経緯の一端が明らかになった。生協が運動組織であり、同時に事業組織であるという本質的性格を勘案するならば、このような一連の経過は、生協組織においては必然であり、福祉もその例外ではないことが確認されたといってよい。

とはいえ、生協を基礎とした福祉が、組合員の実践としての福祉と生協組織の実践としての福祉によって構成されていると考えるならば、生協にとって福祉とは何か、さらには「活動から事業」「活動から労働」へのプロセスの中で、具体的にはどのような接合がなされているのかについて改めて検討を進めることが重要である。その一つの鍵は、活動と事業を接合した四葉会を起源とした「くらしの助け合いの会」であると考えられるが、その考究も含め、今後の課題としたい。

［付記］

本稿は、『武蔵野大学現代社会学部紀要』（第7号、2006年）に執筆した「生協を基礎とした福祉の成立とその動態」として掲載したものに加筆した。

［註］

1　社会的企業の定義については、以下の論文でその特徴や実際についてまとめている。熊田博喜(2020)「社会的企業の諸概念と社会的包摂戦略」西村・加藤編著『〈つながり〉の社会福祉 ―― 人びとのエンパワメントを目指して』生活書院。

2　なお筆者は、生協を基礎とした福祉の活動・事業内容を、家事系・食事系・交流系・移動系・介護系・相談系・情報系・相談系・連携系の8つのサービスに分類し、その内実について検討を行っている。拙稿（2004）「生協を基礎とした福祉の今日的動向とその諸特徴」『武蔵野大学現代社会学部紀要』6、pp. 33-47.

3 この点については、多くの先行研究が指摘するものであるが、代表的なものとして、全国社会福祉協議会編（1986）『新しいコミュニティの創造』全国社会福祉協議会を挙げておくことにしたい。

4 生活協同組合の発祥からその発展までの史的展開については、以下の文献が詳しい。G. J. Holyoake (1892) *Self-Help by the People: History of the Rochdale Pioneers*, Swan Sonnenschein & Co., Lim.〔＝財団法人協同組合経営研究所訳（1968）『ロッチデールの先駆者たち』協同組合経営研究所〕

5 山本秋（1982）『日本生活協同組合運動史』日本評論社、p. 3。

6 同上書、pp. 5-13.

7 日本生活協同組合連合会生協運動史編集委員会（1964）『現代日本生活協同組合運動史』日本生活協同組合連合会、p. 2. なお労働者生協とは、労働者による自主的な生協、市民生協は、俸給生活者による生協、そして会社工場付属生協は、官営および民間の工場や鉱山に経営者による恩恵的施設として発展したものを指すとしている。

8 同上書、pp. 2-3.

9 山本、前掲書、pp. 155-160.

10 同上書、p. 168.

11 日本生活協同組合連合会生協運動史編集委員会、前掲書、pp. 25-47.

12 日本生活協同組合連合会編（1998）『新版 生協ハンドブック』コープ出版、pp. 140-141.

13 川口清史（1994）『非営利セクターと協同組合』日本経済評論社、p.129.

14 無店舗供給事業には、共同購入の他に、個配供給、カタログ供給がある。日本生活協同組合連合会、前掲書、p. 36.

15 兼子厚之（1997）「生活協同組合 ── くらしの協同システムとしての生協」富沢・川口編『非営利・協同セクターの理論と現実』日本経済評論社、p. 202.

16 協同組合事業編集委員会編（1989）『生協の班の歴史と展望』生活ジャーナル、p. 73.

17 川口、前掲書、pp.132-133.

18 兼子、前掲書、pp. 202.

19 日本生活協同組合連合会生協運動史編集委員会、前掲書、pp. 248-249.

20 吉村恵理子（1996）「コープこうべの組合員組織と活動」碓井編著『コープこうべ』ミネルヴァ書房、pp. 86-89.

21 四葉会の実践については、朝倉美江（2002）『生活福祉と生活協同組合福祉』同時代社に詳しい。

22 大阪しろきた市民生協（1987）「人と人が結び合い、障害者が主体的に生きるために」『生協運動』通巻418号、日本生活協同組合連合会、p. 17.

23 全国社会福祉協議会編（1986）『新しいコミュニティの創造』全社協、p. 88.

24 橋本泰子（1997）「在宅福祉サービス論 ── ホームヘルプ」小笠原祐次・橋本泰子・浅野仁編著『これからの福祉④ 高齢者福祉』有斐閣、p. 167.

25 全国ホームヘルパー協議会編（1984）『ホームヘルプ活動ハンドブック』全国社会福祉協議会、pp. 203-207.

26 「くらしの助け合いの会」をはじめとする住民参加型在宅福祉サービス団体の性格については、以下の論稿で考察を行っている。拙稿（2001）「住民参加型在宅福祉サービス団体の性格と機能に関する基礎的考察」『東洋大学大学院紀要』第38集、pp. 253-275.

27 「くらしの助け合いの会」が設立を準備した「福祉文化事業委員会」において、「組合員主婦のもつ家事能力と家事経験を社会に役立てること、家庭婦人のエネルギーとサービスの担い手としての立場を再評価することが必要」であるという意見等が出されたとされている。全国社会福祉協議会、前掲書、p. 89.

28 古川孝順・庄司洋子・定藤丈弘（1993）『社会福祉論』有斐閣、p. 239.

29 全国社会福祉協議会、前掲書、pp. 92-97.

30 なお現在、コープこうべで行われている「くらしの助け合いの会」の概要は以下のとおりである。入会金は奉仕会員（サービスを提供する会員）、利用会員（サービスを利用する会員）共に1,200円を支払うことで会員になることができる。活動時間は2時間を1単位、1週間で4日のサービス利用を限度としている。活動の謝礼は1単位あたり1400円で、謝礼及び奉仕会員の交通費実費は、利用会員が支払うことになっている。コープこうべ『コープくらしの助け合いの会パンフレット』。

31 なお「ふれあい食事会・配食活動」の開始時期については、明確ではない。その理由として、2003年の出された日本生活協同組合連合会「福祉政策検討委員会」報告によると同活動は、1988年から開始されたことになっているが、一方で、1992年に生協総合研究所から出された『生協による「食事サービス・モデル事業」調査報告書』よるとコープかながわの「ながら会」が1983年から会食活動を始めており、その後、1984年淡路医療生協「たんぽぽ会」、1986年神戸医療生協「番町給食サービス」が開始している。とはいえ、1988年以降、急速に会食・給食サービスが増加していくこともまた事実であるので、本論文では、1988年以降の開始と理解しておくことにしたい。

32 以下、厚生省「生協による福祉サービスのあり方に関する検討会」報告の内容については、以下の文献によるものである。厚生省社会局生活課監修（1990）『協同による地域福祉のニューパワー』ぎょうせい。

33 日本生活協同組合連合会（1998）『生協・福祉政策検討委員会答申書』p. 1を参考にした。

34 厚生省『生協のあり方検討会報告』の内容については、以下の文献によるものである。厚生省社会・援護局地域福祉課監修（1998）『21世紀の生協のあり方を考える』中央法規。

35 この点について川口は、消費生活協同組合法の策定過程における占領政策の変化、冷戦下の反動コースという理由から、生協側の要求とかけ離れた規制色の強いものになったとしている。川口、前掲書、p. 129.

36 厚生省『生協のあり方検討会報告』に関する諸見解については、生協総合研究所（1998）『厚生省「生協のあり方検討会」報告と生協の課題』を参照していただきたい。また生協における介護保険の取り組みと「員外利用」の展開は、成田直志（2000）「地域生協の介護保険事業」『生活協同組合研究』299、pp. 16-22に詳しい。

37 コープこうべ総合福祉構想委員会答申『21世紀を展望する総合福祉構想』の内容については、以下の文献によるものである。生活協同組合コープこうべ（1998）『21世紀の新たな飛翔に向けて』pp. 5-18.

38 たとえば小澤祥司著・生活グループ千葉グループ協議会編集（2021）『生活クラブ千葉グループの挑戦』中央法規、p. 134.

終章
本書の取りまとめと今後の課題

仁科伸子

資本主義経済発展の歴史において、貧困による困窮者や失業者は近隣コミュニティや家族が対応するものであり、貧困や失業に陥ることは個人の責任であるとして、救済を受けることについてスティグマティックな扱いをする時代が長く続いていた。貧困が科学的に理解され、国家による社会的救済システムが成立してから、漸く一世紀になろうとしている。過去100年足らずの歴史の中で、福祉国家が成立し、所得再分配や社会保険制度による社会保障・社会福祉政策が展開されてきた。そして、社会保障や社会福祉に対する国家責任が明確化され福祉国家システムが整備されてきたが、不況、産業転換、グローバリゼーションなどの影響を受けてそれは退行し、社会保障や社会福祉のあり方が変化してきている。20世紀終盤に起こった変化の一つが、「福祉から就労へ」である。

本書は、資本主義経済の発展とグローバリゼーションに伴って変化してきた労働と福祉の関係性を探ることを試みたものである。この結果、当然のことではあるが、福祉国家のプレゼンスについても探ることにもなった。ガーランドが示したように、福祉国家は変化を遂げながら存続している。福祉国家成立以降の最も大きな変化は、福祉サービス供給の市場化と福祉サービス労働の商品化であったといえよう。二つ目の変化は、労働が福祉に再び内在化されることになったことであろう。これらの変化の下に、人々のウェルビーイングを追求することが可能か、あるいは何が脅威となりうるのかを考えることにもなった。

終章では、これからの福祉を考えるうえでの論点と展望について、5つの視点で取りまとめた。第一に、ワークフェアによる貧困減少の効果について言及した。第二に、労働が人々のウェルビーイングにもたらす効果について、第6章で取り上げた事例を中心に検討を行った。第三に、市場での競争を求められるようになった福祉サービスや福祉の現場において、どのような不具合が生じているかについて述べた。第4に、労働を組み込んだプラクティスについて、労働がエンパワメントを生む効果と限界について検討した。そして最後に未来への展望として、協同することによって創造しうるディーセント・ワークとエンパワメントについて言及した。

1　ワークフェアは貧困を減少させたのか

アメリカの社会福祉改革以前には、生活扶助受給者の大部が若年シングルマザーファミリーであった。給付額が増大し、給付期間が長期化して、受給者が福祉に依存しすぎているのではないかという批判が芽生えた。したがって、アメリカの「福祉から就労へ」政策の目的は、福祉への依存と、福祉支出を削減することであった。果たしてそれはどの程度達成され、その結果として何が起こっているのか。

クリントン政権による社会福祉改革の中で起こった最大の変化は、貧困な母子世帯への給付が、当然受給できる権利ではなくなったことである。そして、給付を受ける条件として教育訓練などが組み込まれていった。小さな政府主義によって、政府の支出を削減することが目標であったが、1996年以降現在に至るまで、老齢年金、メディケイドなどを含む社会保障費は増大を続けている。2019年に出された『アメリカ合衆国における収入と貧困のレポート』において、1996年にワークフェアが導入された後の収入の中央値を見てみると、全米全人口平均では、6万8703ドルとなっており（景気の影響もあるとは考えられるが)、全体として上昇傾向にあると読める。貧困率を見ると、1990年代後半には上昇し、一旦下降傾向に転じるが、2000年から2014年頃まで、緩やかに上昇を続けており、ワークフェア導入による貧困の解消が生じたことは確認できない。貧困者数は、1990年代には好景気の影響を受けて減少傾向となるが、1998年頃から上昇を続け2000年をターニングポイントとして2014年頃まで急上昇し、2014年頃から下降傾向に入っている。したがって、ワークフェアによる影響はほとんど見られないといえる［U.S.

Bureau of Labor 2022]。むしろそれ以外の要因、たとえばアメリカの120都市で導入されている生活給制度の影響などについて検討しなければならないし、景気による影響がより大きいとも考えられる。

ワークフェア導入後すぐに行われた研究では次のように評価されている。TANF[1]（Temporary Assistance for Needy Fomilies）導入の影響は、生活扶助の受給者数の減少（64%減）、成人生活扶助受給者の雇用率の増大（約4倍）、生活扶助受給世帯の収入は1996年度の月額466ドルから、2001年度月額686ドルに増加し、一部貧困から脱出できたものがいる反面、負の影響としては、働いても貧困から抜け出せない者がいることである［尾澤 2003］。2002年に出されたブランクによる評価も類似点が多い。ブランクは、この改革は一時的に雇用と貧困削減というポジティブな結果をもたらしたが、就労への移行に苦戦した人々に、より深刻な貧困の懸念が生じたと評価している［Blank 2002］。貧困率は、1996年の5.8%から2000年までは下降したが、その後は2012年まで上昇し続けた［U.S. Bureau of Labor 2022］。2022年の全米のワーキングプアは、290万人である。人種別、男女別に見るとでは、アジア系のワーキングプア率が最も低く、ヒスパニック系が最もワーキングプア率が高く7.2%である。アフリカ系アメリカ人の女性は、6.8%とヒスパニック系に次いでワーキングプア率が高い。ワーキングプアの割合は、学歴が低ければ低いほど高く、高校中退層ではいずれの人種においてもワーキングプアとなる率が高い［U.S. Bureau of Labor 2022］。学歴別性別で見ると、高校を卒業していない女性のワーキングプア率が最上位で14.2%となっている。この事実は、生活扶助の受給者を教育へとつなげていく論理的な根拠となっている。

新自由主義下で導入されたワークフェア政策は、貧困の解消には大きな効果が認められなかった一方、アメリカに限らず、ヨーロッパや日本においても福祉サービスが市場で提供されるようになり、サービス提供主体として多様なサードセクターが設立されるという別の効果を生んだ。働くことによって福祉を実現するという考え方や、福祉も労働も普遍主義的に提供するという考え方、エネイブル政策の導入など、政策的な意図は異なるが、サードセクターが福祉と労働の媒介や政府による社会サービスの代替を行うために活発に活動するようになり、その中には、グッドプラクティスが生まれてきた。

2　労働の福祉力

本書の中で取り上げた事例について「働きがいのある連帯社会」という観点から考察すると、収入を得て生活を成立させる以外に4つの役割が見出された。

第一に、労働には、移民、難民、外国人労働者や障害者など、社会や労働市場から排除されがちな人々を社会システムの中に包摂する力、第二に尊厳ある労働（ディーセント・ワーク）によって、エンパワメントやキャパシティ・ビルディング（能力開発）を実現する力、第三に、労働者自らが働く場を創り出していくことや、第四に、自ら求めるサービスを創り出す機能があり、当事者の権利運動や福祉の市場化を背景に、多様な主体が立ち上がってきている。エンパワメントやキャパシティ・ビルディングは、ソーシャルワークにおいても一つの到達目標とされており、事例からは、結果的に就労を通してそれらが実現される可能性があることが示唆されている。

第3～5章で紹介したように、市民権を基盤として、これらの活動を担保するための法整備が進んできている。

雇用されることによって、その社会に整備されている社会保険制度や社会保障制度に包摂されることが可能である。第3章が示すように、保険制度は労働者の相互扶助によって成立しており、労働によって、その社会システムの中に参加することが可能であるし、ステークホルダーにとっても理解しやすい。また、ドイツ難民の受け入れに関する事例が示すように、庇護申請から統合に至るまでに必要な教育支援や職業相談が組み込まれることで、社会的適応が容易になる。

第6章において、シカゴに暮らす移民の女性が労働によってエンパワメントされた事例を紹介したが、働く者の尊厳を尊重する労働は、エンパワメントやキャパシティ・ビルディングを実現する力がある。ここで紹介した移民の女性は、アメリカに来て最初に就いた三交代の工場労働では、ディスエンパワメントに陥り、涙を流しながら「私は幸せじゃない」と訴えた。移民や外国人労働者は、行った先の国の人々が敬遠するような仕事に就きがちである。不当な処遇や、長時間労働、ハラスメントがある仕事では、エンパワメントは実現できない。やりがいのある仕事と人間として尊重される働き方によって、力を取り戻していく。このシカゴの移民女性のほかにも、事例Ⅳ「働くことで、力を得る」で紹介したAさんも働くことでエンパワメントされた一人である。Aさんが働いていたサポートセンター悠愛が運営しているレストラン「天空の豆畑」は、彼女が毎日楽しんで、やりがいを持って通える職場であったからこそ、彼女は力を得ることができたのである。社会福祉の目的は、幸福の実現である。就労支援事業は、障害者が働く場や働くことを習得するための場として運営されており、利潤の追求を第一義的にしている職場ではないという点で、第5章で紹介した社会的連帯経済や社会的経済といった新しい働き方との共通性を見出すことができる。これらの事例からは、質の良い労働は、労働者の幸福感を高め、エンパワメント、キャパシティ・ビルディングを実現する可能性があることが読みとれる。

働く場を創り出すというケースもある。市場において雇用されることが難しい場合や、十分な雇用が市場で確保できない場合には、事例Ⅴ「韓国の労働形成型社会的企業の事例」のように市場にない職場を生み出すことも可能である。事例Ⅵ「社会福祉法人グリーンコープ　ファイバーリサイクルセンター――就労支援事業所での取り組み」は、古着などのリサイクルセンターを経営している例であるが、リサイクル品をパキスタンに送付することで、開発途上国の学校支援が可能になるという社会貢献的な要素が組み込まれており、働く人は、パキスタンの子どもたちの学校運営のために働いているという誇りを持つことができる。社会貢献にかかわるという行為によって、社会に包摂されているといえる。ホームレス経験者や障害者も、この事業に参加することで地球環境や貧困解決に対する責任の一端を担っている。

自ら働く場を創り出すためには、第4章で紹介したような多様な制度が世界各国で立ち上がっている。日本においても、2022年10月1日に労働者協同組合法が施行された。雇用されるのではなく、自ら出資し、自分の意見を反映させる機会や権利を有する働く場を創り出すことができる制度である。スペイン、イタリア、ポルトガルなどの南欧型福祉国家においては、協同組合方式で自ら仕事を創り出すことは、かなり古い伝統がある。

事例Ⅶ「社会起業による福祉と労働のクロスオーバー――ソーシャル・ビジネスを手掛りに」は、クラウドファンディングは活用しているが、福祉制度などの適用を受けず、在日外国人女性の働く場を創り出すことによって地域社会に統合するという社会起業の事例である。この事業の参加者は食堂で働くことによって、パワーを取り戻している。社会的課題の解決を図りながら経営も成り立たせる必要があり、ハードルは高い。牧里は、市民社会の基礎をなす市場経済が生活困難者を社会の一員として包み込んだ社会システムの形成に軸足を置き直さなければ、持続可能な市民社会は実現していないだろうと指摘している。このような事業を成立させるために、この事例の最後に紹介されているグラミン銀行や、スペイン、イタリアで発達している社会的金融の役割は重要である。社会的連帯経済による事業体のユニークな生態系ができ上がっているスペインのカタルーニャでは、6つの社会的金融機関が活発に融資などを行っており、社会的連帯経済の活動を支えている。

事例Ⅷでは、生活協同組合による福祉事業について、年代を追って考察している。消費者生活協同組合は、消費者が求める安全な食品を共同購入するために活動してきたが、介護サービスも商品であると考えると、自分たちが求める介護サービスを創り始めたことは、まったく当然のことである。地域の住民が出資して特別養護老人ホームを設立する動きは、神戸市の友が丘、千葉県八街市などでも見られ、介護保険法導入による介護サービスの市場化によって、利用者が求める高齢者介護サービスを創り出すことが可能な土壌ができたともいえる。筆者が1997年に友が丘を訪れ地域自治会が出資して特別養護老人ホームを設立した経緯などをお伺いした際に、「介護保険でサービスが選択できるようになったので、自分たちで作った特養に入所して、一生住み慣れた地域の中で暮らしていけるという期待が膨らんでいる」と事務局長は語られた。

3　福祉事業は市場で生き残れるか？

新自由主義は、すべてを商品化していく仕組みの中で、ケアや福祉の商品化も進めている。社会福祉基礎構造改革によって導入された介護保険制度は、労働によって「自ら求めるサービスを創り出す」ことを実現できる反面、収益が高いところにサービス供給が集中する地理的偏在が生じている。同時に、ケア事業者は、介護保険給付の上限の中で、採算性と事業効率性を問われる仕組みに巻き込まれている。要介護度別に、介護報酬の上限が決まっていることによって、サービス効率と必要とされる質の高いサービスに相反を生んでいる。それゆえに、準市場と呼ばれているのかもしれないが、市場において競争しているにもかかわらず、収入の上限が定員、要介護度とそれに対する介護報酬によって決まっているという準市場の限界性は、介護労働者の労働環境や労働条件、そして給与を厳しいものにしていないだろうか。

障害者就労支援は、市場への進出によって大きく発展した。展開できる業種が幅広いため、全国で地域の特性に応じた農福連携、リサイクル業、宿泊施設、温泉施設、カフェやレストランなどの飲食店、食品製造などさまざまな事業が展開され、全国的にユニークな事例や優れた取り組みが多い。これらの事業所の運営費や設備等に対して、国からの補助金や報酬が支払われている。

全国の就労継続支援A型事業所において、補助金や報酬目当てに開業し、労働時間を短縮するなどの不適切な事例が増えてきたことから、厚生労働省は指定基準等を改正して規制を強めた。A型事業所では、事業収入から経費を差し引いた額を給与に充てることになっており、労働者の給与の支払いに自立支援給付を充当してはならないとした。A型事業所には、最低賃金制度が適用されるため、事業収入を上げなければ賃金を払うことができない。

他方、2016年に改正された社会福祉法では、社会福祉法人の公益性・非営利性を踏まえ、「地域における公益的な取組」の実施に関する責務規定が創設された。この規定では、無料又は低額な料金で福祉サービスを積極的に提供するよう努めなければならない（社会福祉法第24条）」となっている。A型事業を行う社会福祉法人は、利益の追求によって賃金を支払うという市場主義的な競争と、低廉または無料での公益事業の展開の二つを両立させなければならないという難題を突き付けられている。2024年には、さらに規制を強めて、職員の支援力、利用者の就労期間や技能などがスコア化され、補助金の額が決まるようになった。このような背景のもとで、経営困難となったA型事業所が閉鎖され、2024年3月から7月の5ヵ月間で4279人が解雇された。閉鎖しなかった法人も厳しい経営努力を行っており、社会福祉法人の本来業務よりも、利潤を上げるための経営に腐心しなければならないということが起こっている。

そもそも社会福祉法人は、利益を出すことを目的とした事業体ではない。利潤の追求を第一義的な目的としている市場での就労が難しい人でも就労できる環境を整え、支援することが本来の事業の目的であることを考えると、不法な事業者を締め出すためとはいえ、過度な市場原理の導入はグッドプラクティスを閉鎖に追い込み、育てる土壌を枯渇させないとも限らない危険を孕んでいる。

4　労働を組み込んだグッドプラクティスとその限界

新自由主義による格差の拡大や、貧困の深刻化は、社会福祉学的には批判的にみるべき側面であるが、ケアや福祉の市場における商品化は、労働を巧みに埋め込んだ、あるいは労働によって課題を解決するプラクティスを生み出してきた。福祉を労働で代替することや、労働を条件に福祉的な給付を行うことでは、貧困を根本から解決することにはつながらない。一方、新自由主義が生み出してきた福祉の民営化の土壌で、さまざまなグッドプラクティスが生まれていることも事実である。

社会福祉学の立場から見て何をもってグッドプラクティスといえるのか。一つは、労働を組み込んだプラクティスにおける参加とエンパワメントの力、もう一つは、労働を通した社会システムへの包摂である。社会福祉学は、現場を重視する傾向が強い学問であり、我々は優れた実践や実践者を取り上げて研究することが多い。これが相対的に見た場合に、社会福祉問題の根本的な解決に至らず、一つの成功例としてのみ有効な場合もあることに注意を払わなければならないということを意識したうえでも、やはり実践には優れた点が多い。

我々が考えるグッドプラクティスの中で、最も重要な効果の一つは、当事者の参加である。いくつかの事例では、労働することにより「参加」が仕組まれ、社会的包摂が実現されている。これは、労働が持っている特別な機能である。労働者協同組合など、参加を担保することができる制度が整備されたことを考えると、住民の発意により地域の課題を解決する仕組みを構築できる可能性がある。

次に、働くことによって労働者をエンパワメントすることができる事業は、福祉において重要である。エンパワメントは、社会福祉の目的であり、労働を通してこれが獲得された事例を紹介した。どのような労働でも人をエンパワメントできるわけではなく、逆に人からパワーを奪い、死に至らせるような過酷な労働もある。したがって、人の尊厳を尊重するようなディーセント・ワークであることは、必須であるが、ディーセント・ワークにどのような条件が必要であるかは、今後の研究課題である。

３つ目に、外国人労働者など市場において仕事に就くことが難しい人を就労を通して社会的に包摂できることが事例によって示されている。事例Ｉに紹介されているようにスペインでは、就労訓練と雇用を組み合わせた社会的包摂企業による支援や、労働者協同組合のように労働者自身が主体的に労働を創り出す制度も活用されており、外国人などが社会システムの中に包摂されるための媒介的な役割を果たしている。社会的包摂に関する役割を果たす労働は、利潤の追求を第一義的な目的とする営利企業ではなく、NPOや社会的連帯経済などによって担われている場合が多い。スペインにおいて、社会的連帯経済は、新自由主義経済へのアンチテーゼを掲げているオルタナティブな経済である。労働者が自ら立ち上げ、フラットな関係性の中で１人１票の平等な発言権を有し、雇用されないタイプの働き方である。

最後にこれらの素晴らしいグッドプラクティスにも限界はある。世界大恐慌による貧困が、セツルメント運動や、慈善事業、コミュニティ内の相互扶助、個人の自助努力では解決できなかったことは明白であり、ましてや、救貧法に組み込まれたワークハウスにおける強制労働も貧困を解決することはできなかったという歴史的事実から見ても、優れた実践であっても、個別のプラクティスによって貧困や失業といった社会問題を生んでいる社会構造自体を変革することは困難である。問題を根本的解決に導く社会政策的なアプローチとグッドプラクティスの両方が必要であろう。

5　協同とディーセント・ワークによる可能性

最後に、未来への可能性を考えてみたい。

ケースらの研究をまとめた『絶望死のアメリカ』では、産業の転換によって過酷な労働に従事しなければならなくなった白人労働者の自殺率のほかあらゆる死亡率が上がり続けていると述べられている。多方、コロナ渦においては、ロックダウンなど過酷な状況を経験したにもかかわらず、先進国のほとんどの国では自殺率が低下した。このことについて、ゾルテアらは、自宅待機が日常生活のストレスを減らし、移動や仕事にかかる負担が軽減されたことがメンタルヘルスの安定に寄与した可能性があると指摘している[Zortea 2021]。また、カウォルらは多くの国で失業手当や一時的な生活支援金などの経済的支援が迅速に提供され、経済的な不安が軽減され、特に一部の国ではコロナ対策としての大規模な生活援助財政政策が、失業率の上昇による自殺増加を防ぐ要因になったとしている[Kawohl 2020]。コロナ下における自殺率の低下は、複数の要因によると考えられるが、これらのことから、仕事に行くことで自殺につながっていたケースがあること、仕事を有する層も対象にした普遍性の高い経済支援が自殺を防止したことが明らかにされた。

社会福祉は、貧困や失業などから脱出するための政策だけでなく、本来、すべての人が幸福を追求することを指向している。先進諸国では、生産性の向上、経営効率の向上、高度に利潤を追求することが常態化し、人々は経済的に豊かになれば幸福になれると信じて働いてきたが、欠乏が満たされ、さらに経済的な豊かさがもたらされても、幸福に直結しないことに気づき始めている。ディーセント・ワークに人をエンパワメントする力があるとするならば、労働の質を変えることによって、幸福を増進できる可能性がある。

国際労働機関（ILO）は、働く人々が人権や尊厳を持ち、公正な賃金、安全で健康的な労働環境、そして社会的保護を受けられる仕事をディーセント・ワークと称している。ディーセント・ワークを実現するために、利潤の追求を第一義的な目的としない労働者協同組合や、社会的連帯経済は有効な仕組みである可能性は高い。実際に、社会的経済が発達しているイタリアでは、ヨーロッパ全体の中で自殺率が最も低いのである。イタリアの観光地化されていない町を歩くと、大資本によるコンビニエンス・ストアやチェーン店はほとんど見かけないが、協同組合立の事業体が多いことに気づく。イタリアには協同組合の伝統がある。スペインも、フランコ政権時代に弾圧されて中断しているが、19世紀末からの協同組合の歴史がある。2024年10月8日にはスペイン政府の閣議で「社会的経済推進総合法」が了承されたというニュースが飛び込んできた。日本においては、法の施行後100件あまりの労働者協同組合が立ち上がってきたばかりであるが、今後の展開が興味深い。

2023年4月18日には、国連総会において「持続可能な開発のための社会的連帯経済の推進」が採択され、「労働と福祉」はこれからどのように展開していくかが問われている。労働と福祉の関係は、救貧法以来、資本主義の発展に伴って変化してきた。今後、未来に向けて、人間が幸福を享受することができるかどうかの命運は、これからの社会において、どのような働き方が可能になるかにかかっている。

［註］

1　アメリカ合衆国における低所得者世帯向けの支援プログラムで1996年に「個人責任及び就業機会調整法（PRWORA：Personal Responsbility and Work Opportunity Reconcilation Act）の元で導入された。」

［参考文献］

尾澤恵（2003）「米国における96年福祉改革とその後」『レファレンス』pp. 72-87.

Blank, M.R. (2002) *Evaluating Welfare Reform in The United States*. Cambridge, MA: National Bureau of Economic Research.

Kawohl & Nordt, C.W., (2020) COVID-19, unemployment, and suicide. The Lancet Psychiatry.

U.S. Bureau of Labor. (2022). Working-poor rate of people in the labor for 27 weeks or more 1986-2022. https://www.bls.gov/opub/reports/working-poor/2022/: U.S. Bureau of Labor Statistics.

Zortea C., Brenna, C.T.A., Joyce, M., McClelland, H., Tippett, M., Tran, M.M., & Arensman, E.T. (2021). The impact of infectious disease-related public health emergencies on suicide, suicidal behavior, and suicidal thoughts. *Crisis*. 2021 Nov, 42(6).

本書は、基盤研究C、課題番号26380763女性困窮者の就労による社会包摂及びそのプロセスに関する社会福祉援助方法論的研究（2014年4月～2018年3月）、若手研究18K12986近隣地域再生における「就労」の導入と住民の主体化に関する社会福祉援助論的研究（2018年4月～2021年3月）、基盤研究Ｂ課題番号23K20662　人口減少社会における社会的企業による雇用とエンパワメントに関する社会福祉学的研究（2021年4月～2023年3月）による助成をうけて行った研究を含む。上記助成による研究成果は、以下のとおりである。第1章、第2章、第4章、第5章、第6章 事例Ⅰ、Ⅲ、Ⅳ、Ⅴ終章。

あとがき

本書をまとめるもとになった研究は、コロナ渦に始まったために移動が制限された。そのため、ZOOMを用いて研究会を開催することにした。労働と福祉の関係性や、その関連分野における研究についてお話しいただける講師の方々に次々とゲストスピーカーとして研究会にご参加いただくことができた。ご参加くださった先生方が、惜しみなく研究の成果を共有してくださったことによって、様々な角度から「労働と福祉」に関係する知見を深めることができ、本書の執筆において大きな影響を受けた。ご協力をいただきましたゲストスピーカーの皆様に、この場を借りて深く御礼を申し上げたい。

ゲストスピーカーによる講演のリスト

	日 時	ゲストスピーカー	演 題
第1回	2022.01.20	秋元 樹	労働と福祉
第2回	2022.06.21	廣田　裕之	社会的企業、社会的経済、社会的連帯経済
第3回	2022.07.09	西﨑　緑	ファイバーリサイクルセンター
第4回	2022.02.09	石神　圭子	アメリカのコミュニティ
第5回	2023.04.26	仁科　伸子	スペインの社会的経済調査の報告
第6回	2023.06.05	加藤　眞理子	ヨーロッパにおける移民
第7回	2023.0710	松本　勝明	社会保障と外国人
第8回	2023.09.26	山脇　直司	社会福祉と公共哲学
第9回	2023.11.28	金　成垣	韓国福祉国家と社会的経済
第10回	2023.12.14	Jon Ander Musatadi	モンドラゴンとは何か
第11回	2024.01.25	松本　典子	労働者協同組合とは
第12回	2024.12.13	神田　すみれ	保見団地と外国人労働者

＊本研究のメンバーも含む

ゲストスピーカーとしてお願いした松本勝明先生と廣田裕之先生には、本書の執筆にも携わっていただき、外国人労働者の社会保障の問題や定住についてお書きいただいた。また、廣田先生には、2回のスペイン調査にもご協力をいただき、スペインにおける社会的経済についての調査に同行していただいた。

本書には、8つの事例が掲載されているが、事例の調査にご協力いただいた当事者の方々や現場で働いておられる方々のご協力なしには、本書の執筆はできなった。すべてのご協力くださった皆様方にも深い感謝を申し上げたい。

特に、サポートセンター悠愛の所長椋野さんには、Aさんのことをお書きになった胸が熱くなる一文を寄稿していただいた。心から感謝を申し上げる。

椋野さんが所長を務めておられる事業所は、役場の直轄事業から民営化の流れによって、社会福祉法人となったが、最初は役所を退職した14人の従業員でスタートした。障害者が地域で暮らし、働くための事業を展開してきた結果、現在では100人を超える雇用が生まれている。この事例は、障害のある人との共生、地域との共生を進めた結果、福祉事業による地域活性化が実現した実例でもあることをここで紹介しておく。

本書では、外国人労働者に関する記述に多くの頁がさかれた。現代社会においては、国家間の経済格差や、グローバリゼーションによって、産業や社会を維持していくためにも、外国にルーツを持つ人との共生は必須になっている。しかし、移民受け入れ国としてこれまで様々な国から多くの移民を受け入れて発展してきたアメリカでは、その逆を行く政策を打ち出し、出生地主義の取り下げなどが提起されている。このような政策は、合法的な移民には一見影響がないようにも見えるが、すべての移民に対する排斥や差別につながるのではないかと懸念が広がっている。本書の事例の中で紹介したローガンスクエアには、ラテン諸国からの移民が多く暮らしているが、既に何十年も暮らしている人々や子どもたちも不安な思いで過ごしている。本研究のきかっけとなり、研究にご協力をいただいているローガンスクエアの人々をはじめとする、あらゆる国に暮らす外国人が安心して暮らせる社会になることを願ってやまない。

最後に、本書の編集を担当してくださった赤瀬智彦さんに深く御礼申し上げる。労働と福祉の関係性を問うというテーマに挑戦し、書いては直しということが続いたが、細かいところまで確認していただき、最後までお導きいただいた。赤瀬さんのサポートがなければ本書はまだ仕上がっていなかったと思う。本当にありがとうございました。

2025年2月6日
熊本学園大学中庭が見える研究室にて

仁科 伸子

索 引

す

せ

［著者紹介］

松本 勝明（まつもと かつあき）　［第3章、第6章事例Ⅱ］

熊本学園大学社会福祉学部教授。博士（法学）。京都大学経済学部卒業後、厚生省入省。厚生省福祉人材確保対策室長、一橋大学教授、国立社会保障・人口問題研究所政策研究調整官、北海道大学教授などを経て、2016年から現職。主な著書（単著）に、『医療保険における競争 ―― ドイツの連帯的競争秩序』（旬報社、2021）、『労働者の国際移動と社会保障 ―― EUの経験と日本への示唆 』（旬報社、2018）、『ヨーロッパの介護政策 ―― ドイツ・オーストリア・スイスの比較分析 』（ミネルヴァ書房、2011）ほか。

西﨑 緑（にしざき みどり）　［第4章、第6章事例VI］

熊本学園大学社会福祉学部教授。博士（社会福祉学）。首都大学東京（現・東京都立大学）大学院社会科学研究科社会福祉学専攻博士後期課程修了。セントラルミシガン大学大学院政治学研究科修士課程修了。福岡教育大学教授、島根大学教授を経て、2021年から現職。主な著書に『ソーシャルワークはマイノリティをどう捉えてきたのか ―― 制度的人種差別とアメリカ社会福祉史』（勁草書房、2020）、『帝国のヴェール ―― 人種・ジェンダー・ポストコロニアリズムから解く世界』（共著、明石書店、2021）ほか。

廣田 裕之（ひろた やすゆき）　［第5章、第6章事例Ⅰ］

法政大学連携教員。博士（社会的経済）。スペイン・バレンシア大学社会的経済修士課程・博士課程修了。主な著書に『地域通貨入門 ―― 持続可能な社会を目指して』（改訂版、アルテ、2011）、『シルビオ・ゲゼル入門 ―― 減価する貨幣とは何か』（アルテ、2009）、『社会的連帯経済入門 ―― みんなが幸せに生活できる経済システムとは』（集広舎、2016）ほか。

金 吾燮（きむ おそっぷ）　［第6章事例Ⅴ］

熊本学園大学社会福祉学部特任講師。博士（人間福祉）。法政大学人間社会研究科人間福祉専攻博士後期課程修了。主な著書『地域福祉と包括的支援システム ―― 基本的視座と先進的取り組み』（共著、明石書店、2021）

牧里 毎治（まきさと つねじ）　［第6章事例Ⅶ］

関西学院大学名誉教授。大阪市立大学（現、大阪公立大学）生活科学研究科博士課程退学。大阪府立大学（現、大阪公立大学）社会福祉学部教授を経て、関西学院大学社会学部、人間福祉学部教授に着任。在職中に社会起業学科を創設、その後、現在の身分となる。主な著書に『協働と参加の地域福祉計画 ―― 福祉コミュニティの形成に向けて』（共編著、ミネルヴァ書房、2007）、『社会起業入門 ―― 社会を変えるという仕事』（共編著、ミネルヴァ書房、2012）ほか。主な社会活動に「地域福祉研究」編集委員（日本生命済生会、1985年～現在）、「ソーシャルワーク研究」編集委員（相川書房・中央法規出版、2000年～現在）など。

熊田 博喜（くまだ ひろき）　［第6章事例Ⅷ］

武蔵野大学人間科学部社会福祉学科教授。修士（社会福祉学）。東洋大学大学院社会学研究科社会福祉学専攻単位取得満期退学。2022年度に客員研究員としてミズーリ大学セントルイス校に留学。主な著書に『現代社会福祉分析の再構築』（共著、中央法規、2022）、『地域福祉と包括的支援システム ―― 基本的な視座と先進的取り組み』（共著、明石書店、2021）、『ストーリーで学ぶ社会福祉』（共著、有斐閣、2020）、『〈つながり〉の社会福祉 ―― 人びとのエンパワメントを目指して』（共著、生活書院、2020）ほか。

［編著者紹介］

仁科 伸子（にしな のぶこ）　［編者、第1章、第2章、第6章事例Ⅲ、Ⅳ、終章］
熊本学園大学社会福祉学部教授。博士（人間福祉）。法政大学人間社会研究科人間福祉専攻博士後期課程修了。在学中フルブライト・スカラシップによりシカゴ大学へ留学。主な著書に『包括的コミュニティ開発 —— 現代アメリカにおけるコミュニティ・アプローチ』（単著、御茶の水書房、2013）、『人口減少社会のコミュニティ・プラクティス —— 実践から課題解決の方策を探る』（単著、御茶の水書房、2019）ほか。

［熊本学園大学付属社会福祉研究所 社会福祉叢書34］

労働の福祉力
—— 働きがいのある連帯社会の形成

2025年3月20日　初版第1刷発行

編著者 —— 仁科 伸子
発行者 —— 大江 道雅
発行所 —— 株式会社 明石書店
101-0021 東京都千代田区外神田 6-9-5
電話 03-5818-1171
FAX 03-5818-1174
振替 00100-7-24505
https://www.akashi.co.jp
装　丁 —— 明石書店装丁室
印刷／製本 — モリモト印刷株式会社
ISBN 978-4-7503-5911-3
（定価はカバーに表示してあります）

ピケティ・正義・エコロジー

資本主義を超えて参加型社会主義へ

尾上修悟 著

■四六判／上製／448頁 ◎3600円

『21世紀の資本』で社会現象を巻き起こした経済学者ピケティの論考を詳細に分析し、累進税を軸とした税制・再分配、教育・医療や人種・ジェンダーにおける不平等の是正、気候変動対策等を包括的に論じ、資本主義を超えた「参加型社会主義」を模索する。

● 内容構成 ●

序　章　本書の課題と構成

第一部　不平等体制と租税問題

第一章　不平等体制と累進税――ピケティの議論をめぐって

第二章　租税の公正と社会国家――フランスでの議論をめぐって

第二部　不平等体制と社会・グローバル問題

第三章　教育と保健医療の不平等体制

第四章　人種差別とジェンダー差別

第五章　グローバルサウスと不平等体制

第三部　不平等体制とエコロジー問題

第六章　気候変動と社会的公正

終　章　資本主義の超克をめざして

公正と包摂をめざす教育

OECD「多様性の持つ強み」プロジェクト報告書

経済協力開発機構（OECD）編著

佐藤仁、伊藤亜希子 監訳

■A4判変型／並製／456頁 ◎5400円

異なる文化的背景、ジェンダーやセクシュアリティ、障害など、学校で学ぶ子どもたちの多様性は高まっている。多様性を対処すべき問題ではなく、強みとして捉え、これからの教育をどう構築するのか。本書は世界の教育政策・実践とともにその手がかりを提供する。

● 内容構成 ●

第1章　教育における多様性、公正、包摂の概要

第2章　公正と包摂を推進する教育システムのガバナンスと設計

第3章　公正と包摂を推進するための教育システムの資源提供

第4章　公正と包摂を推進するための能力形成

第5章　学校レベルでの介入を通した公正と包摂の推進

第6章　公正と包摂のモニタリングと評価

第7章　教育における公正と包摂に向けた重要なステップ

監訳者解説　「公正と包摂をめざす教育」を考える論点――異文化間教育と教師教育から

〈価格は本体価格です〉